A AVENTURA DA AUTODESCOBERTA

Dados Internacionais de Catalogação na Publicação (CIP)
(Câmara Brasileira do Livro, SP, Brasil)

Grof, Stanislav, 1931 -
   A aventura da autodescoberta / Stanislav Grof; [tradução de Sonia Augusto]. - São Paulo: Summus, 1997.

   Título original: The adventure of self-discovery.
   Bibliografia
   ISBN 978-85-323-0600-5

   1. Alucinógenos   2. Consciência - Pesquisa   3. Psicoterapia   I. Título.

97-3295   CDD-616.8914

          Índice para catálogo sistemático:
       1. Psicoterapia : Medicina   616.8914

Compre em lugar de fotocopiar.
Cada real que você dá por um livro recompensa seus autores
e os convida a produzir mais sobre o tema;
incentiva seus editores a encomendar, traduzir e publicar
outras obras sobre o assunto;
e paga aos livreiros por estocar e levar até você livros
para a sua informação e o se entretenimento.
Cada real que você dá pela fotocópia não autorizada de um livro
financia um crime
e ajuda a matar a produção intelectual de seu país.

A AVENTURA DA AUTODESCOBERTA

Stanislav Grof

summus editorial

Do riginal em língua inglesa
THE ADVENTURE OF SELF-DISCOVERY: dimensions of consciouness
Copyright © 1988 by State University of New York
Direitos desta tradução reservados por Summus Editorial

Tradução: **Sonia Augusto**
Capa: **Brasil Verde/BVDA**
Impressão: **Sumago Gráfica Editorial**

Proibida a reprodução total ou parcial deste livro, por qualquer meio e sistema, sem o prévio consentimento da Editora.

Summus Editorial
Departamento editorial
Rua Itapicuru, 613 – 7º andar
05006-000 – São Paulo – SP
Fone: (11) 3872-3322
Fax: (11) 3872-7476
http://www.summus.com.br
e-mail: summus@summus.com.br

Atendimento ao consumidor
Summus Editorial
Fone: (11) 3865-9890

Vendas por atacado
Fone: (11) 3873-8638
Fax: (11) 3872-7476
e-mail: vendas@summus.com.br

Impresso no Brasil

Para Christina e minha mãe Maria,

que me ajudaram a compreender o arquétipo do feminino.

Sumário

Prefácio à edição brasileira 11

Introdução 15

I
Dimensões da Consciência: Nova Cartografia da Psique Humana

A Barreira Sensorial e o Nível Biográfico-Rememorativo 24

Encontro com o Nascimento e a Morte: a Dinâmica das Matrizes Perinatais 27

Primeira matriz perinatal básica (MPB I):
O universo amniótico 31

Segunda matriz perinatal básica (MPB II):
Subjugação cósmica e ausência de saída 34

Terceira matriz perinatal básica (MPB III):
A luta de morte-renascimento 38

Quarta matriz perinatal básica (MPB IV):
A experiência de morte-renascimento 46

Além do Cérebro: Dimensões Transpessoais da Psique 54

Extensão experiencial dentro da realidade e espaço-tempo consensuais 60

1. Transcendência de Limites Espaciais 60

    a. Experiência da Unidade Dual 61

    b. Identificação com Outras Pessoas 62

    c. Identificação Grupal e Consciência Grupal 64

d. Identificação com Animais 66
e. Identificação com Plantas e Processos Botânicos 72
f. Unidade com a Vida e Toda a Criação 74
g. Experiência da Matéria Inanimada e de Processos Inorgânicos 75
h. Consciência Planetária 78
i. Experiências Extraterrestres 79
j. Identificação com Todo o Universo Físico 80
l. Fenômenos Parapsicológicos que Envolvem Transcendência de Espaço 81

2. Transcendência dos Limites do Tempo Linear 85
a. Experiências Embrionárias e Fetais 85
b. Experiências Ancestrais 89
c. Experiências Raciais e Coletivas 91
d. Experiências de Vidas Passadas 93
e. Experiências Filogenéticas 101
f. Experiências de Evolução Planetária 106
g. Experiências Cosmogênicas 106
h. Fenômenos Parapsicológicos que Envolvem Transcendência de Tempo 108

3. Introversão Física e Estreitamento da Consciência: Consciência de Órgão, Tecidos e Células 110
Extensão experiencial além da realidade e do espaço-tempo consensuais 112
a. Experiências Espíritas e Mediúnicas 112
b. Fenômenos Energéticos do Corpo Sutil 116
c. Experiências de Espíritos Animais 120
d. Encontros com Guias Espirituais e Seres Supra-humanos 124
e. Visitas a Outros Universos e Encontros com Seus Habitantes 125
f. Experiências de Seqüências Mitológicas e de Contos de Fadas ... 128
g. Experiências de Divindades Pacíficas e Iradas Específicas 130
h. Experiências de Arquétipos Universais 135
i. Compreensão Intuitiva de Símbolos Universais 139
j. Inspiração Criativa e Impulso Prometéico 141
l. Experiência do Demiurgo e Insights *sobre a Criação Cósmica* ... 143
m. Experiência da Consciência Cósmica 144
n. O Vazio Supracósmico e Metacósmico 146
Experiências Transpessoais de Natureza Paranormal 147
Vínculos Sincrônicos entre Consciência e Matéria 149
Acontecimentos Paranormais Espontâneos 151
a. Atos Físicos Supernormais 151

b. Fenômenos Espíritas e Mediunidade Física 152
c. Psicocinese Espontânea Recorrente (Poltergeist) 153
d. Objetos Voadores Não-Identificados 154
Psicocinese Intencional 155
   a. Magia Cerimonial 155
   b. Cura e Feitiçaria 156
   c. Siddhis 156
   d. Psicocinese em Laboratório 157
Desafios filosóficos das experiências transpessoais

II
Novas Perspectivas em Psicoterapia e Exploração Interior

Princípios de Terapia Holotrópica 162
   Efeitos terapêuticos da respiração intensa (pneumocatarse) ... 165
   O potencial curativo da música 177
   Trabalho corporal focalizado 185
   O procedimento da terapia holotrópica 190
Mecanismos Efetivos de Cura e Transformação da Personalidade 206
   Intensificação de mecanismos terapêuticos convencionais 209
   Mudanças dinâmicas nos sistemas dirigentes da psique 213
   O potencial terapêutico do processo de morte-renascimento 219
   Mecanismos terapêuticos no nível transpessoal 221
   A cura como um movimento em direção à totalidade 222
O Potencial e os Objetivos da Auto-Exploração Experiencial 232
   Cura emocional e psicossomática 233
   Busca de uma estratégia de vida mais recompensadora 239
   Busca filosófica e espiritual 244

III
Apêndice A: Os Psicodélicos na Auto-Exploração e na Psicoterapia

Plantas e Substâncias Psicodélicas 253
Uso Ritual e Terapêutico dos Psicodélicos 258
Princípios de Terapia Psicodélica 264

Apêndice B: Tabela de Matrizes Perinatais Básicas
Bibliografia 279

Prefácio à edição brasileira

Este é um livro diferente e incomum, tanto no contexto da obra de Stanislav Grof, como para o leitor de livros de psicologia.

Nos primeiros tempos da Psicologia Transpessoal, a grande preocupação de todos os pioneiros era atestar a validade científica de seus postulados, pois, embora desde o princípio a Transpessoal tenha aparecido como sendo uma teoria compreensiva e elegante, realmente integradora dos mais diversos *approachs* sobre a consciência, também desde o princípio foi incômoda para todos os que pretendem permanecer na segurança de velhos dogmas e verdades estabelecidas.

Assim, em seus primeiros livros (principalmente *LSD Psychotherapy: Observations from LSD Research* [*Psicoterapia com LSD: observações de pesquisas com LSD*], *Realms of Human Unconsciouss* [*Domínios do inconsciente humano*] e *Beyond the Brain*: Birth, Death, and Transcendence in Psychotherapy [Além do cérebro: nascimento, morte e transcedência em psicoterapia]), Stan buscava fundamentar cada afirmação neles contida utilizando o método científico newtoniano-cartesiano: ampla fundamentação teórica, pontos de semelhança e divergência com outras teorias psicológicas, e, principalmente, apoio em outras disciplinas — como a física — cujos novos postulados, embora também baseados em pesquisas de ponta, têm uma demonstração quase auto-evidente, graças ao formalismo matemático de suas demonstrações e/ou sua adequação ao método científico. E a psicologia, tradicionalmente, tem sido uma ciência de difícil comprovação científica, nos moldes da ciência tradicional, exatamente porque seu objeto — a consciência humana — nunca pôde ser colocada sob microscópios.

Significativo, portanto, que durante anos Grof e o físico Fritjof Capra tenham viajado juntos pelo mundo conduzindo *workshops* demonstrativos das novidades nas duas áreas — física e psicologia. Esta colaboração culminou com a escrita em conjunto de dois capítulos do polêmico *best-seller The Turning Point*, um deles tratando da caracterização das psicologias cartesianas e outro sobre as novas perspectivas descortinadas pela moderna pesquisa da consciência.

E Stanislav Grof é um pesquisador de peso: mais de quatro mil casos registrados de pacientes tratados com LSD (a maioria em condições controladas de laboratório) e mais de vinte mil sessões de Respiração Holotrópica conduzidas com milhares de pessoas ao redor do mundo todo, em todos os continentes.

Portanto, quando estabelecia novos postulados teóricos, Grof sabia que estava solidamente embasado em fatos concretos. Certa vez, numa entrevista, quando questionado sobre se acreditava em vidas passadas, respondeu (parafraseando Einstein quando questionado sobre a existência de Deus): "Não acredito. Eu sei".

A Aventura da Autodescoberta é o primeiro livro em que Grof desligou-se da necessidade de *provar* intensivamente seus pontos de vista e apenas "contou casos", casos que, generosamente, centenas de pessoas permitiram fossem tornados públicos. O intuito básico é mostrar que a consciência humana é vasta, imensa, capaz de expandir-se além dos limites do corpo, da raça, da espécie, do planeta, do cosmos.

A consciência humana, complexa e grandiosa, é capaz de identificar-se com outros seres humanos, da mesma família e desconhecidos; seres de outros continentes; animais diversos, plantas, pedras preciosas, resíduos orgânicos; com toda a Terra, planetas, estrelas; com o Universo inteiro e com a Mente Superior que gerou esse Universo. E estas viagens estão à disposição de qualquer ser humano a partir de recursos simples, como a ingestão de uma planta ou, ainda mais extraordinário, usando apenas o ar, o oxigênio que nos banha todo o tempo (o extraordinário e genial instrumento que é a Respiração Holotrópica, descoberto por Grof e sua esposa Christina).

A prova da existência desses estados e de sua acessibilidade a qualquer mortal é o próprio relato: aconteceu a outras pessoas, portanto...

Na primeira parte do livro, Stan apresenta os diversos estados possíveis para a consciência, cada um deles exemplificado por um relato. É preciso estar preparado para tomar contato com essas experiências, pois algumas delas desafiam profundamente a visão corrente da realidade. E este é, afinal, o propósito deste livro instigante: apresentar ao leitor fatos que não podem ser negligenciados ou simplesmente arquivados no porão (...talvez junto com a Arca Perdida de Spielberg...); fatos que, reais e acontecidos, precisam ser categorizados e integrados numa coerente visão de mundo.

O desafio que nos é lançado pela Psicologia Transpessoal é: se na sua visão de mundo esses fatos não cabem, mude sua visão de mundo, mas *não ignore os fatos*.

Melhor ainda: experimente reproduzi-los. Ou experimente viver novos. Mas como?

Por isso que, na segunda parte do livro, Stan se dedica a descrever pormenorizadamente o procedimento de *Respiração Holotrópica*, que permite a qualquer um o acesso aos estados incomuns e transpessoais de consciência. Nos Apêndices, acrescenta um estudo completo sobre diversas substâncias psicodélicas, naturais e sintéticas, não desprezando a possibilidade de que alguns prefiram ou tenham condições de utilizá-las.

Na verdade, o propósito de Stanislav Grof está contido no título da obra: a descoberta e desenvolvimento do potencial da consciência humana é uma aventura, a maior de todas as aventuras sobre a terra, a mais extraordinária a que o homem já se propôs: mergulhar dentro de si é, ao mesmo tempo, mergulhar dentro de Todo o Universo.

Por outro lado, o convite de Grof para este mergulho não nasce apenas do apelo da aventura. Conforme ficou claro para todos os que empreenderam essa viagem, a descoberta de que não estamos sós, de que estamos conectados com todos os outros seres sencientes de todos os Universos, desperta em cada um sentimentos profundos de solidariedade e compaixão: a sensação de fazer parte profundamente de uma Terra que é viva e que vive por nosso intermédio: a noção de que tudo o que existe, mesmo o que não parece ter vida — como os minerais — ou o que não parece merecer atenção especial — como os organismos microscópicos e as bestas animais — precisa ser cuidado com muito carinho e sensibilidade: tudo faz parte de uma mesma delicada Teia ou Jogo Cósmico onde tudo tem valor e importância.

Portanto, a descoberta em cada um de nós da Unidade subjacente a todas as coisas é não só a possibilidade de superar o sofrimento individual, mas a condição *sine qua non* para a continuidade da vida na Terra, superando a grande crise global em que nos vemos imersos.

Doucy Douek
Presidente da Associação Transpessoal da América do Sul-ATAS

Vicente Galvão Parizi
Vice-presidente da Associação Transpessoal da América do Sul-ATAS

INTRODUÇÃO

Se vocês conhecerem a si mesmos,
então vocês serão conhecidos e
saberão que vocês são
os filhos do Pai Vivo.
Mas se vocês não se conhecem,
então estão na miséria
e são a miséria.

Jesus, *O Evangelho segundo S. Tomás*, Capítulo 3

*

Conhecer os outros é sabedoria;
conhecer a si mesmo é iluminação.
Dominar os outros exige força;
dominar a si mesmo exige concentração.

Lao Tsu, *Tao Te Ching XXXIII*

*

Gnotis te auton (Conhece-te a ti mesmo).
Sócrates

* * *

Desde o início de minha carreira profissional, várias experiências pessoais profundas com substâncias psicodélicas e observações clínicas de seus efeitos em pacientes psiquiátricos atraíram minha atenção para o extraordinário potencial curativo e transformador dos estados incomuns de consciência. A exploração sistemática do significado teórico e do valor prático destes estados tem sido o foco central de minhas pesquisas por mais de três décadas.

Nos primeiros vinte anos, este trabalho focalizava, quase exclusivamente, várias substâncias psicodélicas, e foi realizado inicialmente em várias instalações de pesquisa em Praga, Tchecoslováquia, e depois no Maryland Psychiatric Research Center em Baltimore, Maryland. Este trabalho me convenceu de que os psicodélicos representam instrumentos extraordinários para a psiquiatria e a psicologia, se usados adequada e judiciosamente, sob supervisão especializada. Em vez de induzir estados específicos como outras drogas, eles funcionam como catalisadores inespecíficos, ou amplificadores dos processos inconscientes. Revelam os conteúdos profundos e a dinâmica intrínseca da psique humana, ao aumentar seu nível energético.

Portanto, o trabalho com LSD e outros psicodélicos não é o estudo de uma substância psicoativa ou de um grupo de compostos poderosos e exóticos, mas, provavelmente, a mais promissora via de pesquisa da psique e natureza humanas. As descobertas das explorações psicodélicas são diretamente aplicáveis a outras situações nas quais a consciência está alterada por vários meios não-farmacológicos. Elas lançam uma luz inteiramente nova no material da história, religião comparada e da antropologia, referente aos antigos mistérios de morte e renascimento, ritos de passagem de várias culturas, procedimentos xamânicos de todas as épocas, cerimônias curativas aborígenes, práticas espirituais de várias religiões e tradições místicas, e outros fenômenos de grande significado cultural.

Os estados incomuns* de consciência, que ocorrem nestes diversos contextos, são algumas vezes induzidos pelo uso de plantas psicodélicas sagradas (veja a discussão no Apêndice deste livro), e outras vezes são induzidos por poderosas técnicas sem drogas, que combinam de várias formas manobras respiratórias, canto, tambores, dança monótona, sobrecarga sensorial, isolamento social e sensorial, jejum e privação de sono. É interessante notar que o espectro das experiências induzidas por compostos psicodélicos é praticamente indistinguível daquele que resulta de várias técnicas sem drogas.

Podem ser observados fenômenos semelhantes no trabalho com métodos modernos de laboratório, que facilitam a ocorrência de estados incomuns de

---

* Optou-se pela expressão estados incomuns de consciência para evitar a conotação normal-anormal implícita na expressão estados alterados de consciência, que é freqüentemente usada em português. (N. do T.)

consciência. Entre estes métodos encontram-se, por exemplo, várias formas de *biofeedback*, sessões numa cabine ou tanque de isolamento, sobrecarga óptica ou acústica, privação de sono e de sonhos, uso de aparelhos cinestésicos (como o "berço das feiticeiras" ou a cama rotatória), estimulação fótica ou acústica do cérebro e outros. Os fenômenos experimentados por alguns sujeitos numa câmara hipóxica também podem assemelhar-se a estados psicodélicos.

É de interesse especial, tendo em vista o foco principal deste livro, o fato de que todo o espectro de experiências observado nas sessões psicodélicas pode ser induzido por várias formas de psicoterapia experiencial sem drogas, como hipnose exploratória, terapia primal, trabalho neo-reichiano, prática gestáltica, maratona de nudez e energia da água e diversas variedades de *rebirthing*. Como descreverei detalhadamente, este espectro experiencial é também característico da terapia holotrópica, uma técnica poderosa que minha esposa Christina e eu temos usado nos últimos dez anos.

Devo mencionar neste contexto duas situações em que estados incomuns de consciência ocorrem nas circunstâncias da vida cotidiana de forma não induzida. Refiro-me a episódios de experiências incomuns que algumas pessoas vivenciam espontaneamente, por razões desconhecidas. Estes casos são vistos habitualmente pela psiquiatria tradicional como problemas médicos — manifestações de doenças de etiologia misteriosa. A segunda categoria de estados incomuns de consciência não induzidos são as experiências de quase morte que são relatadas por aproximadamente 40% dos indivíduos que enfrentam situações de ameaça à vida (Moody, 1975; Ring, 1980 e 1984, Sabom, 1982).

Em algumas das situações descritas anteriormente, temos de nos basear em reconstruções históricas. Outras requerem pesquisa de campo em culturas estrangeiras e sob condições difíceis, ou são básicas e imprevisíveis demais para o estudo científico sistemático. O fato de que os fenômenos envolvidos têm paralelo nos estados psicodélicos oferece uma oportunidade única para estudá-los sob as condições controladas de um experimento clínico ou de laboratório. Isto tem um interesse especial, pois as observações dos estados incomuns de consciência têm implicações importantes para muitos outros campos de pesquisa.

Os novos dados têm uma relevância de tão longo alcance que poderiam revolucionar nossa compreensão da psique humana, da psicopatologia e do processo terapêutico. O significado de algumas das observações transcendem o quadro de referência da psicologia e da psiquiatria, e representa um sério desafio ao presente paradigma newtoniano-cartesiano da ciência ocidental. Eles poderiam mudar drasticamente nossa imagem da natureza humana, da cultura e da história e da realidade.

Por causa da difusão do uso não supervisionado de drogas psicodélicas e das medidas legais, políticas e administrativas que se seguiram, a pesquisa psicodélica tornou-se cada vez mais difícil e impopular. Desta forma, foi particularmente excitante para mim descobrir, durante a última década de meu trabalho profissional, que é possível induzir praticamente todo o espectro dos fenômenos psicodélicos por meios não-farmacológicos simples e seguros. Junto com minha esposa Christina, fui capaz de desenvolver uma técnica que é particularmente efetiva neste sentido.

Esta abordagem, que nós denominamos *integração holonômica* ou *terapia holotrópica*, baseia-se teoricamente nas observações da pesquisa psicodélica. Ela combina, de uma maneira específica, respiração controlada, música e outros tipos de tecnologia sonora, trabalho corporal focalizado e desenho de mandala. Nossa própria experiência com esta técnica limitou-se a *workshops* vivenciais, com duração de uma a quatro semanas. Nós não tivemos a oportunidade de submetê-la a avaliação rigorosa em estudos clínicos controlados, comparáveis à minha pesquisa de terapia psicodélica, em Baltimore.

Contudo, a maioria dos participantes em nossos *workshops* considera que esta técnica é um instrumento efetivo e estimulante para a auto-exploração, e tem um potencial incomum para mediar experiências místicas e transformadoras. Eles repetidamente a descrevem como sendo muito superior a qualquer forma de terapia verbal que tenham tentado anteriormente. Mesmo dentro da estrutura limitada de *workshops* curtos, nós presenciamos muitas melhoras dramáticas de várias condições emocionais e psicossomáticas, que freqüentemente eram severas e de longa duração. Em muitos casos, o acompanhamento informal por correspondência, por telefonemas ou num encontro posterior confirmou que estas mudanças foram duradouras. Vários colegas, que foram treinados conosco e mais tarde começaram a usar esta abordagem em seus hospitais, chegaram a conclusões similares.

Durante os últimos dez anos, nós temos usado a respiração holotrópica com muitos milhares de participantes em nossos *workshops* na América do Norte, América do Sul e em vários países europeus, Austrália e Ásia, e descobrimos que ela é igualmente efetiva em todas estas áreas do mundo, apesar das grandes diferenças culturais envolvidas. Este livro é uma resposta aos pedidos de um manual que apresentasse a informação básica da teoria e da prática da terapia holotrópica, de um modo simples e de leitura agradável, que pudesse ser usado tanto por profissionais quanto pelo público em geral.

Em meus livros anteriores, o foco principal esteve sobre o trabalho psicodélico, o que certamente limitou consideravelmente o número de leitores interessados. Como muitas das novas observações não poderiam ser enquadradas em estruturas conceituais tradicionais, eu tive de apresentar o material no contexto de discussões técnicas sobre as teorias psicológicas, e incluir o diálogo entre a ciência newtoniana-cartesiana e o paradigma emergente. Este livro difere dos meus escritos anteriores em muitos aspectos importantes. Embora contenha muitas referências à pesquisa psicodélica e descrições de estados psicodélicos, sua ênfase principal está em técnicas simples de auto-exploração sem drogas, que estão facilmente disponíveis para o público em geral, e não são restringidas por leis antidrogas ou por outros aspectos que dificultam a experimentação psicodélica. Todos os leitores interessados deveriam ser capazes de encontrar uma oportunidade de testar as afirmações deste livro, em *workshops* vivenciais especiais sob supervisão adequada.

Eu também evitei a inclusão de discussões técnicas relacionando este novo material ao corpo de conhecimentos aceitos na psicologia e em outras disciplinas científicas. Eu suponho que o clima intelectual geral modificou-se em tal extensão que muitos leitores ou têm conhecimento dos argumentos que eu levantaria, ou serão capazes de aceitar os dados sem argumentação. Como abordei os tópicos mencionados em meus escritos anteriores, incluirei referências a esses livros para aqueles leitores que considerarem o contexto teórico necessário, útil ou interessante.

As descobertas básicas de minha pesquisa clínica com psicodélicos são discutidas detalhadamente em meu livro *LSD Psychotherapy* (Grof, 1980). As relações entre os novos conceitos e as principais escolas de psicologia profunda foram exploradas extensamente em meu último livro *Beyond the Brain: Birth, Death, and Transcendence in Psychotherapy* (Grof, 1985). O capítulo sobre a "arquitetura das desordens emocionais" é de especial relevância para este volume e pode ser considerado como um importante complemento. O livro *Beyond the Brain* tem também uma extensa discussão sobre os paradigmas científicos e sobre as limitações do pensamento newtoniano-cartesiano na ciência. Neste contexto, os dados da moderna pesquisa da consciência são comparados com os desenvolvimentos revolucionários em outras disciplinas científicas e com diversos aspectos do paradigma emergente.

Eu gostaria que este livro fosse um guia de fácil leitura para a auto-exploração e a psicoterapia efetiva, e não desejo carregá-lo com excursões enfadonhas a problemas e áreas relacionados para justificar algumas afirmações ou para torná-las mais aceitáveis. A prova definitiva para os leitores terá de ser a experiência pessoal. Sem ela, muito do que está descrito neste livro permanecerá inconvincente, mesmo quando apoiado pelos argumentos intelectuais mais elaborados.

A primeira parte deste livro focaliza a cartografia extensa da psique, que eu desenvolvi durante meu trabalho clínico com psicodélicos. Ela descreve os tipos básicos de experiência que se tornam acessíveis a uma pessoa comum quando ela se envolve seriamente na auto-exploração com psicodélicos ou com várias e poderosas técnicas experienciais não-farmacológicas. Enquanto o modelo da psique humana usado na psicoterapia acadêmica tradicional limitase conceitualmente ao *nível analítico-rememorativo*, esta nova cartografia inclui dois níveis adicionais que são transbiográficos. Estes são: o *nível perinatal*, caracterizado pela ênfase no fenômeno duplo de nascimento e morte; e o *nível transpessoal*, que pode mediar a conexão vivencial com qualquer aspecto do mundo sensível e com vários domínios mitológicos e arquetípicos. Eu considero que o conhecimento desta cartografia é indispensável para uma busca interna segura e efetiva.

A segunda parte deste volume discute, pela primeira vez em detalhe, os princípios básicos da *terapia holotrópica*, uma técnica eclética de psicoterapia sem drogas que eu mencionei de forma breve anteriormente. Esta abordagem pode ser usada como um procedimento independente, como um complemento da terapia psicodélica, ou em combinação com outros tipos de psicoterapia vivencial e com várias formas de trabalho corporal. A descrição e a discussão da terapia holotrópica, apresentada neste livro, contém toda a informação necessária para os facilitadores e para as pessoas que a vivenciam. No entanto, elas não substituem o treinamento real, que deve envolver a experiência pessoal e o trabalho supervisionado com outros facilitadores.

Um capítulo especial focaliza os mecanismos de cura e de transformação da personalidade que operam nos estados incomuns de consciência, quer sejam espontâneos, induzidos por drogas, ou ocorram durante sessões de psicoterapia. Embora a maior parte destes mecanismos represente novos princípios no arsenal terapêutico ocidental, na realidade eles são antigos; desde tempos imemoriais, eles têm tido um papel importante nas práticas xamânicas, em rituais de cura, e em ritos de passagem. Eles estão sendo, agora, redescobertos e reformulados em termos científicos modernos.

O livro termina com uma discussão do potencial e dos objetivos da auto-exploração experiencial, utilizando o poder terapêutico e transformador dos estados incomuns de consciência. Ele descreve como a cura emocional e psicossomática combina-se com um movimento em direção a uma estratégia de vida mais satisfatória e com uma procura por respostas a questões ontológicas e cosmológicas fundamentais da existência.

O Apêndice sobre terapia psicodélica foi incluído para completar o livro, tanto histórica quanto tematicamente. Como mencionei anteriormente, a técnica da terapia holotrópica desenvolveu-se a partir do trabalho com psicodélicos, e é perfeitamente compatível com ele. Embora atualmente a terapia psicodélica seja praticamente inviável, alguns leitores podem ter interesse neste capítulo, ou porque já tiveram algumas experiências psicodélicas, ou por razões puramente teóricas. Tenho esperança de que num futuro não muito distante esses instrumentos únicos serão devolvidos à psiquiatria e à psicologia. Se e quando isto acontecer os psicodélicos poderão tornar-se parte de um contínuo terapêutico que incluiria entrevistas com orientação transpessoal, jogo de areia junguiano, várias formas de meditação, prática gestáltica, trabalho corporal, terapia holotrópica, um completo espectro de substâncias psicodélicas e, possivelmente, outras abordagens compatíveis com as já mencionadas. Todas estas técnicas que se complementam e trabalham na mesma direção poderiam então ser usadas com flexibilidade e sensibilidade para a psicoterapia e a auto-exploração seguras e efetivas.

Escrevi este livro na esperança que ao menos alguns dos leitores o descubram como uma companhia útil e um guia em sua aventura de autodescoberta e de busca do autoconhecimento, que muitos grandes filósofos e sábios consideram estar entre os objetivos mais nobres dos seres humanos.

Stanislav Grof, doutor em medicina
Janeiro de 1986
Big Sur, Califórnia

I
Dimensões da consciência:
Nova Cartografia da Psique Humana

A psiquiatria, a psicologia e a psicoterapia tradicionais usam um modelo da personalidade humana que é limitado à biografia e ao inconsciente individual, conforme descrito por Sigmund Freud. Esta abordagem pode parecer adequada no contexto da auto-exploração psicoterapêutica que usa técnicas baseadas em intercâmbio verbal, como associações livres ou entrevistas face a face. Contudo, tal modelo é inadequado para a compreensão da dinâmica da cura emocional e psicossomática, da transformação da personalidade e da evolução da consciência que ocorrem com técnicas poderosas, tais como terapia psicodélica, dança curativa em transe, ou algumas abordagens vivenciais na psicoterapia moderna. Estas técnicas ativam e mobilizam níveis do inconsciente profundo e do superconsciente da psique humana, e exigem um quadro de referência conceitual muito ampliado. Um indivíduo que utiliza estas técnicas para auto-exploração ou como terapeuta necessita de um modelo ou cartografia da psique que inclua domínios transbiográficos. Nós mesmos consideramos que o conhecimento desta cartografia é um pré-requisito necessário para qualquer trabalho interior sério, e incluímos esta discussão na preparação tanto do trabalho psicodélico quanto da terapia holotrópica. Embora o modelo descrito a seguir tenha sido desenvolvido para a compreensão da dinâmica das sessões psicodélicas, ele é igualmente aplicável ao trabalho vivencial profundo com abordagens sem drogas.

A nova cartografia inclui o tradicional *nível biográfico-rememorativo* e dois grandes níveis transbiográficos: o *domínio perinatal*, relacionado às experiências de nascimento e morte; e o *domínio transpessoal*. As experiências de todas as categorias acima — biográfico, perinatal e transpessoal — são prontamente acessíveis para a maioria das pessoas. Estas categorias podem ser observadas em sessões com drogas psicodélicas; nas formas de psicoterapia vivencial que usam respiração, música, dança e trabalho corporal, e, freqüentemente, em sonhos. Técnicas laboratoriais de alteração da mente, com *biofeedback*, privação de sono, isolamento sensorial ou sobrecarga sensorial, e vários aparelhos cinestésicos podem também induzir muitos destes fenômenos.

Há um amplo espectro de práticas espirituais orientais antigas que são especificamente indicadas para facilitar o acesso aos domínios perinatal e transpessoal. Por este motivo, não é acidental que o novo modelo da psique seja muito semelhante aos modelos desenvolvidos ao longo dos séculos, ou mesmo milênios, por diversas tradições místicas. Todo o espectro de experiências foi também descrito por historiadores, antropólogos e estudantes de religião comparada, no contexto de vários procedimentos xamânicos, ritos aborígenes de passagem e cerimônias de cura, mistérios de morte e renascimento, e dança de transe em religiões extáticas. Portanto, a recente pesquisa da consciência tornou possível, pela primeira vez, rever seriamente o conhecimento antigo e não ocidental sobre a consciência, e aproximar-se de uma síntese genuína entre a sabedoria antiga e a ciência moderna (Grof, 1984).

O fato de muitas experiências perinatais e transpessoais poderem também ocorrer durante episódios espontâneos de estados incomuns de consciência tem conseqüências de largo alcance para a compreensão e o tratamento de muitas condições que a psiquiatria tradicional interpreta como psicóticas, e portanto indicativas de doença mental. À luz das novas observações estas condições podem ser vistas como crises transpessoais ou "emergências espirituais". Quando entendidas e tratadas adequadamente, estas crises podem levar à cura emocional e psicossomática, à transformação da personalidade e à evolução da consciência (Grof e Grof, 1986).

A Barreira Sensorial e o Nível Biográfico-Rememorativo

As técnicas que possibilitam o acesso vivencial ao inconsciente tendem a ativar inicialmente os órgãos sensoriais. Como um resultado disto, para muitas pessoas a auto-exploração profunda inicia-se com diversas experiências sensoriais inespecíficas, tais como visões básicas de cores e de padrões geométricos, audição de sinos ou buzinas, sensações táteis em várias partes do corpo, gostos ou cheiros. Estas sensações têm uma natureza mais ou menos abstrata; elas não parecem ter nenhum significado simbólico mais profundo, e têm pouca importância para a auto-exploração e para o auto-entendimento. Elas parecem representar uma *barreira sensorial* que deve ser ultrapassada antes que a viagem para a psique possa começar.

24

Conforme o processo continua, o próximo domínio facilmente acessível da psique é usualmente o *nível rememorativo-biográfico* e o *inconsciente individual.* Embora os fenômenos pertencentes a esta categoria sejam de considerável relevância teórica e prática, não é necessário gastar muito tempo descrevendo-os. O motivo disto é que a maioria das abordagens psicoterapêuticas tradicionais limitou-se a este nível da consciência. Abundante literatura profissional discute as nuances da psicodinâmica no domínio biográfico. Infelizmente, várias escolas se contradizem mutuamente, e há pouca concordância em relação a quais são os fatores significativos na psique, por que a psicopatologia se desenvolve e como a psicoterapia efetiva deveria ser conduzida.

As experiências que pertencem ao nível rememorativo-biográfico estão relacionadas a acontecimentos biográficos importantes e a circunstâncias da vida do indivíduo, desde o nascimento até o presente. Neste nível da autoexploração, qualquer coisa da vida da pessoa em questão pode emergir do inconsciente e tornar-se o conteúdo da experiência, seja um conflito não resolvido, uma memória reprimida que não foi integrada, ou algum tipo de gestalt psicológica incompleta.

Uma condição necessária para a emergência da memória é que o assunto tenha suficiente relevância emocional. Aqui está uma grande vantagem da psicoterapia experiencial em comparação com as abordagens verbais. As técnicas que podem ativar diretamente o inconsciente parecem reforçar seletivamente o material de maior relevância emocional e facilitar sua emergência na consciência. Estas técnicas são como um radar interno que examina o sistema e detecta o material com maior carga e significado emocional. Isto não só diminui o esforço do terapeuta para separar o relevante do irrelevante, mas também o liberta de ter de tomar estas decisões que seriam necessariamente contaminadas por seu treinamento profissional, adesão a uma escola específica ou fatores pessoais.

De modo geral, o material biográfico que emerge no trabalho experiencial está em concordância com a teoria freudiana ou com uma de suas derivadas. Contudo, há várias diferenças importantes. Na psicoterapia experiencial profunda, o material biográfico não é relembrado ou reconstruído; na realidade, ele pode ser plenamente revivido. Isto envolve não só as emoções, mas também sensações físicas, percepções visuais, bem como dados vívidos provenientes dos outros sentidos. Isto acontece tipicamente numa regressão etária completa ao estágio de desenvolvimento em que os acontecimentos originais ocorreram.

Pudemos demonstrar que a regressão etária, observada nos estados incomuns de consciência, é completa e autêntica. Um breve exame neurológico de uma pessoa que está regredida à primeira infância apresentaria resultados característicos de uma criança e não de um adulto. Estes resultados incluem a presença do reflexo de sugar e outros chamados reflexos axiais e mesmo um Babinski positivo — uma extensão em leque dos dedos do pé, em resposta à estimulação da parte lateral da sola do pé por um objeto agudo.

Outra distinção importante é que as memórias relevantes e outros elementos biográficos não emergem separadamente, mas formam diversas constelações dinâmicas, para as quais cunhei o termo *sistemas COEX*, ou *sistemas de experiências condensadas*. Um sistema COEX é uma constelação dinâmica de memórias (e material de fantasia associado) de diversos períodos da vida do indivíduo, cujo denominador comum é uma forte carga emocional da mesma qualidade, uma intensa sensação física de um tipo específico, ou elementos adicionais importantes em comum. Vários exemplos típicos de sistemas COEX, ilustrações clínicas de suas dinâmicas e uma discussão detalhada de seu papel na auto-exploração experiencial podem ser encontrados em meu livro *Realms of the Human unconscious: Observations from LSD Psychotherapy* (Grof, 1975).

Inicialmente, eu tomei consciência dos sistemas COEX como princípios que governam a dinâmica do inconsciente individual, e percebi que seu conhecimento era essencial para a compreensão do processo interno neste nível. Contudo, mais tarde, tornou-se óbvio que os sistemas de experiência condensada representam princípios organizadores gerais, que operam em todos os níveis da psique.

A maioria dos sistemas COEX biográficos está dinamicamente conectada a aspectos específicos do processo de nascimento. Assim, temas perinatais e seus elementos têm associações específicas com material experiencial relacionado no domínio transpessoal. Não é incomum que uma constelação dinâmica compreenda material de vários períodos biográficos, do nascimento biológico e o de certas áreas do domínio transpessoal como memórias de vidas passadas, identificação animal e seqüências mitológicas.

Neste contexto, é mais importante a semelhança vivencial destes temas nos diferentes níveis da psique do que os critérios convencionais da visão newtoniana-cartesiana, como o fato de que anos ou séculos separam os acontecimentos envolvidos, ou que comumente parece existir uma diferença abissal entre a experiência humana e a experiência animal do mundo, ou que os elementos da "realidade objetiva" estão combinados com temas arquetípicos e mitológicos.

A última grande diferença entre as psicoterapias verbal e experiencial é a ênfase que as terapias experienciais dão à importância do trauma físico direto para a história psicológica do indivíduo. Na psiquiatria, psicologia e psicoterapia tradicionais, a ênfase exclusiva está nos traumas psicológicos. Os traumas físicos não são vistos como tendo uma influência direta no desenvolvimento psicológico do indivíduo nem como participando na psicogênese das desordens emocionais e psicossomáticas. Esta perspectiva contrasta agudamente com as observações do trabalho experiencial profundo, em que as memórias de traumas físicos parecem ser de fundamental importância. No trabalho psicodélico, na terapia holotrópica e em outras poderosas abordagens experienciais, é muito comum o indivíduo reviver doenças que ameaçaram a vida, ferimentos, cirurgias ou situações de quase afogamento: o significado destes traumas físicos excede em muito o dos traumas psíquicos usuais. As emoções residuais e as sensações físicas das situações que ameaçaram a sobrevivência ou a integridade do organismo parecem ter um papel significativo no desenvolvimento de várias formas de psicopatologia, embora este papel ainda não seja reconhecido pela ciência acadêmica.

Consideremos como exemplo uma criança que teve uma doença séria, que ameaçou sua vida, como difteria, e quase morreu sufocada. Os pais chamaram a ambulância, e uma internação hospitalar de emergência e uma traqueostomia salvaram a vida da criança no último minuto. No contexto da psicoterapia tradicional, a experiência de ameaça à vida e de extremo desconforto físico não seria considerada um trauma de importância duradoura. Ao contrário, o foco estaria no fato de a criança ter sido separada da mãe no momento da hospitalização, ter experimentado privação emocional, e ter-se assustado com o som agudo da ambulância, com a interação com estranhos e com a estada num ambiente desconhecido.

De modo contrário, um sintoma psicossomático como asma, dor psicogênica ou paralisia histérica seria interpretado como "somatização" de conflitos primariamente psicológicos. O trabalho experiencial torna óbvio que traumas que envolvem ameaça à vida deixam traços permanentes no sistema, e contribuem significativamente para o desenvolvimento de problemas emocionais e psicossomáticos, tais como depressão, tendências suicidas, fobias e estados de ansiedade, inclinações sadomasoquistas, disfunções sexuais, enxaquecas ou asma. De fato, problemas que têm manifestações claramente psicossomáticas podem sempre ser rastreados até temas inconscientes (no nível biográfico, perinatal ou transpessoal) que incluem o trauma físico como um elemento importante.

As memórias de traumas físicos sérios representam um vínculo natural entre o domínio biográfico da psique e o domínio perinatal, que tem como elementos principais os fenômenos gêmeos do nascimento e da morte. Traumas físicos envolvem acontecimentos da vida pós-natal do indivíduo e são, portanto, de natureza biográfica. Contudo, o fato de que eles levam a pessoa à proximidade da morte e envolvem dor e desconforto extremos conecta-os com o trauma do nascimento. Por razões óbvias, as memórias de doenças que envolvem severa interferência com a respiração, como pneumonia, difteria, coqueluche ou quase afogamento, são particularmente importantes neste contexto.

Encontro com o Nascimento e a Morte: a Dinâmica das Matrizes Perinatais

Conforme o processo da auto-exploração experiencial se aprofunda, os elementos de dor emocional e física podem alcançar uma intensidade ex traordinária. Eles podem tornar-se tão extremos que a pessoa sente que transcendeu os limites do sofrimento individual e está experienciando a dor de grupos inteiros de pessoas desafortunadas, de toda a humanidade ou mesmo de toda a vida. Não é incomum que pessoas cujo processo interno alcança este domínio relatem identificação vivencial com soldados feridos ou agonizantes de todas as épocas, prisioneiros em masmorras e campos de concentração, judeus perseguidos ou cristãos primitivos, mães e crianças no parto, ou mesmo animais atacados por predadores ou torturados e abatidos. Portanto, este nível do inconsciente humano representa claramente uma intersecção entre as experiências biográficas e o espectro das experiências transpessoais que serão descritas no próximo capítulo.

As experiências deste nível do inconsciente são tipicamente acompanhadas por dramáticas manifestações fisiológicas, tais como vários graus de sufocação, pulso acelerado e palpitações, náusea e vômitos, mudanças na cor da pele, oscilação da temperatura corporal, ocorrência espontânea de erupções da pele e contusões, ou tremores, torções, contorções, movimentos de entrelaçamento e outras manifestações motoras surpreendentes. Nas sessões psicodélicas e ocasionalmente em sessões experienciais sem drogas ou em estados mentais espontâneos, estes fenômenos podem ser tão autênticos e convincentes que a pessoa pode pensar que está realmente morrendo. Até mesmo uma testemunha inexperiente pode perceber estas situações como sendo sérias emergências vitais.

No nível biográfico, apenas aquelas pessoas que realmente tiveram em sua vida um sério encontro com a morte estariam lidando com o tema da sobrevivência ou da impermanência. Entretanto, quando o processo interno transcende a biografia, as questões relativas ao sofrimento e à morte podem dominar totalmente o quadro. Aqueles indivíduos cuja história de vida pós-natal não envolveu uma ameaça séria à sobrevivência ou à integridade corporal podem entrar diretamente neste domínio experiencial. Para outras pessoas, reviver sérios traumas físicos, doenças ou operações funciona como uma ponte experiencial para este domínio. Portanto, reviver uma pneumonia ocorrida na infância, difteria, coqueluche ou quase afogamento pode aprofundar-se até o reviver da sufocação experimentada no nascimento.

A profunda confrontação com a morte, característica destas seqüências vivenciais, tende a ser intimamente interconectada com diversos fenômenos que se relacionam claramente com o processo do nascimento biológico. Ao mesmo tempo em que encaram a agonia e a morte, os indivíduos experienciam-se como lutando para nascer. Além disto, muito dos aspectos fisiológicos e comportamentais destas experiências podem ser explicados naturalmente como derivados do processo de nascimento. É bastante comum, neste contexto, que a pessoa se identifique com um feto e reviva vários aspectos de seu nascimento biológico, com detalhes bastante específicos e verificáveis. O elemento da morte pode estar representado por identificar-se, simultânea ou alternada mente, com pessoas doentes, idosas ou agonizantes. Embora todo o espectro destas experiências não possa ser reduzido apenas à revivência do nascimento biólógico, o trauma do nascimento parece representar um núcleo importante do processo experiencial neste nível. Por este motivo, eu me refiro a este domínio do inconsciente como perinatal.

O termo *perinatal* é uma palavra composta greco-latina, na qual o prefixo *peri* significa ao redor ou perto, e a raiz *natalis* denota a relação com o nascimento. É usado habitualmente na medicina para descrever os processos que precedem imediatamente o nascimento, são associados a ele ou que o seguem imediatamente; textos médicos referem-se à hemorragia, infecção ou lesão cerebral perinatais. Em contraste com o uso tradicional desta palavra na obstetrícia, o termo *perinatal* é usado neste livro em relação às vivências. A neurofisiologia atual nega a possibilidade de memórias do nascimento; o motivo usualmente alegado é a falta de maturidade do córtex cerebral do recém-nascido, ainda não totalmente mielinizada. Contudo a existência de experiências perinatais autênticas não pode ser negada; a freqüência de sua ocorrência e seu importante significado clínico deveriam servir como um incentivo para que os pesquisadores do cérebro revisassem e modificassem suas teorias obsoletas.

A conexão entre o nascimento biológico e as experiências perinatais descritas acima é bastante profunda e específica. Isto torna possível o uso dos estágios clínicos do parto na construção de um modelo conceitual que nos ajuda a entender a dinâmica do nível perinatal do insconsciente, e até mesmo a fazer previsões específicas em relação ao processo morte-renascimento em diferentes pessoas.

As experiências perinatais ocorrem em conjuntos típicos, cujas características básicas estão relacionadas aos aspectos anatômicos, fisiológicos e bioquímicos dos estágios específicos do nascimento a que estão associados por uma profunda lógica experiencial. Pensar em termos do modelo do nascimento traz *insights* novos e únicos na arquitetura dinâmica de várias formas de psicopatologia e oferece possibilidades terapêuticas revolucionárias (Grof, 1985).

A despeito de sua íntima conexão com o parto, o processo perinatal transcende a biologia e tem dimensões psicológicas, filosóficas e espirituais importantes. Desta forma, ele não deveria ser interpretado de uma maneira mecânica e reducionista. Um indivíduo que esteja lidando com a poderosa dinâmica do processo perinatal — vivencialmente ou como um pesquisador — pode achar-se profundamente imerso nele e tende a ver o nascimento como um princípio que explica tudo. De uma perspectiva mais ampla, esta é uma abordagem limitada que precisa ser transcendida. Comumente, pensar em termos do processo do nascimento é um modelo muito útil, cuja aplicabilidade se limita aos fenômenos de um nível específico do inconsciente. Quando o processo da autoexploração experiencial move-se para os domínios transpessoais da psique, torna-se necessário um modo de pensar totalmente novo.

Algumas características importantes do processo perinatal sugerem claramente que este é um fenômeno muito mais amplo do que reviver o nascimento biológico. As observações do trabalho clínico com estados incomuns de consciência mostram que muitas formas de psicopatologia têm raízes profundas nos aspectos biológicos do nascimento. Seqüências vivenciais de morte e renascimento têm efeitos terapêuticos profundos sobre vários problemas emocionais e psicossomáticos relacionados ao impacto traumático do parto, tanto para a criança quanto para a mãe. Contudo, tais seqüências de morte e renascimento têm também importantes dimensões transpessoais, e conduzem a mudanças profundas nos sistemas de crenças filosóficas e espirituais, na hierarquia básica de valores, e na estratégia geral de vida.

O encontro experiencial profundo com o nascimento e a morte está tipicamente associado a uma crise existencial de proporções extraordinárias, durante a qual o indivíduo questiona seriamente o significado de sua vida e da existência em geral. Esta crise pode ser resolvida com sucesso, apenas ao se contatar as dimensões intrínsecas da psique e os recursos profundos do inconsciente coletivo. A transformação da personalidade e a evolução de consciência resultantes podem ser comparadas às mudanças descritas no contexto dos antigos mistérios de morte e renascimento, da iniciação às sociedades secretas e de vários ritos de passagem aborígenes. O nível perinatal do inconsciente representa portanto uma importante interface entre o inconsciente individual e o coletivo, ou entre a psicologia tradicional e o misticismo.

As experiências de morte e renascimento, que refletem o nível perinatal do inconsciente, são ricas e complexas. Seqüências relacionadas a vários estágios e facetas do nascimento biológico são tipicamente entrelaçadas ou associadas a muitas experiências transpessoais, mitológicas, míticas, arquetípicas, históricas, sociopolíticas, antropológicas ou filogenéticas. Tais experiências tendem a aparecer em quatro padrões experienciais característicos, ou constelações; e parece haver uma profunda conexão entre estes conjuntos temáticos e os estágios clínicos do parto.

A conexão com as experiências do feto nos estágios do processo do nascimento biológico funciona como uma matriz seletiva que permite o acesso experiencial a domínios específicos do *inconsciente* coletivo, que envolvem estados de consciência similares. Postular a existência de quatro matrizes dinâmicas hipotéticas, que dirijam os processos relativos ao nível perinatal do inconsciente, mostrou-se muito útil para a teoria e a prática do trabalho experiencial profundo. Elas são denominadas matrizes perinatais básicas (MPBS).

Além de terem conteúdo emocional e psicossomático específico, elas também funcionam como princípios organizadores para o material de outros níveis do inconsciente. No nível biográfico, elementos de sistemas COEX importantes estão intimamente ligados a aspectos específicos das MPBS e incluem abuso físico e violação, ameaça, separação, dor e sufocamento, ou, ao contrário, incluem estados de satisfação emocional e biológica.

A abertura perinatal também é freqüentemente acompanhada por experiências transpessoais, tais como visões arquetípicas da Grande Mãe ou da Deusa Terrível, inferno, purgatório, paraíso ou céu, identificação com animais e experiências de vidas passadas. Como no caso dos vários sistemas COEX, o elo de conexão entre os fenômenos transpessoais e as MPBs é a similaridade das emoções ou sensações físicas envolvidas.

As matrizes perinatais básicas têm também relações específicas com diversos aspectos das atividades das zonas erógenas freudianas e com várias formas de psicopatologia (ver o quadro sinóptico no Apêndice B). No texto a seguir, eu descreverei as MPBs na seqüência em que os estágios correspondentes do parto acontecem durante o nascimento. Esta ordem raramente se repete no processo da auto-exploração experiencial profunda; aqui os temas das diversas matrizes podem ocorrer em padrões seqüenciais muito variados.

PRIMEIRA MATRIZ PERINATAL BÁSICA (MPB I): O UNIVERSO AMNIÓTICO

A base biológica desta matriz é a unidade simbiótica original do feto com o organismo materno durante a existência intra-uterina pré-natal. Nos momentos em que a vida no útero não é perturbada, as condições do feto podem estar próximas do ideal. Contudo, vários fatores de natureza física, química, biológica e psicológica podem interferir seriamente neste estado. Além disso, nos estágios mais avançados da gravidez, a situação pode tornar-se menos favorável por causa do tamanho da criança, da progressiva constrição mecânica e da relativa insuficiência da placenta.

As experiências perinatais podem ser revividas em forma biológica concreta ou em combinação com várias imagens simbólicas e com outros fenômenos a que estão conectadas. A relação entre os estágios individuais do parto e os temas associados é bastante específica e seletiva, e reflete uma profunda lógica experiencial. A identificação com o feto, nos vários estágios do processo de nascimento, parece prover um acesso seletivo a temas no domínio transpessoal que envolvem estados emocionais e experiências psicossomáticas similares. Alguns destes temas têm a forma de seqüências arquetípicas; outros representam situações dos bancos de memória coletivos da humanidade, ou mesmo dos arquivos holográficos da natureza relacionados aos reinos animal, vegetal ou mineral.

Desta forma, os elementos do estado intra-uterino não perturbado podem ser acompanhados por experiências que compartilham a falta de limites e de obstruções; ou podem alterar-se com essas experiências. A esta categoria pertencem identificação vivencial com o oceano ou com diversas formas de vida aquática (algas, anêmonas, água-viva, peixe golfinho ou baleia) ou com o cosmos, o espaço interestelar, a galáxia, ou com um astronauta flutuando numa condição sem gravidade, no espaço cósmico ou numa nave espacial em órbita.

31

Imagens da natureza sob seu melhor aspecto, bonita, segura e incondicionalmente alimentadora (Mãe Natureza) também representam acompanhantes característicos e bastante lógicos do estado fetal bem-aventurado.

Os temas arquetípicos do inconsciente coletivo, que podem ser acessados neste contexto, envolvem céus e paraísos de diversas culturas do mundo. Isto parece ter um sentido profundo, pois as descrições arquetípicas de paraísos freqüentemente se referem a amplos espaços abertos, céu, corpos celestiais radiantes, como o sol ou as estrelas, e a outros elementos e características do cosmos astronômico. De modo similar, as imagens do paraíso, em diversas culturas, refletem a natureza em seu melhor aspecto, com descrições de belas flores, frutos saborosos, pássaros exóticos, brilho do ouro, prata e pedras preciosas, e córregos ou fontes da água da vida.

Todas as experiências acima têm um forte aspecto numinoso. Contudo, a expressão extrema da qualidade sagrada e espiritual da MPB I encontra-se na *experiência da unidade cósmica e união mística*. Esta é caracterizada pela transcendência de tempo e espaço, sentimentos extáticos irresistivelmente fortes (*êxtase apolíneo ou oceânico*), um sentido de unidade de toda a existência, sem limites, e profunda reverência e amor por toda a criação.

As perturbações da vida intra-uterina estão associadas a imagens e experiências de perigos submarinos, rios, lagos e oceanos poluídos, e natureza contaminada ou inóspita, como solo e lama tóxicos após uma erupção vulcânica, depósitos de lixo industrial, desertos e terras devastadas. Estas são imagens apropriadas, considerando-se o fato de que a maioria das perturbações intra-uterinas envolve influências placentárias tóxicas ou nutrição insuficiente. As interferências mais violentas, como um aborto iminente ou uma tentativa de aborto, são vivenciadas como um tipo de ameaça universal ou associam-se a sangrentas visões apocalípticas do fim do mundo.

A identificação com soldados expostos à guerra química, prisioneiros morrendo em câmaras de gás dos campos de concentração nazistas e pessoas ou animais envenenados é tão comum quanto as imagens acima. As imagens arquetípicas concomitantes mais comuns envolvem vários demônios insidiosos, forças metafísicas malignas e influências astrais maléficas, vivenciadas no quadro de referência mitológico de diversas culturas do mundo. No contexto destas experiências, a dissolução mística de limites, característica dos episódios fetais bem-aventurados, é substituída pela distorção psicótica e pela desintegração de todas as estruturas conhecidas e confiáveis, e é acompanhada pelo terror e pela paranóia.

Os aspectos positivos da matriz perinatal I estão intimamente relacionados a memórias da união simbiótica com a mãe na amamentação, a sistemas COEX positivos e a lembranças de situações associadas com relaxamento, satisfação, segurança, paz mental e belas cenas da natureza, e a criações artísticas extraordinárias. Existem também conexões seletivas semelhantes com várias formas de experiências transpessoais positivas cujos temas estão relacionados. Da mesma forma, os aspectos negativos da MPB I tendem a associar-se a alguns sistemas COEX negativos e a matrizes transpessoais negativas correspondentes.

Em relação às zonas erógenas freudianas, os aspectos positivos da MPB I coincidem com a condição biológica e psicológica na qual não existem tensões em nenhuma das áreas, e na qual todos os impulsos parciais estão satisfeitos. Os aspectos negativos da MPB I parecem ter ligações específicas com náusea, dispepsia e disfunção intestinal.

Eu ilustrarei a dinâmica de cada matriz perinatal com exemplos retirados dos registros de minhas próprias sessões de treinamento com psicodélicos. Segue-se um resumo de uma experiência com alta dosagem de LSD (300 microgramas), que foi influenciada primariamente pela MPB I. Nós observamos muitas experiências similares em sessões de respiração holotrópica.

Eu senti a necessidade de curvar-me e tive uma sensação de estar ficando cada vez menor. Eu estava flutuando num líquido luminoso, cercado por veias finas e translúcidas. Era fácil identificar este estado como uma profunda regressão, um retorno à existência fetal. Um sentimento sutil, mas profundo, de bem-aventurança e de paz imperturbável — "paz que ultrapassa todo entendimento" — preenchia todo meu ser. Meu estado envolvia um estranho paradoxo: eu estava me tornando cada vez menor, encolhendo até o nada absoluto, e entretanto parecia que não tinha limites e estava alcançando o infinito.

Como numa brincadeira, minha fantasia criou a idéia de que eu era uma bela água-viva, comodamente flutuando no oceano, impulsionada por suaves esguichos de água. No começo esta identificação era uma tentativa quase sonhadora, mas tornou-se cada vez mais real. Eu tinha sensações filogeneticamente muito primitivas, que eram extremamente convincentes, e experienciava vários processos estranhos que não tinham nada a ver com a experiência humana comum. Isto mudou lentamente, passando por identificações igualmente convincentes com vários tipos de peixe, cavalos-marinhos, anêmonas e até algas, todas autênticas e com detalhes biológicos surpreendentes.

Mas subjacente a todas estas experiências havia um sentimento de ser um feto, flutuando no saco amniótico, e conectado com o organismo materno pelo cordão umbilical e pela circulação placentária. Eu estava consciente de uma troca complexa e rica entre nós, parcialmente bioquímica e fisiológica, parcialmente emocional e até mesmo telepática. Houve um momento em que o tema do sangue como uma substância sagrada, doadora de vida, dominou minha experiência. Eu tinha consciência da conexão placentária com minha mãe, e sentia claramente o fluxo do sangue através das veias e artérias, a passagem do oxigênio e da nutrição e a eliminação dos produtos metabólicos. Isto era entremeado com diversos temas arquetípicos e mitológicos focalizados no significado do sangue e em suas propriedades numinosas. Com uma sutil alteração de ênfase, eu podia também me conectar com um aspecto mais superficial da mesma experiência — uma identificação autêntica com uma criança de colo, na qual a substância nutridora sagrada era o leite.

Em alguns momentos, as experiências positivas eram interrompidas por ondas de forte desconforto físico e emocional e por uma sensação de ameaça indefinida e misteriosa. Esta condição parecia ter um componente químico definido — eu me sentia doente, nauseado, intoxicado, envenenado. Um gosto horrível em minha boca me dava vontade de vomitar. Ao mesmo tempo, eu me sentia possuído ou dominado por forças metafísicas maléficas. Quando paravam estes episódios de assalto demoníaco, meu campo experiencial clareava-se e eu retornava à bem-aventurança oceânica. Eu concluí que estas experiências foram revivências de situações em que as condições intra-uterinas foram perturbadas por alguns acontecimentos adversos no organismo materno.

Conforme a experiência ia se acalmando, o meio oceânico transformou-se em vasto espaço interestelar. Eu me sentia como um astronauta flutuando num imenso oceano cósmico, sem limites, ligado à nave-mãe por um conduto de suporte à vida. Ao mesmo tempo, eu mantinha a identificação com um feto. O universo, repleto de estrelas e com a Via Láctea destacando-se, me dava uma sensação de tranqüilidade e equanimidade que eu nunca havia imaginado possível. Sua imensidão e eternidade faziam com que qualquer acontecimento se assemelhasse a murmúrios insignificantes.

Quando a sessão se aproximava do fim, a experiência focalizou-se na terra, e a característica de eternidade permaneceu, numa forma um pouco diferente. Eu me tornei uma sequóia, testemunhando, imperturbada, a passagem do tempo através dos milênios. Como uma gigantesca estátua de Buda, que não pode ser movida pela agitação e pelo caos da vida humana em ciclos repetidos de morte e renascimento. E, então para enfatizar que tamanho não importa no mundo da consciência, a experiência me transformou numa minúscula pinha, nas altas montanhas Sierra, cuja existência também remonta a milhares de anos. Ao retornar à minha consciência normal, eu estava repleto de gratidão pelo milagre da vida e pelas dádivas da natureza. Eu vi muitas imagens da "Mãe Terra" nutrindo todos os seus filhos — pastagens verdes e luxuriantes, campos de milho e trigo amadurecendo, pomares repletos de frutos, terraços agrícolas dos Andes Peruanos, o vale da vida do Nilo, e o paraíso terrestre das ilhas Polinésias.

SEGUNDA MATRIZ PERINATAL BÁSICA (MPB II): SUBJUGAÇÃO CÓSMICA E AUSÊNCIA DE SAÍDA

Este padrão experiencial está relacionado ao início do parto biológico e a seu primeiro estágio clínico. Neste momento, a harmonia original e o equilíbrio da existência fetal são perturbados, primeiro por alarmantes sinais químicos e depois por contrações mecânicas do útero. Quando este estágio está plenamente definido, o feto é periodicamente comprimido por espasmos uterinos. Neste ponto, o sistema está totalmente fechado: a cérvix não está dilatada e a saída ainda não é possível. Cada contração diminui o suprimento de sangue, e portanto de oxigênio, nutrição e calor que o feto recebe, pois as artérias que alimentam a placenta seguem uma trajetória sinuosa através do complexo tecido aspiral, circular e longitudinal da musculatura uterina.

As memórias concretas da ameaça que o início do parto representa para o feto correspondem simbolicamente à experiência da subjugação cósmica. Isto envolve sentimentos esmagadores de ansiedade crescente e a consciência de um perigo vital iminente. A fonte deste perigo não pode ser claramente identificada e o sujeito tem a tendência a interpretar o mundo em termos paranóides. Isto pode resultar numa sensação convincente de estar sendo envenenado, influenciado por hipnose ou por uma máquina diabólica, possuído por uma força demoníaca ou atacado por extraterrestres.

A experiência de uma espiral tridimensional, funil ou redemoinho sugando o sujeito incansavelmente para seu centro é característica desta situação. Outra experiência equivalente relacionada a este aniquilante redemoinho (*maelstrom*) é a experiência de ser engolido por um monstro apavorante, como um dragão, leviatã, serpente, crocodilo ou baleia gigantes. Também são bastante freqüentes, neste contexto, experiências de ataque por um polvo monstruoso ou por uma tarântula. Uma versão menos dramática da mesma experiência é o tema da descida a um mundo subterrâneo perigoso, reino dos mortos, conjunto de cavernas escuras ou labirinto enganador. O início da jornada do herói, a queda dos anjos e o paraíso perdido são temas mitológicos que correspondem a esta experiência.

Algumas dessas imagens podem parecer estranhas para a mente analítica, contudo elas têm uma profunda lógica experiencial, pois o redemoinho representa um sério perigo para um organismo flutuando livremente num ambiente aquático, ao impor a este um perigoso movimento unidirecional. Da mesma forma, a situação de ser engolido transforma a liberdade em um confinamento que ameaça a vida, e é comparável à situação de um feto entalado na abertura pélvica. Um polvo envolve, confina e ameaça organismos que vivem no oceano. Uma aranha constrói armadilhas e captura insetos que antes voavam livremente num mundo sem restrições e ameaça seriamente sua vida.

A contraparte simbólica do primeiro estágio clínico do parto totalmente estabelecido é a *experiência de ausência de saída ou inferno*. Ela envolve a sensação de estar perplexo, enjaulado ou preso num mundo claustrofóbico e de pesadelo, e inclui a experiência de incríveis torturas psicológicas e físicas. A situação é tipicamente intolerável, e parece não ter fim nem esperança. O indivíduo perde o sentido do tempo linear, e não consegue ver a possibilidade de um fim para seu tormento, ou de qualquer forma ativa de fuga a ele.

Isto pode estar associado com uma identificação experiencial com prisioneiros em masmorras ou em campos de concentração, internos em hospícios, pecadores no inferno, ou figuras arquetípicas, como Ahasuerus, o judeu errante, o Holandês Voador, Sísifo, Íxion, Tântalo ou Prometeu. São também bastante freqüentes imagens e experiências de pessoas ou animais morrendo sozinhos de fome ou em locais inóspitos, como desertos ou no frio congelante da Sibéria ou do Ártico. A lógica destes temas reflete o fato de que as contrações do útero cortam o suprimento de sangue placentário para o feto, que representa não só uma conexão significativa com o mundo e com o contato humano, mas também é a fonte da nutrição e do calor.

Enquanto está sob a influência desta matriz, a pessoa também está cega seletivamente para qualquer aspecto positivo no mundo ou em sua vida. Os sentimentos angustiantes de solidão metafísica, desamparo, desesperança, inferioridade, inadequação, desespero existencial e culpa são elementos típicos deste estado de consciência. Através do prisma desta matriz, a vida humana aparece como um teatro do absurdo, completamente sem sentido, como uma farsa montada com personagens de papelão, sem cérebro, como robôs, ou como um *show* de um circo cruel.

Quanto à função organizadora da MPB II, ela atrai e se conecta a sistemas COEX que envolvem situações em que uma vítima passiva e desamparada é submetida a uma força destrutiva subjugadora, sem chance de escapar. A MPB II tem também afinidade com temas transpessoais com características similares.

Em relação às zonas erógenas freudianas, esta matriz parece estar associada a condições que envolvem tensão desagradável, dor e frustração. No nível oral, há fome, sede, náusea e estímulos dolorosos; no nível anal, retenção das fezes; e no nível uretral, retenção da urina. As sensações correspondentes no nível genital são frustração sexual, e as dores vividas pelas mulheres grávidas durante o primeiro estágio clínico do trabalho de parto.

O relato que se segue, extraído de minha sessão psicodélica, com 300 microgramas de LSD, é um exemplo típico de uma experiência governada predominantemente pela MPB II, com alguns poucos temas iniciais ligando os níveis biográfico e perinatal, e com elementos da MPB IV no final da experiência. As vivências que caracterizam a segunda matriz estão indicadas no texto por colchetes.

A sessão começou com um tom otimista, aproximadamente quarenta minutos após a ingestão da droga. Eu senti que estava regredindo rapidamente até o mundo despreocupado de uma criança satisfeita. Minhas sensações físicas, emoções e percepções eram extremamente primitivas e autenticamente infantis; isto estava associado a movimentos labiais automáticos de sugar, salivação profusa e arrotos ocasionais.

De vez em quando esta experiência era interrompida por visões que mostravam vários aspectos da vida agitada e dirigida de um adulto médio, cheia de tensão, conflito e dor. Enquanto eu comparava esta vida adulta com o estado paradisíaco de um bebê, subitamente me dei conta do desejo profundo que todos nós temos de retornar a esta condição primordial de felicidade infantil. Eu vi a imagem do papa com uma cruz cravejada de jóias, e com um anel com uma grande pedra preciosa em sua mão; multidões olhavam para ele, cheias de grande expectativa.

Isto foi seguido por visões de incontáveis milhares de muçulmanos em torno da Kaaba em Meca, com o mesmo sentimento de ansiedade profunda. E então, multidões anônimas, com bandeiras vermelhas, olhavam para imagens gigantescas dos líderes comunistas, durante uma parada na Praça Vermelha, em Moscou; e milhões de chineses veneravam o Camarada Mao. Eu senti intensamente que a força impulsora por trás destes grandes movimentos religiosos e sociais era a necessidade de restabelecer o estado de plenitude e satisfação vivenciado na primeira infância.

[Conforme o efeito da droga aumentava, eu senti subitamente um ataque violento de ansiedade e pânico. Tudo tornou-se escuro, opressivo e ameaçador; o mundo inteiro parecia estar se fechando sobre mim. As imagens da miséria cotidiana, que anteriormente contrastavam com o mundo sem problemas do bebê, tornaram-se dominantes e incansáveis. Elas retratavam a total desesperança da existência humana, cheia de sofrimento desde o nascimento até a morte. Neste ponto, eu compreendi os filósofos existencialistas e os autores do teatro do absurdo. ELES SABIAM! A vida humana é absurda, monstruosa, e absolutamente fútil; é uma farsa sem sentimento e uma brincadeira cruel com a humanidade. Nós nascemos em sofrimento, sofremos durante a vida, e morremos sofrendo. Eu senti que contatava simultaneamente a dor do nascimento e a agonia da morte. Elas se misturavam para mim num amálgama inextrincável. Isto levou a uma percepção verdadeiramente aterrorizante: a vida humana termina com uma experiência semelhante àquela com que começou. O resto é apenas questão de tempo — esperando Godot! Era disto que Buda tinha uma consciência tão clara?

Parecia essencial que eu encontrasse algum significado na vida, para contrabalançar esta visão devastadora; tinha de haver algo!

Mas a experiência destruía todos os meus esforços, de forma impiedosa e sistemática.

Todas as imagens que eu era capaz de conjurar para demonstrar que havia significado na vida humana eram seguidas de imediato por sua negação e por ridículo. O antigo ideal grego de uma mente brilhante num belo corpo não durou muito. Os desempenhos físicos dos mais entusiastas e persistentes atletas terminavam no mesmo marasmo senil, para serem certamente destruídos pela morte, como todos os outros. O conhecimento acumulado em milhares de horas de estudo voraz é parcialmente esquecido e torna-se parcialmente vítima da degeneração orgânica cerebral que ocorre na idade avançada. Eu vi indivíduos conhecidos por grandes realizações intelectuais que, na velhice, tiveram de lutar com as tarefas mais simples e triviais do dia-a-dia. E a morte do corpo e do cérebro traz a aniquilação completa e final de todo o conhecimento acumulado nos esforços de toda uma vida. E ter filhos não é um objetivo nobre e significativo? Mas as imagens de belas crianças sorridentes foram imediatamente substituídas por cenas que as mostravam crescendo, ficando velhas e depois morrendo, também. Não se pode dar sentido à própria vida ao produzir uma descendência cuja vida é tão sem sentido quanto a nossa.

As imagens do absurdo e da futilidade da vida humana tornaram-se intoleráveis. O mundo parecia ser cheio de dor, sofrimento e morte. Ou eu estava seletivamente cego a qualquer aspecto positivo da existência, ou simplesmente não existia nenhum.

Havia apenas doenças incuráveis, e a vida era uma delas: insanidade, crueldades de todos os tipos, crime e violência, guerras, revoluções, prisões e campos de concentração. Como tinha sido possível não ver tudo isto antes? Para descobrir algo positivo na vida, uma pessoa tem de usar óculos cor-de-rosa e jogar um jogo perpétuo de auto-engano! Parecia agora que meus óculos haviam se quebrado, e eu nunca mais seria capaz de me enganar como antes.

Eu me sentia preso num círculo vicioso de intolerável sofrimento físico e emocional que iria durar para sempre. Não havia forma de fugir deste mundo de pesadelo. Parecia claro que nem mesmo a morte natural ou por suicídio poderia me salvar. ISTO ERA O INFERNO! Várias vezes a experiência realmente tomou a forma de paisagens infernais. Contudo, aos poucos, eu me tornei consciente de que no meio de toda esta triste perspectiva filosófica de vida parecia haver uma dimensão que eu não havia notado antes. Todo meu corpo sentia-se apertado e comprimido mecanicamente, e o máximo da pressão estava sobre minha testa. Eu percebi que tudo isso, de alguma forma, estava relacionado com reviver a memória de meu nascimento biológico, e com a experiência dolorosa do confinamento no canal de parto.

Se era este o caso, talvez houvesse uma forma de sair, talvez a situação só parecesse sem esperança, como deve ter parecido a um bebê que lutava. Talvez a tarefa consistisse em completar a vivência do parto por uma experiência de sair para o mundo. Contudo, por um longo período que parecia uma eternidade, eu não tinha certeza de que isto poderia mesmo acontecer, pois seria necessário antes encontrar um significado para a vida. Esta parecia ser uma tarefa impossível, e se era uma condição necessária para a libertação desta situação infernal, então não havia muita esperança.

De repente, sem aviso, a pressão desapareceu magicamente, num único instante, e eu estava livre das garras do infernal canal de parto. Eu me senti inundado por uma luz e por uma alegria indescritível, e conectado de uma nova maneira com o mundo e com o fluxo da vida. Tudo me parecia novo e reluzente, explodindo em cores brilhantes como nas melhores pinturas de Van Gogh. Eu sentia um saudável apetite: um copo de leite, um sanduíche simples e algumas frutas tinham o gosto do néctar e da ambrosia dos deuses do Olimpo.

Mais tarde, eu fui capaz de rever a experiência em minha mente e formular por mim mesmo as grandes lições a respeito da vida que eu havia aprendido. O anseio profundo pela religião e pela utopia, presente nos seres humanos, não reflete apenas a necessidade da felicidade simples da criança, como eu havia visto no início da sessão. Ele também reflete a urgência de escapar das memórias de pesadelo do trauma do parto, para a liberdade pós-natal, e reflete também a bem-aventurança oceânica do útero. E mesmo isto era apenas a superfície. Por trás de todas as necessidades determinadas biologicamente, também era nítida a existência de um desejo genuíno de transcendência que não podia ser reduzido a nenhuma fórmula simples das ciências naturais. Compreendi que a falta de plenitude na vida humana resulta do fato de nós não termos resolvido o trauma do nascimento e o medo da morte. De fato, nós nascemos apenas anatomicamente e não completamos e integramos psicologicamente este processo. As questões sobre o significado da vida são sintomáticas desta situação. Como a vida é cíclica e inclui a morte, é impossível achar sentido nela usando a razão e a lógica. É necessário sintonizar o fluxo da energia da vida e aproveitar a própria existência; e então o valor da vida se torna auto-evidente. E, depois desta experiência, eu me senti como um surfista, fluindo com grande alegria com a onda da vida.

TERCEIRA MATRIZ PERINATAL BÁSICA (MPB III):
A LUTA DE MORTE-RENASCIMENTO

Muitos aspectos importantes desta complexa matriz experiencial podem ser entendidos por sua associação com o segundo estágio clínico do parto.

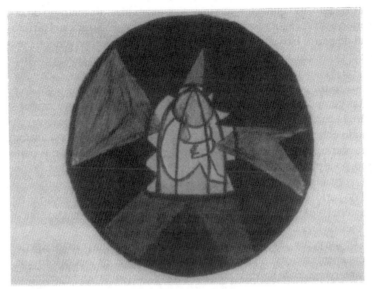
1a

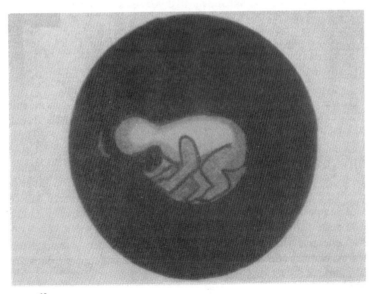
1b

Figuras 1a-b — Duas pinturas representando um feto aprisionado, lutando para se libertar do confinamento do canal de parto. Estas experiências ocorreram numa sessão holotrópica dominada pela MPB II.

Neste estágio, as contrações uterinas continuam mas, ao contrário do estágio anterior, a cérvix agora está dilatada e permite a propulsão gradual do feto pelo canal de parto. Isto envolve uma enorme luta pela sobrevivência, pressões mecânicas esmagadoras e freqüentemente um alto grau de anoxia e sufocação. Eu já mencionei que, por causa das condições anatômicas, cada contração uterina restringe o suprimento de sangue para o feto. Neste estágio do parto, muitas complicações podem reduzir ainda mais a circulação e causar sufocação. O cordão umbilical pode estar enrolado em volta do pescoço e comprimido entre a cabeça e a abertura pélvica. Um cordão que seja anatomicamente curto, ou que esteja encurtado por estar enrolado em várias partes do corpo, pode puxar a placenta e desligá-la da parede uterina. Isto corta a conexão com o organismo materno e pode causar um perigoso grau de sufocação. No final do parto, o feto pode experimentar um contato íntimo com várias formas de material biológico; além do líquido amniótico isto inclui sangue, muco, urina e mesmo fezes.

De um ponto de vista fenomenológico, a MPB III é um padrão experiencial extremamente rico e complexo. Na terapia regressiva, ele toma a forma de uma *luta determinada de morte e renascimento*. Este padrão envolve uma ampla variedade de fenômenos que ocorrem em conjuntos temáticos e seqüências típicas, além de reviver realisticamente os diversos aspectos da luta no canal de parto. Os temas mais importantes são aqueles que incluem elementos de luta titânica, experiências sadomasoquistas, intensa excitação sexual, episódios demoníacos, vivências escatológicas e encontro com fogo. Todos estes aspectos e facetas da MPB III refletem uma profunda lógica experiencial, e podem ser significativamente relacionados a algumas características anatômicas, fisiológicas e emocionais do estágio correspondente do nascimento.

O *aspecto titânico* é bastante compreensível, tendo em vista a magnitude das forças em ação neste estágio do parto. Neste momento, a delicada cabeça do feto é comprimida na estreita abertura pélvica pelo poder das contrações uterinas que oscilam entre 22,5 e 45 kg. A pessoa que encontra este aspecto da MPB III pode experienciar poderosas correntes de energia que se acumulam até chegar a descargas explosivas. Uma forma característica que esta experiência pode tomar é a identificação com elementos violentos da natureza, tais como vulcões, tempestades elétricas, terremotos, maremotos ou furacões. Outra variedade deste padrão experiencial envolve cenas de guerra ou revoluções e imensas energias geradas por tecnologias de grande poder — reatores termonucleares, bombas atômicas, tanques, naves espaciais, foguetes, raios *laser* e usinas elétricas.

Uma forma atenuada da experiência titânica inclui a participação em aventuras perigosas, tais como caça de animais selvagens ou luta física com eles, combates de gladiadores, explorações emocionantes e conquista de novas fronteiras. Os temas arquetípicos e mitológicos relacionados a esta matriz são as imagens do Juízo Final, Purgatório, atos extraordinários de super-heróis e batalhas de proporções cósmicas envolvendo as forças da Luz e da Escuridão, ou Deuses e Titãs.

Os *aspectos agressivos e sadomasoquistas* desta matriz refletem a fúria biológica do organismo cuja sobrevivência é ameaçada pela sufocação; e também a introjeção das forças destrutivas do canal de parto. A partir desta associação, fica claro por que o sadismo e o masoquismo formam uma unidade lógica, sadomasoquismo, pois são dois aspectos do mesmo processo experiencial, dois lados da mesma moeda. Alguns temas que ocorrem freqüentemente neste contexto são: cenas de assassinato e suicídio violentos, mutilação e automutilação, tortura, execução, sacrifício e auto-sacrifício rituais, sangrentos combates corpo a corpo, lutas de boxe, luta romana, práticas sadomasoquistas e estupro.

A lógica experiencial do *componente sexual* do processo de morte e renascimento não é imediatamente óbvia. Ela pode ser esclarecida pelo fato de que o organismo humano tem um mecanismo fisiológico interno que traduz o sofrimento desumano, e particularmente a sufocação, num estranho tipo de excitação sexual, e conseqüentemente em arrebatamento extático. Exemplos deste fato podem ser encontrados na história das seitas religiosas e nas vidas dos mártires, no material dos campos de concentração e nos arquivos da Anistia Internacional, e também nas observações de pessoas morrendo enforcadas.

As experiências que pertencem a esta categoria caracterizam-se pela enorme intensidade do impulso sexual, por sua qualidade mecânica e não seletiva e por sua natureza pornográfica ou divergente. O fato de que, neste nível da psique, a sexualidade esteja inextricavelmente ligada a morte, perigo, ansiedade, agressão, impulsos autodestrutivos, dor física e a várias formas de material biológico (sangue, muco, fezes, urina) forma uma base natural para o desenvolvimento dos tipos mais importantes de disfunção, variações, desvios e perversões sexuais. A conexão entre o orgasmo sexual e o orgasmo do nascimento torna possível acrescentar uma base perinatal, profunda e altamente relevante às interpretações dinâmicas da análise freudiana, que têm uma ênfase biográfica e sexual superficial. Discuti detalhadamente em meu livro *Beyond the Brain: Birth, Death, and Transcendence in Psychotherapy* as implicações destas inter-relações para a compreensão de diversas formas de patologias sexuais.

O *elemento demoníaco* deste estágio pode trazer problemas específicos para aqueles que o vivenciam, e também para terapeutas e facilitadores, pois freqüentemente a característica sinistra do material provoca relutância em encará-lo. Os temas mais comuns, observados neste contexto, são cenas do Sabá das Feiticeiras (Noite de Walpurgi), orgias satânicas e rituais de missa negra, e tentação por forças maléficas. O denominador comum que conecta este estágio do parto com os temas do Sabá ou com os rituais da missa negra é o conjunto experiencial peculiar de morte, sexualidade desviante, medo, agressão, escatologia e impulso espiritual distorcido que estes temas têm em comum.

A *faceta escatológica* do processo de morte e renascimento tem sua base biológica natural no fato de que, na fase final do parto, o feto pode ter contato

2a

2b

2c

2d

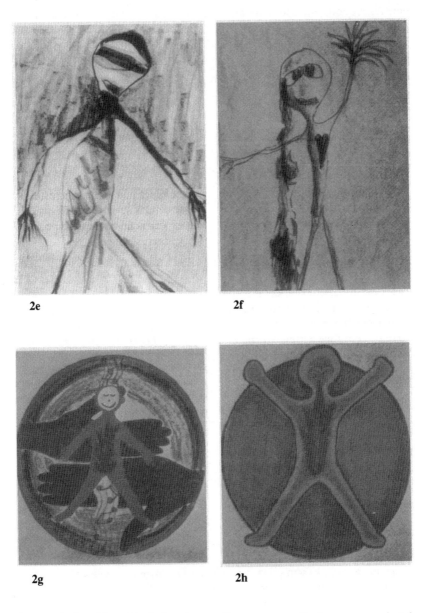

Figuras 2a-h — Uma série de desenhos que ilustra a progressão do processo perinatal na terapia holotrópica. A pessoa identifica as sensações psicossomáticas e emocionais vividas de forma ampliada, nas sessões holotrópicas, como elementos subjacentes a seus sentimentos cotidianos e que causam uma grave distorção em sua auto-imagem.

com fezes e com outras formas de material biológico. Contudo, estas experiências excedem de longe aquilo que o recém-nascido possa ter experimentado de fato durante o nascimento. As experiências deste aspecto da MPB III envolvem cenas de rastejar em carne deteriorada ou em sistemas de esgoto, chafurdar em montes de excremento, beber sangue ou urina, ou participar em repulsivas imagens de putrefação. É um encontro chocante e íntimo com os piores aspectos da existência biológica.

O *elemento de fogo* é experimentado tanto em sua forma comum (com os sujeitos testemunhando cenas de conflagração e identificando-se com vítimas de imolação) ou em uma forma arquetípica de fogo purificador (pirocatarse) que parece destruir tudo que está corrompido e preparar o indivíduo para o renascimento espiritual. Este motivo temático é o aspecto menos compreensível do simbolismo do nascimento. Sua contraparte biológica pode ser a superestimulação do feto com "queima" indiscriminada de células nervosas periféricas. É interessante notar que isto tem um paralelo experiencial na parturiente, que, neste estágio, sente, com freqüência, que sua vagina está queimando.

O simbolismo religioso e mitológico desta matriz focaliza-se particularmente em temas que envolvem sacrifício e auto-sacrifício, ou que combinam busca espiritual e sexualidade. Cenas de sacrifícios rituais pré-colombianos, visões de crucificação ou identificação com Cristo, conexão experiencial com divindades que simbolizam morte e renascimento, como Osíris, Dioniso, Átis, Adonis, Perséfone, Orfeu, Wotan ou Balder, e seqüências de culto a deusas terríveis como Káli, Coatlicue, Lilith ou Rangda são muito freqüentes. Os motivos sexuais são representados por episódios de adoração fálica, prostituição sagrada, ritos de fertilidade, estupro ritual e várias cerimônias tribais que envolvem dança sensual rítmica. Um símbolo clássico da transição da MPB III para a MPB IV é o legendário pássaro Fênix, que morre queimado e ressurge das cinzas.

Várias características importantes deste padrão experiencial o distinguem do padrão sem saída descrito anteriormente. A situação aqui não parece sem esperança e o sujeito não está desamparado. Ele está ativamente envolvido, e tem a sensação de que o sofrimento tem uma direção e objetivo definidos. Em termos religiosos, esta situação relaciona-se com o conceito de purgatório e não com o de inferno.

Além disso, os indivíduos envolvidos não têm apenas o papel de vítimas desamparadas. Eles são observadores e podem, ao mesmo tempo, identificar-se com o agressor e com a vítima, até o ponto de ter dificuldade para distingui-los. Enquanto a situação sem saída envolve total sofrimento, a experiência da luta de morte e renascimento representa a fronteira entre a agonia e o êxtase, e a fusão de ambos. Parece apropriado referir-se a este tipo de experiência como *êxtase vulcânico* ou *dionisíaco,* em contraste ao *êxtase oceânico* ou *apolíneo* da união cósmica, que é associado à primeira matriz perinatal.

Características experienciais específicas conectam a MPB III com sistemas COEX que incluem memórias de intensas experiências sensuais e sexuais, num contexto perigoso e precário, como pára-quedismo, corridas de carros, aventuras excitantes mas arriscadas, luta romana, boxe, lutas, batalhas, conquistas, zonas de prostituição, estupro ou orgias sexuais e parques de diversão. Um grupo especial de lembranças relacionadas à MPB III envolve contato íntimo com material biológico, tal como urinar na cama, sujar-se com fezes, treino de toalete, exposição a sangue ou observação de esquartejamento e putrefação na guerra ou em acidentes. Lembranças de grandes incêndios tendem a ocorrer durante a transição da MPB III para a MPB IV.

Em relação às zonas erógenas freudianas, a terceira matriz relaciona-se àquelas atividades fisiológicas que trazem alívio súbito e relaxamento após um período prolongado de tensão fisiológica. No nível oral, corresponde ao ato de mastigar e engolir comida ou, ao contrário, vomitar; no nível anal e uretral, ao processo de defecar e urinar; e no nível genital, ao aumento de excitação até o orgasmo sexual e às sensações das mulheres no segundo estágio do trabalho de parto.

Utilizarei aqui o registro de uma de minhas sessões com alta dose de LDS (300 microgramas) para ilustrar a fenomenologia da MPB III, que governou as primeiras horas desta experiência. A continuação desta sessão psicodélica e sua resolução serão descritas adiante, na seção sobre a quarta matriz perinatal. (p. 52)

A sessão começou com uma emergência incrível das forças instintivas. Ondas de sensações sexuais orgásticas alternavam-se ou combinavam-se com o afloramento de um poder imenso. Eu me sentia preso em máquinas de aço que ameaçavam me sufocar até a morte, embora também estivesse fascinado e carregado por este jorro irresistível de energias vitais. Meu campo visual brilhava, com um espectro de cores vermelhas que tinham uma qualidade terrível e numinosa. De alguma forma, eu senti que isto simbolizava o poder místico do sangue unindo a humanidade de formas estranhas ao longo das épocas. Eu me senti conectado com as dimensões metafísicas de todos os tipos de crueldade — tortura, estupro, assassinato — mas também com o mistério do ciclo menstrual, nascimento, morte, linhagens ancestrais e laços de sangue sagrados de fraternidade, amizade verdadeira e lealdade.

O tema subjacente a tudo isto parecia ser uma profunda identificação com a luta do bebê para libertar-se das garras do canal de parto. Eu senti que estava em contato com a estranha força que liga mães e filhos num laço de vida e morte. Eu compreendi instintivamente, num nível visceral, tanto os aspectos simbióticos e de união deste relacionamento quanto sua influência restritiva e sufocante que pode interferir com a independência e a autonomia. O estranho vínculo de conexão uterina entre avó, mãe e filha tomou um significado especial, como se fosse um profundo mistério da vida do qual os homens estivessem excluídos.

Neste pano de fundo, eu me identificava com grupos de pessoas ligados por alguma causa nobre — revolucionários e patriotas de todas as épocas, lutando pela liberdade contra qualquer forma de opressão ou buscando algum objetivo coletivo. Em determinado momento, eu me identifiquei fortemente com Lênin e senti que entendia intimamente a sede insaciável pela libertação das massas que ele deve ter sentido e o fogo da revolução que queimava em seu coração. *Fraternidade! Igualdade! Liberdade!* Imagens da Revolução Francesa e da abertura dos portões da Bastilha faiscaram através da minha mente, seguidas por lembranças de cenas semelhantes de *Fidelio*, de Beethoven. Eu me senti comovido até as lágrimas e identifiquei-me profundamente com os batalhadores pela liberdade, de todos os tempos e de todos os países.

Conforme eu ia chegando à segunda metade da sessão, a ênfase mudou da morte para o sexo e a violência. Imagens coloridas e experiências de estupros, de todos os tipos de práticas sadomasoquistas, de *shows* obscenos, zonas de meretrício, prostitutas e gigolôs atacaram com extraordinário poder todos os meus sentidos. Eu parecia estar profundamente identificado com todas as pessoas envolvidas na mais surpreendente variedade de papéis, e, ao mesmo tempo, eu estava observando tudo como um espectador. E, então, as visões pictóricas, parcialmente figurativas, parcialmente tecidas nos mais intrincados arabescos, criaram uma atmosfera irresistivelmente sedutora, que sugeria haréns orientais, Sherazade e as *Mil e uma noites*. Gradualmente, um forte elemento espiritual foi acrescentado a esta experiência altamente sensual. Parecia que eu participava de centenas de cenas que mostravam cerimônias tribais africanas, prostituição sagrada nos templos da Babilônia, antigos ritos de fertilidade e algumas orgias rituais aborígenes envolvendo sexo grupal, que, provavelmente, aconteceram na Nova Guiné ou na Austrália.

E então, sem aviso, aconteceu uma mudança súbita. Eu me senti rodeado por algum material indescritivelmente nojento, afogado em algum tipo de fossa arquetípica repleta do lixo biológico de todas as épocas. Um terrível mau cheiro parecia penetrar em todo o meu ser, minha boca estava cheia de excremento que me tirava a respiração. A experiência abria-se repetidamente em cenas dos complexos labirintos dos sistemas de esgoto do mundo. Eu senti que me tornava intimamente familiar com os dejetos biológicos de todas as metrópoles do mundo, com todos os bueiros e todos os condutos de lixívia que existem. Isto parecia ser um chocante encontro com o pior que pode vir da biologia — excreções, carne deteriorada, pus, decomposição e putrefação. No meio deste apavorante horror estético, uma idéia interessante passou por minha mente: o que eu estava experienciando era uma típica resposta de um adulto humano. Uma criança ou um cachorro poderiam ter uma reação totalmente diferente. E existem certamente muitas formas de vida, como bactérias, vermes e larvas de insetos, para os quais este seria um ambiente altamente desejável, em que elas iriam vicejar. Eu tentei me sintonizar com esta atitude e explorar o ambiente a partir desta perspectiva. Gradualmente, fui capaz de aceitar e, mesmo, de aproveitar, de um modo estranho, o lugar onde estava (ver a continuação na MPB IV).

Quarta Matriz Perinatal Básica (MPB IV): A Experiência de Morte-Renascimento

Esta matriz perinatal relaciona-se com o terceiro estágio clínico do parto, o nascimento real da criança. Neste momento, o agonizante processo da luta pelo nascimento chega ao fim. A propulsão através do canal de parto, associada com um extremo crescente de ansiedade, dor, pressão, e tensão sexual, é seguida por uma súbita libertação e relaxamento. A criança nasce, e vê pela primeira vez a luz brilhante do dia ou a iluminação artificial da sala de parto. Após um longo período de escuridão, depois do corte do cordão umbilical, a separação física do organismo materno está completa. Mudanças fisiológicas duradouras devem ser realizadas para que o organismo possa começar sua nova existência como um indivíduo anatomicamente independente, conseguindo seu próprio suprimento de oxigênio, digerindo sua comida e livrando-se de seus dejetos.

Como nas outras matrizes, os aspectos específicos deste estágio do nascimento podem ser revividos como lembranças concretas dos acontecimentos fisiológicos e também das várias intervenções obstétricas envolvidas. Mesmo pessoas que não sabem nada sobre as circunstâncias de seu nascimento podem, por intermédio destas experiências, identificar, com detalhes minuciosos, a posição inicial, o mecanismo do trabalho de parto, o tipo de anestesia utilizado, a natureza da intervenção instrumental ou manual, bem como os cuidados pós-natais específicos.

A contraparte simbólica deste estágio final do nascimento é a *experiência de morte e renascimento*; ela representa o término e a resolução da luta de morte e renascimento. De modo paradoxal, o indivíduo tem a sensação de uma catástrofe iminente de enormes proporções quando está a apenas um pequeno passo de uma experiência de extraordinária libertação. Isto freqüentemente resulta numa luta desesperada e determinada para parar o processo. Se a pessoa permitir que a transição da MPB III para a MPB IV aconteça, ela passará por um sentimento de total aniquilação em todos os níveis imagináveis — destruição física, desastre emocional, fracasso intelectual e filosófico, falha moral definitiva e condenação absoluta de proporções transcendentais. A experiência da *morte do ego* parece impor uma destruição instantânea e impiedosa de todos os pontos de referência anteriores na vida do indivíduo. A *morte do ego* e o *renascimento* não constituem uma experiência que ocorra uma única vez. Durante a auto-exploração profunda sistemática, o inconsciente a apresenta repetidamente, variando a ênfase e ampliando suas proporções até que o processo esteja completo.

Sob a influência da psicanálise freudiana, o conceito de ego está associado com a habilidade de testar a realidade e de funcionar adequadamente na vida cotidiana. As pessoas que compartilham deste ponto de vista limitado encaram a perspectiva da *morte do ego* com horror. Contudo, o que realmente morre neste processo é uma atitude basicamente paranóide diante do mundo, a qual reflete a experiência negativa do sujeito durante o nascimento e depois durante a vida. Esta atitude envolve um sentimento de inadequação geral, uma necessidade de estar preparado para todos os perigos possíveis, uma compulsão por manter o controle e por estar no comando, esforços constantes para provar coisas a si mesmo e outros elementos semelhantes de valor questionável.

3a — *DEMÔNIO ÉTER*: Esta pintura foi feita após o reconhecimento de que uma sensação não específica e generalizada de náusea, terror e um frio elétrico estava relacionada à anestesia usada no parto.

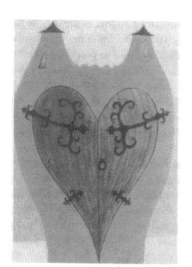 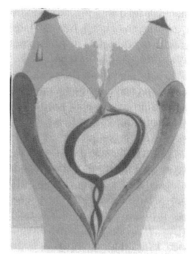

3b-c — *O CASTELO GRÁVIDO* e *A ABERTURA DO CASTELO*: Estas figuras mostram a restrição que está presente durante a anestesia (o fogo nas janelas do castelo), e depois o amplo rompimento ascendente para a luz, quando é feita a incisão.

3d — *O SACERDOTE ASTECA*: Havia material relativo a ser uma vítima de um sacrifício asteca misturado à memória do parto cesariano. A face do sacerdote, na morte, fundiu-se com a face do obstetra, no nascimento. Ambos eram auxiliares em um limiar.

3e — *VINGANDO-SE DO SACERDOTE*: Experimentar novamente e liberar a raiva assassina causada por manipulação rude no nascimento misturava-se ao desejo de vingar-se do sacerdote. Experienciar este papel dinâmico e ativo foi o caminho para livrar-se do sentimento de vítima e de abandono, em ambos os casos.

3f — *FUNDINDO-SE COM O SACERDOTE*: Tendo liberado tanto o sentimento de vítima quanto a agressão, o que permaneceu foi um forte sentimento de amor pelo sacerdote-obstetra. O amor emergiu quando os medos relacionados aos tabus sexuais e à transferência foram encarados, provocando um sentimento de fusão, de consciência celular e então de consciência galáctica e cósmica.

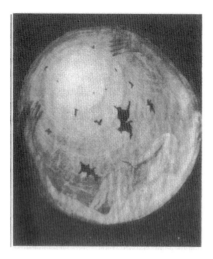

3g — *CAINDO NA FORMA*: Embora o parto cesariano seja um levantamento em direção à luz, paradoxalmente ele é sentido como uma queda no fogo, pois é a primeira vez que o peso total do corpo é experimentado e o sistema nervoso é intensamente estimulado. Num nível mais sutil, esta imagem relaciona-se a uma passagem inversa pelo mesmo túnel, em experiências de quase morte. No nascimento a consciência está se encarnando; na quase morte, está deixando a encarnação.

3h — *FOGO*: O parto cesariano é uma explosão intensa, extática e aterrorizante por uma abertura vermelha, para a luz. Parece-se com morrer, pois tudo que é familiar é desmantelado.

Figuras 3 a-h — Estas pinturas dão um vislumbre dos domínios perinatais vivenciados por uma pessoa que nasceu de uma cesariana sem trabalho de parto. A artista, Jane English, é também autora de *Different Doorway: Adventures of a Caesarean Born*, livro que contém relatos mais detalhados de suas experiências, entrevistas com outros cesariados, e algumas ferramentas conceituais preliminares para observar o domínio perinatal cesariano (English, 1985). Jane English usou várias técnicas enquanto trabalhava com seu processo, entre as quais a respiração holotrópica, que experienciou em nossos *workshops*.

Quando vivenciada em sua forma final e mais completa, a morte do ego significa um fim irreversível da própria identificação filosófica com aquilo que Alan Watts denominou o *ego encapsulado na pele*. Quando a experiência é bem integrada, resulta não só numa maior habilidade para aproveitar a existência, mas também numa melhor atuação no mundo. A experiência de aniquilação total e de "tocar o fundo do poço cósmico", que caracteriza a morte do ego, é seguida imediatamente por visões de luz branca cegante ou dourada, com brilho e beleza sobrenaturais. Isto pode estar associado ao aparecimento surpreendente de entidades divinas arquetípicas, arco-íris, intrincados padrões de penas de pavão ou panoramas naturais primitivos. A pessoa vivencia um profundo senso de liberação, redenção e salvação. Tipicamente, ela se sente livre da ansiedade, depressão e culpa; purificada e aliviada. Isto se associa a um fluxo de emoções positivas em relação a si mesmo, a outras pessoas, e à existência em geral. O mundo parece ser um lugar belo e seguro, e o interesse pela vida aumenta consideravelmente.

Entretanto, deve-se enfatizar que esta descrição reflete a situação de um parto normal e sem complicações. Um trabalho de parto prolongado e debilitador, o uso de fórceps, a aplicação de anestesia geral e outras complicações e intervenções podem introduzir distorções experienciais específicas e anormalidades na fenomenologia desta matriz.

O simbolismo arquetípico específico da experiência de morte e renascimento pode ser extraído de muitos domínios do inconsciente coletivo, pois todas as grandes culturas têm formas místicas apropriadas para este processo. A morte do ego pode ser experimentada em conexão com diversas divindades destrutivas, tais como Xiva, Huitzilopochtli, Moloch, Káli, ou Coatlicue, ou em plena identificação com Cristo, Osíris, Adonis, Dioniso, ou outras personagens míticas sacrificadas. A manifestação divina pode envolver uma imagem totalmente abstrata de Deus como uma fonte radiante de luz, ou representações mais ou menos personificadas de diversas religiões. As experiências de encontro ou união com Grandes Deusas Mães como Virgem Maria, Ísis, Lakshmi, Parvati, Hera ou Cíbele são também bastante comuns.

As constelações de lembranças biográficas relacionadas envolvem memórias de realizações pessoais, término fortuito de situações perigosas, fim de guerras ou revoluções, sobrevivência a acidentes ou recuperação após doenças graves. Em relação às zonas erógenas freudianas, a MPB IV associada, em todos os níveis de desenvolvimento libidinal, a estados de satisfação que se seguem imediatamente a atividades de liberação de tensão desagradável — saciação da fome por ingestão de comida, alívio por vômito, defecação, micção, orgasmo sexual e nascimento de um bebê.

O relato a seguir é uma continuação de minha sessão com LSD, descrita anteriormente na MPB III. Ele focaliza inicialmente a transição entre a MPB III e a MPB IV, e então foca especificamente os elementos que pertencem à quarta matriz.

Eu estava bastante orgulhoso de mim mesmo por ter conseguido realizar a tarefa difícil e exigente de aceitar um aspecto de minha natureza biológica que é abominado em nossa cultura. Contudo o pior ainda estava por vir. De repente, eu parecia estar perdendo todas as minhas ligações com a realidade, como se um tapete imaginário estivesse sendo puxado debaixo de meus pés. Tudo estava desmoronando e eu sentia que todo meu mundo estava se despedaçando.

Era como se um monstruoso abcesso metafísico de minha existência estivesse sendo puncionado; uma bolha gigante de ridícula auto-ilusão havia estourado e expunha a mentira de minha vida.

Tudo em que eu sempre acreditei, tudo que eu fiz ou persegui, tudo que parecia dar sentido a minha vida, de repente parecia ser totalmente falso. Tudo era formado por remendos lamentáveis, sem nenhuma substância, com que eu tentava consertar a intolerável realidade da existência. Agora eles haviam sido soprados e voavam pelos ares como as frágeis sementes plumosas de um dente-de-leão, expondo o assustador abismo da verdade final — o caos sem sentido do Vazio existencial. Cheio de horror indescritível, eu vi a figura gigantesca de uma divindade elevando-se sobre mim, numa postura ameaçadora. De alguma forma, reconheci instintivamente que era o deus hindu Shiva, em seu aspecto destrutivo. Eu senti o poderoso impacto de seu pé enorme que me esmagou, despedaçando-me em fragmentos, e sujou-se comigo como se eu fosse insignificante migalha de excremento, naquilo que eu sentia como se fosse o fundo do poço cósmico.

No momento seguinte, eu estava encarando uma figura gigante aterrorizadora de uma deusa negra que eu identifiquei como a deusa indiana Káli. Meu rosto estava sendo empurrado por uma força irresistível em direção a sua vagina escancarada, que estava cheia do que parecia ser sangue menstrual ou material repulsivo após o parto.

Eu sentia que aquilo que se exigia de mim era uma rendição absoluta às forças da existência e ao princípio feminino representado pela deusa. Eu não tinha escolha a não ser beijar e lamber sua vulva, em total submissão e humildade. Neste momento, que foi o fim total e absoluto de qualquer sentimento de supremacia masculina que eu tenha abrigado, eu contatei a memória do momento de meu nascimento biológico. Minha cabeça estava saindo do canal de parto, com minha boca em íntimo contato com a sangrenta vagina de minha mãe. Eu fui inundado por uma luz divina, de brilho e beleza sobrenaturais, cujos raios explodiam em milhares de belos desenhos de penas de pavão. De dentro desta luz brilhante, saiu a figura de uma Grande Deusa Mãe, que parecia incorporar o amor e a proteção de todas as eras. Ela abriu seus braços e alcançou-me, aconchegando-me em sua essência. Eu me fundi com este incrível campo de energia, sentindo-me purificado, curado e nutrido. Alguma essência arquetípica de leite e mel, que parecia ser ambrosia, fluía através de mim, em abundância absoluta.

Então a figura da deusa desapareceu gradualmente, absorvida por uma luz ainda mais brilhante. Era abstrata, embora dotada de características pessoais definidas e infinita inteligência radiante. Tornou-se claro para mim que eu estava experienciando a fusão com e a absorção no *Self* Universal, ou Brahma, como eu havia lido em livros de filosofia indiana. Esta experiência durou aproximadamente dez minutos de relógio; no entanto, ela transcendeu qualquer conceito de tempo e parecia ser a eternidade. O fluxo de energia curativa e nutridora e as visões de brilho dourado com padrões de pena de pavão duraram toda a noite. A sensação de bem-estar resultante permaneceu comigo por muitos dias. A lembrança da experiência permaneceu vívida por anos e mudou profundamente toda minha filosofia de vida.

Eu gostaria de terminar esta seção sobre dinâmica perinatal com um relato de uma respiração holotrópica de Albert, um psicólogo clínico que participou recentemente em um de nossos seminários de cinco dias. No início do *workshop*, ele se descreveu para o grupo como sendo uma pessoa muito presa, com um padrão de vida viciado em trabalho, que se anima com projetos difíceis e aprecia lutas e desafios. Sua sessão de respiração resultou num profundo senso de liberação e relaxamento. Seu relato é um bom exemplo de uma poderosa experiência de nascimento que convenceu uma pessoa inteligente, cética e treinada cientificamente, através de seu poder elementar e de sua conexão significativa com a vida cotidiana. O relato contém um detalhe surpreendentemente preciso.

No início, me identifiquei com um animal escamoso, parecido com um verme, e comecei a fazer alguns movimentos adequados a isto. Eu me virei repetidamente, de um jeito espiral, de minhas costas para minha barriga e novamente para as costas.

Subitamente, senti toques em meus pés, e eu os experienciei como sendo incômodos e restritivos. Comecei a lutar contra eles, primeiro suavemente e depois com força e determinação cada vez maiores. Isto se intensificou gradualmente, até um ponto em que eu tinha certeza de que estava lutando por minha vida.

Eu descobri depois que tive de ser seguro por cinco pessoas, porque me movia vigorosamente no espaço das outras pessoas à minha volta. Tive a idéia de que eu nunca desistiria, mesmo que o mundo todo estivesse contra mim. Lutei contra o desamparo e contra os inimigos poderosos. Com habilidade e força e gritos altos.

Enquanto eu estava sendo seguro, Stan ficou repetindo que ele e os outros à minha volta não eram inimigos, que eles estavam me ajudando a passar pela experiência. Depois de algum tempo, eu fui capaz de identificar esta luta com o reviver de meu nascimento. Eu tenho de dizer que a sensação de desamparo continua provocando em mim uma resistência excessiva, nunca resignação. Eu também conheço um padrão similar em minha vida cotidiana.

Meus movimentos fortes e meus gritos altos chegaram a um ponto culminante, e então cessaram; e eu entrei numa fase de relaxamento. Neste momento, eu decidi me sentar. Quando Stan me disse que era muito cedo, uma percepção súbita lampejou em minha mente: "Eu sou um bebê prematuro!". Eu me deitei novamente, me cobri todo, e tive a sensação de que era capaz de compensar todo o tempo a menos no útero. Isto foi muito bonito; eu me senti feliz e fui capaz de me entregar internamente.

De repente, eu percebi um cheiro muito intenso de couro fresco; eu o cheirei novamente e foi muito, muito agradável. Eu estava num estado de extremo relaxamento, uma condição incomum em meu cotidiano. Eu fui capaz de realmente aproveitar minhas visões. Este forte e intenso cheiro de couro foi o aspecto mais extraordinário de minha experiência. Eu o considerei intrigante e não sabia o que fazer com ele.

Durante o relato para o grupo, eu perguntei a Stan o que isto poderia ser. Ele falou que couro (ou seu cheiro) não parece pertencer aos aspectos simbólicos ou arquetípicos do nascimento e que, de algum modo, isto deveria refletir as circunstâncias reais do meu nascimento.

Mais tarde, naquela mesma noite, eu descobri que minha mãe trabalhava numa loja de couros, e que no dia do meu nascimento ela havia trabalhado até tarde da noite, costurando calças de couro (*Lederhosen*) em seu colo. Ela não esperava que o trabalho de parto começasse naquele dia, e quando a bolsa se rompeu, achou que estava com algum tipo de problema na bexiga. Além disso, o início de minha vida pós-natal esteve intimamente ligado ao cheiro de couro fresco, pois pouco tempo depois de meu nascimento minha mãe continuou a trabalhar em casa, com calças de couro.

Eu estou convencido de que revivi a experiência de meu nascimento, e que o cheiro de couro fresco, de alguma forma, é também uma lembrança autêntica.

Além do Cérebro:
Dimensões Transpessoais da Psique

Como a girafa e o ornitorrinco, as criaturas que habitam essas remotas regiões da mente são bastante improváveis. No entanto, elas existem, são fatos observáveis e, como tal, não podem ser ignoradas por quem esteja honestamente tentando entender o mundo em que vive.

Aldous Huxley, *Heaven and Hell* [Céu e inferno].

Tipicamente, as seqüências experienciais de morte e renascimento abrem a passagem para o domínio transbiográfico na psique humana, que pode ser melhor denominado como *transpessoal*. O nível perinatal do inconsciente representa claramente uma interface entre os domínios biográfico e transpessoal, ou entre o inconsciente individual e o inconsciente coletivo. Na maioria dos casos, as experiências transpessoais são precedidas por um dramático encontro com o nascimento e com a morte. Contudo, há também uma alternativa importante: em alguns casos, é possível ter acesso experiencial a diversos elementos e temas transpessoais sem confrontar o nível perinatal. O denominador comum do rico e ramificado grupo dos fenômenos transpessoais é a sensação que a pessoa tem de que sua consciência se expandiu além dos limites usuais do ego e transcendeu as limitações de tempo e espaço.

Nos estados comuns ou "normais" de consciência, nós nos experienciamos como existindo dentro dos limites do corpo físico (a imagem corporal); nossa percepção do ambiente é restrita pelo alcance de nossos órgãos sensoriais. Tanto nossa percepção interna (interocepção) quanto nossa percepção externa (exterocepção) estão confinadas pelos limites espaciais e temporais comuns. Em circunstâncias comuns, podemos experienciar vividamente e com todos os nossos sentidos apenas os acontecimentos do momento presente e de nosso ambiente imediato. Podemos lembrar o passado e antecipar ou fantasiar sobre acontecimentos futuros; contudo o passado e o futuro não estão disponíveis para a experiência direta. Nas experiências transpessoais, uma ou mais das limitações acima parecem ser transcendidas, quer elas ocorram em sessões psicodélicas, na auto-exploração por técnicas experienciais sem drogas, quer espontaneamente.

Com base na discussão acima, as experiências transpessoais podem ser definidas como expansão experiencial ou extensão da consciência além dos limites usuais do corpo e ego, e além das limitações de tempo e espaço. Elas cobrem uma extensão extremamente ampla de fenômenos que ocorrem em diversos níveis da realidade; num certo sentido, todo o espectro de experiências transpessoais tem a dimensão da própria existência. Antes de continuar a discussão das experiências transpessoais, eu gostaria de introduzir dois novos termos que serão explicados e discutidos detalhadamente neste livro (p. 223 e ss); eles se referem a dois modos complementares de consciência, em que podemos experienciar a nós mesmos e ao mundo.

Modo de consciência hilotrópico, ou orientado para a matéria, é o termo que eu uso para a experiência cotidiana, normal, da realidade consensual. O *modo de consciência holotrópico,* ou consciência visando à globalidade e à totalidade da existência, caracteriza alguns estados psicológicos incomuns, como experiências meditativas, místicas ou psicodélicas. Este modo também pode ser observado em muitos dos episódios que ocorrem espontaneamente e são considerados como psicóticos pela psiquiatria contemporânea.

No *modo de consciência hilotrópico*, nós experienciamos apenas uma parte limitada e específica do mundo fenomenal ou da realidade consensual, de momento a momento. A natureza e a extensão deste fragmento experiencial da realidade são definidas de modo não ambíguo, por nossas coordenadas espaciais e temporais no mundo fenomenal, pelas limitações anatômicas e fisiológicas de nossos órgãos sensoriais e pelas características físicas do ambiente.

No *modo de consciência holotrópico* é possível alcançar, além desses, todos os demais aspectos da existência. Estes aspectos incluem não só o acesso à história biológica, psicológica, social, racial e espiritual do indivíduo, e ao passado, presente e futuro de todo o mundo fenomenal, mas também o acesso a muitos outros níveis e domínios da realidade descritos apenas pelas grandes tradições místicas do mundo. Estudos comparativos da literatura mística mostram que a maioria destes sistemas parece concordar com um modelo da realidade complexo, hierarquizado e com vários níveis. Este modelo inclui aspectos fenomenais e transfenomenais da existência (Wilber, 1980).

O *domínio experiencial denso* reflete o mundo da consciência desperta comum e a realidade consensual baseada na evidência dos órgãos sensoriais. A visão de mundo e o modo de ser no mundo que correspondem a este domínio estão limitados à informação derivada do corpo físico e do mundo material, à causalidade linear como o único princípio conector, e à compreensão newtoniana do espaço e tempo. Além deste domínio, muitos sistemas de filosofia perene identificaram e exploraram vários níveis ou domínios de existência transfenomenais, usualmente denominados como sutil, causal e supremo ou absoluto.

Tanto o nível sutil quanto o causal podem ser subdivididos em inferior e superior. O *nível sutil inferior*, ou *astral-psíquico*, contém tradicionalmente experiências fora do corpo, viagem astral, fenômenos psíquicos e ocultos (precognição, clarividência, psicocinese), auras e experiências similares. O *nível sutil superior* compreende formas arquetípicas de divindades, presenças supremas e guias espirituais, experiências de inspiração divina, visões de luz e iluminações auditivas.

O *nível causal inferior* é domínio do *savikalpa samadhi*, o Deus final, criador de todos os domínios, a luz audível do *bija mantra* — a fonte de todas as divindades individuais. O *nível causal superior* é caracterizado pela transcendência final e libertação na radiância ilimitada, ou *nirvikalpa samadhi*. Neste nível, não há sujeito ou objeto, nem *self* nem deus, apenas consciência sem forma. No nível do *Absoluto*, a consciência desperta para sua condição original e qualidade inerente que é também inerente a toda existência — densa, sutil e causal.

As observações da moderna pesquisa da consciência, com ou sem drogas psicodélicas, em geral trazem fortes evidências desta compreensão da realidade. Contudo, em detalhes específicos, a cartografia da consciência descrita pela filosofia perene precisaria ser ampliada e modificada para abarcar as descobertas da psiquiatria experimental e das novas psicoterapias vivenciais. No texto a seguir, eu tentarei esboçar uma classificação das experiências transpessoais que se baseia no esquema da filosofia perene, mas que também incorpora as descobertas da moderna pesquisa científica.

Não é uma tarefa fácil criar uma taxonomia transpessoal que reflita de forma precisa e abrangente os dados introspectivos e as observações objetivas da moderna pesquisa da consciência. O espectro de experiências transpessoais não é apenas extremamente rico, ramificado e variado, mas inclui níveis de realidade governados por leis e princípios que diferem daqueles que regem a realidade comum. Muitas experiências transpessoais são inefáveis, dificultam uma descrição verbal adequada e ocorrem em níveis de realidade em que aqueles aspectos que poderiam comumente servir como *principia divisionis*, tais como tempo, espaço, dualidade e polaridade ou causalidade linear são transcendidos. O problema é complicado ainda mais pela natureza holográfica da consciência e pela interpenetração mútua de seus diversos níveis e domínios.

Contudo, eu acredito que, apesar de todas essas limitações inerentes, a discussão sobre os fenômenos transpessoais refletirá as realidades experienciais

56

em um grau suficiente para fornecer informação útil aos futuros pesquisadores e exploradores destes fascinantes territórios da mente humana. Eu espero que, no futuro, eles, por sua vez, venham a complementar, refinar e revisar o esquema que eu estou propondo aqui, com base em suas próprias experiências e observações.

Antes de começar a esboçar um sistema de classificação dos fenômenos transpessoais, eu gostaria de esclarecer a relação entre o modo de consciência holotrópico e as experiências transpessoais. A consciência holotrópica tem o potencial para alcançar todos os aspectos da existência. Isto inclui a biografia pós-natal do indivíduo, acontecimentos futuros, nascimento biológico, desenvolvimento embrionário e fetal, o momento da concepção, bem como a história ancestral, racial, cármica e filogenética. Dentre estas, as experiências biográficas e perinatais já foram discutidas anteriormente.

Num certo sentido, o pleno reviver de acontecimentos da infância e do nascimento (em comparação a apenas lembrar-se) poderia ser visto como verdadeira transcendência de tempo e espaço. Neste caso, a pessoa que experimenta uma seqüência da infância e da vida adulta, ou a luta no canal de parto, não estaria reconstruindo esses acontecimentos a partir de engramas mnemônicos em seus sistema nervoso, mas de fato conectado diretamente às coordenadas espaciais e temporais dos acontecimentos originais. Isto seria comparável à situação conhecida na ficção científica, em que astronautas visitando um planeta com um forte campo gravitacional vivenciam laçadas espaço-temporais, e podem existir simultaneamente em duas estruturas espaço-temporais diferentes. Nestas circunstâncias, eles podem realmente ver e encontrar-se em diferentes pontos de seu passado.

O pleno reviver de acontecimentos da infância pode ser ocasionalmente acompanhado pela identificação experiencial com os protagonistas (por exemplo, identificação com o agressor), o que dá a estas experiências um distinto toque transpessoal. Reviver os diversos estágios do nascimento não só envolve a possibilidade de plena identificação experiencial com a mãe parturiente, como também dá acesso a situações em diversas partes do mundo e através da história que incluem outras pessoas experimentando estados emocionais e sensações físicas similares. Estas conexões foram discutidas em detalhe, anteriormente, em relação à fenomenologia das matrizes perinatais básicas.

A distinção mais importante, portanto, tem de ser feita não entre as experiências transpessoais e as experiências biográficas ou perinatais, mas entre o modo hilotrópico — consciência desperta comum experimentada a cada momento — e o modo holotrópico — estados incomuns de consciência que dão acesso a todos os outros aspectos da existência. Isto inclui não só espaço e tempo do mundo fenomenal, mas também todos os outros níveis transfenomenais da realidade. É principalmente por razões didáticas que as experiências biográficas e perinatais são discutidas separadamente das experiências trans-

57

pessoais. No esquema que se segue, experiências embrionárias, ancestrais, raciais, cármicas e filogenéticas são incluídas no domínio transpessoal.

Em geral, as experiências transpessoais podem ser divididas em três grandes categorias, de acordo com seu conteúdo. Algumas envolvem fenômenos do mundo material de espaço-tempo que nossa cultura vê como objetivamente real. Outras refletem níveis de realidade negados pela ciência mecanicista ocidental, mas reconhecidos e validados por muitas culturas antigas e não-ocidentais, e pelas grandes tradições místicas do mundo, que são descritas por Aldous Huxley como filosofia perene (Huxley, 1945).

A primeira categoria de experiências transpessoais que trata do mundo de espaço-tempo pode ser ainda subdividida nas experiências que envolvem a transcendência dos limites espaciais comuns e naquelas que envolvem a transcendência do tempo linear. Podemos acrescentar a estas uma terceira categoria de experiências e fenômenos que representam estranhos híbridos entre os níveis denso, sutil e causal da consciência. Eles parecem ocorrer na interface entre o mundo interior e a realidade externa, ou entre matéria e consciência. Eu tomei a liberdade de adotar para esta categoria o termo *fenômenos paranormais*, que foi usado anteriormente, com conotações diferentes, pelo biólogo e filósofo alemão Hans Driesch (Driesch, 1929), um dos principais expoentes do vitalismo; pelo psiquiatra suíço Eugen Bleuler (Bleuler, 1925), que cunhou o termo esquizofrenia; e, mais recentemente, por Carl Gustav Jung (Jung, 1964) em relação à sincronicidade e fenômenos arquetípicos. O sistema de classificação a seguir está baseado nos princípios discutidos acima.

Experiências Transpessoais

EXTENSÃO EXPERIENCIAL DENTRO DA REALIDADE E DO ESPAÇO-TEMPO CONSENSUAIS

1. Transcendência dos Limites Espaciais

   a. Experiência da Unidade Dual
   b. Identificação com Outras Pessoas
   c. Identificação Grupal e Consciência Grupal
   d. Identificação com Animais
   e. Identificação com Plantas e Processos Botânicos
   f. Unidade com a Vida e com Toda a Criação
   g. Experiência da Matéria Inanimada e de Processos Inorgânicos
   h. Consciência Planetária
   i. Experiências Extraterrestres
   j. Identificação com Todo o Universo Físico
   k. Fenômenos Parapsicológicos que Envolvem Transcendência de Espaço

2. Transcendência dos Limites do Tempo Linear

a. Experiências Embrionárias e Fetais
b. Experiências Ancestrais
c. Experiências Raciais e Coletivas
d. Experiências de Vidas Passadas
e. Experiências Filogenéticas
f. Experiências da Evolução Planetária
g. Experiências Cosmogênicas
h. Fenômenos Parapsicológicos que Envolvem Transcendência de Tempo

3. Introversão Física e Estreitamento da Consciência

EXTENSÃO EXPERIENCIAL ALÉM DA REALIDADE E DO ESPAÇO-TEMPO CONSENSUAIS

a. Experiências Espíritas e Mediúnicas
b. Fenômenos Energéticos do Corpo Sutil
c. Experiências de Espíritos Animais
d. Encontros com Guias Espirituais e Seres Supra-humanos
e. Visitas a Outros Universos e Encontros com Seus Habitantes
f. Experiências de Seqüências Mitológicas e de Contos de Fadas
g. Experiências de Divindades Pacíficas e Iradas Específicas
h. Experiências de Arquétipos Universais
i. Compreensão Intuitiva de Símbolos Universais
j. Inspiração Criativa e Impulso Prometéico
k. Experiência do Demiurgo e Insights *sobre a Criação Cósmica*
l. Experiência da Consciência Cósmica
m. O Vazio Supracósmico e Metacósmico

EXPERIÊNCIAS TRANSPESSOAIS DE NATUREZA PARANORMAL

1. Vínculos Sincrônicos entre Consciência e Matéria

2. Acontecimentos Paranormais Espontâneos

a. Atos Físicos Supernormais
b. Fenômenos Espíritas e Mediunidade Física
c. Psicocinese Espontânea Recorrente (Poltergeist)
d. Objetos Voadores Não Identificados (fenômenos OVNI)

3. Psicocinese Intencional

a. Magia Cerimonial
b. Cura e Feitiçaria
c. Siddhis
d. Psicocinese em Laboratório

Esta classificação representa uma lista completa dos tipos de experiências transpessoais que eu testemunhei na pesquisa psicodélica, em sessões de respiração holotrópica e no trabalho com pessoas que estavam vivendo episódios espontâneos de estados incomuns de consciência. Além disso, ela contém alguns poucos fenômenos transpessoais de tipo parapsicológico que foram descritos várias vezes na literatura mística e por alguns pesquisadores modernos, mas que eu não observei em meu próprio trabalho.

De modo geral, esta cartografia concorda com a filosofia perene, embora seja mais completa e difira em alguns detalhes. A categoria de experiências que envolvem extensão da consciência dentro da realidade e do espaço-tempo consensuais corresponde, aproximadamente, ao domínio astral-psíquico do nível sutil inferior. A maioria das experiências caracterizadas pela extensão experiencial além da realidade e do espaço-tempo consensuais pertence aos níveis sutis superiores. A experiência do Deus Absoluto ou Demiurgo Cósmico (*sâvikalpa samâdhi*) parece corresponder ao nível causal inferior, e a experiência da consciência sem forma, transcendendo todas as dualidades (*nirvikalpa samâdhi*) ou do Vazio (*súnyata*) corresponde ao nível causal superior. O Absoluto ou o Definitivo seria então a experiência da qualidade essencial de todos os níveis e da consciência em sua condição original.

É necessário ter em mente que as experiências transpessoais nem sempre ocorrem em forma pura. Foi mencionado anteriormente que, por exemplo, experiências perinatais características das matrizes individuais são freqüentemente acompanhadas por tipos específicos de fenômenos transpessoais e que experiências biográficas podem ter alguns contornos transpessoais. Várias formas de experiências transpessoais tendem a ocorrer em conjuntos. Portanto, experiências embrionárias podem aparecer em combinação com memórias filogenéticas, com a experiência da unidade cósmica, imagens arquetípicas de céus ou paraísos, ou com visões de várias divindades pacíficas ou de demônios. Estas associações são muito constantes e parecem refletir uma lógica experiencial notável e as interconexões profundas intrínsecas entre os vários fenômenos no mundo da consciência.

A seguir, eu descreverei brevemente e discutirei os principais tipos de experiências transpessoais, e as ilustrarei com exemplo típicos.

EXTENSÃO EXPERIENCIAL DENTRO DA REALIDADE
E ESPAÇO-TEMPO CONSENSUAIS

1. Transcendência de Limites Espaciais

As experiências transpessoais que envolvem transcendência de barreiras espaciais sugerem que os limites entre o indivíduo e o resto do universo não são fixos e absolutos. Sob circunstâncias especiais é possível identificar-se vivencialmente com qualquer coisa no universo, incluindo o próprio cosmo. Encontram-se aqui as experiências de fundir-se com outra pessoa num estado de unidade dual ou assumir a identidade de outra pessoa, de sintonizar-se com a consciência de um grupo específico de pessoas, ou de expansão da consciência a uma extensão tal que ela parece abranger toda a humanidade. De modo similar, pode-se transcender os limites da experiência especificamente humana e identificar-se com a consciência de animais, plantas ou mesmo objetos e processo inorgânicos. No limite, é possível experimentar a consciência de toda a biosfera, de nosso planeta, ou de todo o universo material.

a. Experiência da Unidade Dual

Este tipo de experiência transpessoal caracteriza-se por dissolver e fundir os limites do ego corporal e por uma sensação de fundir-se com outra pessoa num estado de unidade e totalidade. Apesar de sentir-se fundido com o outro, o indivíduo retém a consciência de sua própria identidade. Em estados psicodélicos, sessões de psicoterapia experiencial, meditação ou episódios espontâneos de consciência incomum, este sentido de unidade dual pode ser experimentado em relação às pessoas do ambiente — terapeuta, acompanhante, membros da família ou amigos. Pode ocorrer também totalmente no espaço experiencial interno, em relação a pessoas imaginárias, não presentes na sessão.

A experiência da unidade dual ocorre com bastante freqüência nas sessões em que o indivíduo está revivendo memórias perinatais da fusão simbiótica com o organismo materno ("útero bom" e "seio bom"). Nestas circunstâncias, é possível ter experiências alternadas de identificação com a criança, a mãe, ou com ambas simultaneamente (unidade dual). Nos estados de união mística com o universo, o estado de unidade dual pode ser experimentado em relação a qualquer aspecto da existência — não apenas pessoas, mas animais, plantas e objetos inanimados.

Um exemplo importante da experiência da unidade dual é a sensação de fusão com o parceiro numa situação sexual (com ou sem o elemento de união genital). Pode ocorrer espontaneamente, nas circunstâncias da vida cotidiana ou no contexto da prática tântrica intencional. No caminho da mão esquerda de Tantra (*vama marga*), o atingimento da experiência da unidade cósmica pela união sexual com o parceiro (*maithuna*) é o objetivo de um complexo ritual sagrado (*pancha makara*). Experiências de unidade dual também ocorrem freqüentemente durante a prática espiritual sistemática (particularmente na tradição *bkakti*), na qual os discípulos podem experimentar o sentimento de união com o guru.

As experiências de unidade dual são com freqüência acompanhadas por profundos sentimentos de amor e por um sentido da sacralidade (numinosidade) do acontecimento. Há exercícios específicos nas tradições espirituais e no movimento do potencial humano que podem facilitar tais experiências através de olhar para os olhos da outra pessoa, de prestar atenção na respiração da outra pessoa, da respiração sincronizada, ou de ouvir a batida do coração do outro.

O exemplo que se segue, retirado de uma sessão terapêutica com LSD, combina uma experiência regressiva de unidade dual com a mãe durante a existência intra-uterina e a amamentação, com uma experiência de fusão com o terapeuta. A paciente foi tratada com terapia psicolítica por causa de uma condição psicótica; a história resumida de seu tratamento está em meu livro *LSD Psychotherapy* (Grof, 1980, pp. 246-51).

Neste ponto Milada assumiu uma posição fetal e parecia muito regredida. Eu podia ver uma mudança admirável em sua face. Todas as suas rugas haviam desaparecido e ela se assemelhava a uma criança muito pequena. Descreveu que sentia uma maravilhosa sensação de unidade com sua mãe. Não havia separação entre os sentimentos de sua mãe e os dela própria. Ela poderia mudar livremente da experiência de ser ela mesma como uma criança no útero ou ao seio, para a experiência complementar de ser sua mãe grávida ou amamentando. Ela podia também vivenciar ambos os papéis ao mesmo tempo, como se fosse um único *continuum* experiencial, absolutamente sem limites.

Quando ela abriu seus olhos notou, com grande surpresa, que estava vivenciando a ausência de limites entre nós dois. Ela tinha a sensação de que podia ler meus pensamentos e meus processos emocionais. Eu posso confirmar que nas poucas ocasiões em que ela verbalizou suas percepções isto realmente foi verdadeiro. Reciprocamente, ela sentia que eu tinha um acesso ilimitado à sua mente e que eu poderia "lê-la como um livro aberto". Contudo, este aspecto de sua experiência era claramente uma projeção e não refletia corretamente minha própria situação. Num determinado ponto, Milada mostrou também um elemento de medo paranóide: que todos os seus pensamentos estivessem sendo transmitidos não só para mim, mas para outras pessoas e para todo o mundo.

b. Identificação com Outras Pessoas

Esta experiência transpessoal está intimamente relacionada com a anterior. Ao fundir-se experiencialmente com outra pessoa, o indivíduo tem a sensação de total identificação a ponto de perder parcialmente a consciência de sua própria identidade. A sensação de tornar-se outra pessoa é total e complexa. Envolve a imagem corporal, as sensações físicas, as reações emocionais e atitudes, os processos de pensamento, as lembranças, a expressão facial, gestos e maneirismos típicos, posturas, movimentos e mesmo a inflexão da voz.

Existem muitas formas, graus e níveis desta experiência. Pode ocorrer em relação a pessoas presentes junto ao sujeito, em relação a pessoas ausentes, ou como parte de uma experiência interna envolvendo pessoas da infância do indivíduo, seus ancestrais ou de uma vida passada. As identificações experienciais deste tipo podem envolver personagens famosas da história humana presente ou passada, ou mesmo personagens mitológicas ou arquetípicas.

Reviver lembranças emocionalmente importantes da infância, ou mesmo da vida adulta, que envolvem outras pessoas, freqüentemente caracteriza-se por identificação simultânea ou alternada com todos os protagonistas. Este mecanismo pode dar um tom transpessoal a muitas experiências biográficas pessoais. Neste contexto, a pessoa pode identificar-se com seus pais, filhos, outros parentes próximos, amigos próximos, conhecidos e professores. Este processo pode também envolver pessoas famosas como políticos, cientistas, artistas, líderes religiosos ou representantes típicos de outros grupos profissionais, étnicos ou raciais, do passado e do presente.

Entre as figuras famosas históricas e públicas com que as pessoas se identificaram em diversos estados incomuns de consciência que testemunhei encontram-se Alexandre, o Grande, Nero, Cleópatra, Genghis Khan, Leonardo da Vinci, Michelangelo, São Francisco de Assis, Santa Tereza, Abraham Lincoln, Vladimir Ilyich Lenin, Joseph Stalin, Martin Luther King, Mohammed Ali, John F. Kennedy e vários atores famosos. A identificação plena com Cristo e com seu sofrimento é uma ocorrência freqüente e típica no contexto da MPB III. Ao contrário das experiências de vida passada, a identificação simples com outra pessoa não tem a qualidade experiencial de uma lembrança, e não envolve a sensação de realmente haver sido aquela pessoa.

A experiência da unidade dual e identificação com outra pessoa é freqüentemente acessível a paranormais. Neste caso, a experiência não tem a forma básica e imprevisível que assume em estados psicodélicos, sessões de psicoterapia experiencial, meditação ou em episódios espontâneos de consciência incomum (crises transpessoais), mas pode ser evocada e controlada voluntariamente. Nós mesmos testemunhamos repetidamente demonstrações muito confiáveis e precisas, realizadas por Anne Armstrong, que envolviam estes mecanismos, entre outros. Da mesma forma, xamãs experientes parecem operar deste modo ao conduzir uma cura ou ao fazer um diagnóstico.

Eu gostaria de usar aqui, como exemplo, um episódio de minha vida. É uma poderosa experiência de identificação com outra pessoa que ocorreu com minha esposa Christina, numa época em que ela estava acamada, febril, com uma virose. O episódio envolveu um grande amigo nosso, o antropólogo e generalista, recentemente falecido, Gregory Bateson. Naquela época, Gregory estava passando o último período de sua vida no Instituto Esalen, lutando com seu câncer no pulmão. Os cirurgiões encontraram, durante uma operação exploratória, um tumor do tamanho de um *grapefruit*, localizado muito perto de sua veia cava. Ele não podia ser operado e a previsão que lhe deram foi de quatro semanas de vida. Ele foi convidado pelo Instituto Esalen para passar o resto de sua vida no belo ambiente da costa de Big Sur. Durante sua estada, passou por vários tratamentos alternativos e, com diversos altos e baixos, ele realmente viveu mais de dois anos e meio. Nós tivemos muita interação com ele e com sua família, e nos tornamos amigos íntimos.

Uma manhã, Christina decidiu ficar na cama, porque não estava se sentindo bem. Subitamente, ela teve uma sensação avassaladora de que estava se transformando em Gregory. Ela tinha seu corpo gigantesco e suas enormes mãos, seus pensamentos e seu constante humor britânico. Ela se sentiu conectada à dor de seu câncer e, de algum modo, soube com cada célula de seu corpo que ele/ela estava morrendo. Isto a surpreendeu, porque não refletia sua avaliação consciente sobre a situação dele. Sua condição havia piorado, naquela época, mas isto já acontecera muitas vezes antes, e ela não tinha razão para suspeitar que houvesse algo mais que uma piora passageira.

Mais tarde no mesmo dia, Christina encontrou nosso amigo Carl Simonton, que, na época, estava visitando Esalen. Ele estava trabalhando com Gregory, usando o método de visualização que havia desenvolvido como um tratamento complementar para o câncer. Christina descobriu que Carl e Gregory haviam trabalhado juntos naquela manhã. No meio da sessão, Gregory subitamente se recusou a continuar e disse: "Eu não quero mais fazer isto. Eu quero morrer". Eles chamaram Lois, esposa de Gregory, e começaram a falar sobre morrer, em vez de cura e luta contra o câncer. O momento em que este episódio ocorreu coincidiu exatamente com a experiência de identificação com Gregory que Christina teve de manhã.

Christina sentiu-se muito ambivalente em relação a este episódio. Por um lado, foi uma intrusão não solicitada em sua consciência, e foi muito assustadora. Por outro lado, durante os poucos minutos desta experiência fascinante, ela aprendeu mais sobre Gregory do que em anos de nossa interação cotidiana comum.

Parecia claro que experiências deste tipo seriam muito valiosas para propósitos diagnósticos e terapêuticos, se pudessem ser colocadas sob pleno controle voluntário.

c. Identificação Grupal e Consciência Grupal

A experiência de identificação grupal é caracterizada pela extensão adicional da consciência e pela dissolução dos limites. Em vez de se identificar com indivíduos, o sujeito tem a sensação de tornar-se todo um grupo de pessoas que compartilham algumas características raciais, culturais, nacionais, ideológicas, políticas ou profissionais. Em alguns outros exemplos, o denominador comum é a qualidade da experiência física e emocional, ou a situação e o destino que uniram essas pessoas.

Neste tipo de experiências transpessoais, o indivíduo pode ter uma sensação avassaladora de sintonia com a consciência grupal de todos os judeus que foram perseguidos ao longo dos séculos, ou de mártires cristãos torturados e sacrificados pelos romanos, ou de vítimas da Inquisição que foram interrogadas, torturadas e submetidas a autos-de-fé, ou de prisioneiros, de todas as épocas, sofrendo em masmorras ou campos de concentração. Nestas experiências podese sentir a qualidade de zelo religioso de todos os muçulmanos em sua peregrinação à Meca, ou a devoção dos hindus no momento do culto no rio Ganges, ou o fanatismo dos membros de seitas religiosas extremistas, tais como os flagelantes, os russos Skopzy, ou o povo do Espírito Santo que manuseia serpentes.

A profundidade, a extensão e a intensidade destas experiências podem alcançar proporções extraordinárias. É possível vivenciar a totalidade do sofrimento de todos os soldados que morreram nos campos de batalha do mundo desde o início da história, ou o desejo ardente de derrubar os tiranos que os revolucionários de todas as épocas sentiram, ou o amor, a ternura e a dedicação de todas as mães do mundo ao cuidar de seus bebês.

A fusão progressiva de limites pode resultar em experiências de identificação com um grupo social ou político, ou com a população de todo um país ou continente, ou com todas as pessoas que pertencem a uma raça específica, ou com os crentes de uma grande religião. No extremo, é possível identificar-se com a experiência de toda a humanidade e toda a condição humana — com sua alegria, raiva, paixão, tristeza, glória e tragédia.

Numerosas descrições desse tipo de experiências transpessoais podem ser encontradas na literatura espiritual, do modo como ocorreram na vida de profetas, santos e grandes mestres religiosos de todas as épocas. A descoberta surpreendente da moderna pesquisa da consciência foi o fato de que este tipo de experiências transpessoais é acessível a todas as pessoas, sob certas circunstâncias especiais. Um exemplo moderno, particularmente tocante, é a experiência mística do astronauta americano Rusty Schweickart, que teve um poderoso sentimento de identificação com toda a humanidade num passeio no espaço quando orbitava em volta da Terra, durante a missão da Apolo 9 (Schweickart, 1985).

Eu ilustrarei este tipo de experiência transpessoal com dois exemplos. O primeiro é um trecho de uma sessão de um psiquiatra em que foi usada uma alta dose de LSD. Ela aconteceu pouco tempo após uma visita de cinco semanas à Índia.

> Neste ponto, eu fui inundado pelas lembranças de minha recente viagem à Índia, vivenciando novamente o quanto fui profundamente tocado pela amplitude de existência incrivelmente vasta que pode ser encontrada naquele país — desde a miséria profunda até a beleza atemporal da arquitetura e escultura sublimes dos templos e as mais elevadas realizações do espírito humano. Antes que eu pudesse entender o que estava acontecendo, a ênfase da minha experiência mudou. Em vez de ser um visitante e um observador, eu me tornei realmente identificado com aquilo que eu estava percebendo. E então, o espectro da minha experiência foi além da extensão de minhas lembranças reais da Índia.
>
> Eu percebi que eu havia me tornado o POVO DA ÍNDIA! Por mais difícil que possa ser imaginá-lo no estado de consciência cotidiano, eu sentia que era um imenso organismo cujas ramificações e elementos constituintes eram os incontáveis milhões de pessoas que habitam o subcontinente da Índia. A melhor comparação que posso encontrar é com o corpo humano. Cada célula é, de alguma maneira, uma entidade separada, mas é também uma parte infinitesimal do organismo total. E a consciência e a autopercepção refletem o todo, não as partes individuais. De uma forma semelhante, eu era uma única e imensa entidade consciente — a população da Índia.

65

Contudo, ao mesmo tempo, eu estava me identificando também com indivíduos leprosos e mendigos aleijados nas ruas de Bombaim e Calcutá, mascates vendendo cigarros *bidi* ou nozes, criancinhas famintas com câncer na boca, ou morrendo nas sarjetas, multidões piedosas realizando suas cerimônias de purificação no Ganges ou cremando seus parentes nos *ghāts* de cremação em Benares, os *sadhus* despidos repousando em *samadhi* no gelo e na neve do Himalaia, confusas noivas adolescentes unindo-se a estranhos em cerimônias de casamento combinadas por suas famílias, e os marajás poderosos e fabulosamente ricos.

Toda a glória e a miséria da Índia apareceram em minha experiência como os diversos elementos de um organismo cósmico, uma divindade de proporções imensas cujos milhões de braços estavam tocando e tornando-se todos os aspectos possíveis de minha existência. Uma profundidade e amplitude de sensações inimaginável preencheu todo o meu ser; eu senti uma conexão indescritível com a Índia e seu povo.

O exemplo a seguir vem de um relato de uma experiência com peiote de Trovão Estrondoso, um índio winnebago que participou da cerimônia para encontrar alívio em relação a uma profunda culpa e alienação. Ele havia mentido para seu povo, fingindo que tinha a visão, e subseqüentemente arruinou sua vida com bebida, mulheres e até mesmo o envolvimento num assassinato. Sua vida foi descrita em *The Autobiography of A Winnebago Indian* [*A autobiografia de um índio winnebago*] de Paul Radin (Radin, 1920).

Todos nós que estávamos sentados lá tínhamos juntos um espírito ou alma. Pelo menos, foi isto que eu aprendi. Eu me tornei instantaneamente o espírito, e eu era o espírito ou alma deles. Eu sabia imediatamente tudo o que eles pensavam. Eu não precisava falar com eles e obter uma resposta para saber qual havia sido seu pensamento.

d. Identificação com Animais

Esta experiência transpessoal envolve uma identificação completa e realista com membros de várias espécies animais. Os objetos de identificação mais freqüentes são outros mamíferos, pássaros, répteis, anfíbios, e várias espécies de peixes. Contudo, esta experiência pode incluir organismos que estão mais abaixo na escala evolutiva, tais como insetos, gastrópodes (lesmas), braquiópodes (mariscos), cefalópodes (polvos e lulas) e celenterados (anêmona-do-mar e água-viva).

A identificação experiencial com vários animais pode ser extremamente autêntica e convincente. Ela inclui a imagem corporal, as sensações fisiológicas específicas, os impulsos instintivos, a percepção singular do ambiente e as reações emocionais a esta. Estes fenômenos têm algumas características incomuns que os distinguem claramente da experiência humana usual. Sua natureza e caráter específicos freqüentemente transcendem o alcance da fantasia e imaginação humanas.

Figura 4 — Uma pintura que simboliza a extrema agonia vivenciada numa sessão de respiração holotrópica. Sua fonte foi o trauma do nascimento, mas em seu ponto culminante alcançou proporções de identificação experiencial com o sofrimento da humanidade e com toda a dor no mundo.

No modo de consciência holotrópico, é possível obter *insight* experiencial sobre como se sente um gato curioso, uma águia assustada, uma cobra faminta, uma tartaruga sexualmente excitada ou um tubarão respirando pelas brânquias. Depois de ter experiências de identificação animal, as pessoas relataram que tiveram plena compreensão organísmica do impulso que leva a enguia ou o salmão em suas jornadas heróicas contra a correnteza e subindo as corredeiras, dos impulsos e sensações da aranha tecendo sua teia, ou dos processos misteriosos da metamorfose desde o ovo através dos estágios de lagarta e crisálida até a borboleta.

Este tipo de experiência pode ser acompanhado pela aquisição de um conhecimento extraordinário sobre os animais e seus processos vitais. As numerosas observações clínicas deste tipo encontram confirmação independente num capítulo de *Wizard of the Upper Amazon* de Bruce Lamb (Lamb, 1971). Este livro, muito interessante, tem alguma semelhança com a série de livros de Carlos Castañeda, que descreve seu aprendizado com o feiticeiro Yaqui mexicano, Don Juan. Nesta história, que aconteceu na selva amazônica no início do século, o xamã dos índios amahuaca, uma tribo pré-literata do Peru, vê em suas visões clarividentes induzidas pela *ayahuasca (yajé)*, uma bebida psicodélica da videira silvestre *Banisteriopsis caapi*, a chegada de pessoas brancas à procura de borracha. Ele envia seus guerreiros para capturar um jovem branco específico, e o treina para seu futuro papel de intermediário cultural.

De acordo com este livro, o treinamento dos amahuaca para os caçadores incluía ingestão grupal de *ayahuasca*. Sob a influência da bebida psicodélica, os participantes invocavam visões dos animais caçados pela tribo. Eles eram capazes de sintonizar-se com os animais e identificar-se tão completamente com eles que conseguiam conhecer intimamente seus instintos e hábitos. Após esta experiência, eles aumentavam consideravelmente seu sucesso na caça, pois eram sempre capazes de passar da consciência do caçador para a consciência do animal caçado e enganar sua presa.

O primeiro exemplo que eu gostaria de usar aqui, para ilustrar este tipo de experiência, vem de uma sessão de uma pessoa seriamente envolvida em uma auto-exploração sistemática que usou LSD sem supervisão. Depois de ler meus livros, decidiu compartilhar comigo suas notas da sessão e receber feedback.

Então eu tive uma experiência muito real de ser uma águia. Eu estava planando, usando habilidosamente as correntes de ar e mudanças de posição sutis de minhas asas. Eu estava examinando com meus olhos a área abaixo de mim, procurando por presas. Tudo no chão parecia ampliado, como se estivesse sendo visto por um binóculo, e eu podia reconhecer os detalhes mais minúsculos do terreno. Parecia que eu estava respondendo a mudanças em meu campo visual. Quando eu observava um movimento, era como se meus olhos o congelassem e o aproximassem. Era como uma visão de túnel, como olhar por um tubo longo e estreito. A sensação de que esta experiência representava acuradamente o mecanismo de visão de uma ave de rapina (algo sobre o que eu nunca havia pensado e nunca me havia interessado) era tão convincente e impulsionadora que eu decidi ir à biblioteca para estudar a anatomia e a fisiologia de seu sistema óptico.

O exemplo que se segue é uma seqüência de experiências que ocorreram durante a auto-exploração sistemática de uma jovem mulher. As experiências começaram durante a respiração holotrópica e continuaram numa sessão psicodélica. A identificação animal combina-se aqui, de uma maneira interessante, com o motivo de uma dança ritual representando o animal.

Há vários anos, numa sessão de respiração holotrópica com os Grof, eu vivi a experiência de um grande felino — um tigre ou um jaguar — arremetendo e atacando com as garras estendidas. Esta experiência me impressionou muito e eu fiz um desenho dela.

Aproximadamente um ano depois, durante uma sessão psicodélica terapêutica, eu me conectei novamente com a energia felina. Eu me experienciei como sendo uma jovem africana, dançando uma dança ritual — dançando um animal, uma leoa. O movimento de meus ombros, de minhas costas, pescoço e cabeça tornou-se muito específico, à medida que permiti que meu corpo se movesse com o ritmo da dança. Eu tinha uma forte sensação de que não estava apenas representando uma leoa mas de que eu havia de fato me tornado uma.

Eu senti que a leoa não percebe sua necessidade de comida pelas sensações em seu estômago, mas que esfregar a parte de trás de sua cabeça entre os seus ombros levantados é sua forma de descobrir se ela necessita de mais comida para repor seu estoque de gordura que se localiza entre suas omoplatas. Eu não tinha dúvidas sobre a função da grande "almofada" que há no pescoço e ombros dos grandes felinos, mas não fiz nada para pesquisar e confirmar empiricamente este fato.

5b

5b

Figuras 5a-c — Três pinturas representando experiências de uma sessão de respiração holotrópica focalizada no nível perinatal. Elas representam a identificação sucessiva com uma figura arquetípica hercúlea, com um guerreiro viking envolvido numa batalha e com um leão enfurecido.

5c

Há duas semanas, eu estava ouvindo uma fita educativa sobre peso corporal. O locutor, William Bennett, comparou brevemente o acúmulo de gordura adiposa humana e o estoque de gordura animal. Ele descreveu um tipo de gordura que não existe nos humanos, mas é comum nos animais, chamada "gordura marrom". A gordura marrom é estocada como uma almofada entre as espáduas de alguns animais e deve ser mantida em um nível determinado para assegurar energia suficiente e saúde para a sobrevivência do animal.

O último exemplo é o relato de Peter Stafford sobre suas identificações animais durante uma sessão com *yajé*, que ele experimentou com seus amigos no Vale do Fogo, perto de Las Vegas (Aaronson e Osmond, 1970).

A superfície da água movia-se e tremeluzia. Nós logo descemos até o limite da água, ansiosos para nos esticar e nadar, mergulhar e girar. O único obstáculo era usar roupa de banho. Isto parecia tão desnecessário e não-natural! Especialmente desde que eu me tornara uma serpente contorcendo-se na água. Eu manobrava para dentro e para fora de um pântano. Minutos depois, descobri que eu era um sapo e comecei a me mover com longos saltos. Nos dois casos, a água parecia ser meu hábitat natural, e a terra estava distante, estranha e, de algum modo, amedrontadora.

Após certo tempo, minha mente decidiu que eu gostaria de escalar uma pequena montanha acima deste lugar idílico, mas neste momento eu era um leão-marinho, e assim foi difícil ficar de pé e ir até a terra seca. Conforme eu prosseguia com dificuldade, me sentia desajeitado, idiota e completamente fora de meu elemento.

Quando eu digo que me sentia como se fosse primeiro uma criatura da água e depois outra, isto significa muito mais do que meramente "sentir-se escorrega-

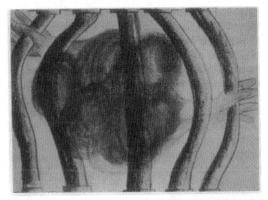

6a

6b

6c

Figuras 6a-c — Três pinturas expressando os intensos sentimentos de agressão experienciados numa sessão de respiração holotrópica, focalizada no nível perinatal do inconsciente. A poderosa energia destrutiva, rompendo sua prisão, toma sucessivamente a forma de identificação com um tigre enraivecido e com uma criatura demoníaca.

dio e reptiliano". A experiência tinha uma sensação diferente em si mesma, diferente de qualquer coisa que eu havia sentido antes, tanto física quanto mentalmente. Sob o efeito da droga, eu estava consciente de vários tipos de lembranças, e havia perdido minha autoconsciência normal. Mais do que empatia com aquilo que eu podia imaginar que uma serpente ou um sapo poderiam sentir, eu estava suficientemente absorvido pelo modo de ser de uma serpente ou um sapo para imaginar como se sentiriam os humanos à minha volta.

Isto significa que enquanto eu estava sob o efeito da *yajé* eu não apenas "me senti como uma serpente", mas, num certo sentido, eu me tornei uma serpente, e de alguma forma alcancei um nível de experiência em que pude contatar um "modo potencial de serpente" dentro de mim? Qual o significado de eu ter sentido que minhas percepções classificavam-se em termos de categorias novas e diferentes?

e. Identificação com Plantas e Processos Botânicos

Experiências transpessoais envolvendo a vida das plantas são freqüentes nos estados incomuns de consciência, embora o sejam menos do que a identificação animal. Um indivíduo sintonizado com este domínio experiencial tem um sentimento convincente de identificação com diversas plantas, partes de plantas ou até mesmo com processos fisiológicos e bioquímicos destas. A pessoa pode ter uma experiência complexa de tornar-se uma árvore, uma flor silvestre ou cultivada, uma planta carnívora, uma alga marinha, plâncton no oceano, ou mesmo uma cultura de bactérias ou uma bactéria individual.

No modo holotrópico, é possível identificar-se experiencialmente com o sistema de raízes de uma árvore envolvido na troca de água e minerais, com a circulação de seiva nos tecidos vegetais, com uma folha durante a realização de fotossíntese, com a semente germinando e com o impulso da muda, com o processo de polinização ou com as divisões celulares durante o crescimento vegetal. Em alguns casos, as pessoas relataram que testemunharam processos botânicos no nível subcelular e molecular. Elas se tornaram vivencialmente conscientes das atividades da mitocôndria ou dos processos bioquímicos subjacentes à produção de auxinas, pigmentos vegetais, óleos e açúcares, substâncias aromáticas e diversos alcalóides.

As experiências de consciência vegetal representam uma interessante categoria de fenômenos transpessoais. Por mais fantástica e absurda que sua existência possa parecer para um cientista tradicional ou para nosso senso comum, não é possível descartá-las como meras fantasias. Elas ocorrem, independentemente, em muitos indivíduos num estágio determinado de sua evolução de consciência e têm uma característica de autenticidade que não pode ser facilmente comunicada em palavras. Elas levam, freqüentemente, a uma compreensão nova e profunda dos processos envolvidos e estão associadas a *insights* filosóficos e espirituais fascinantes.

O mais comum desses *insights* é a consciência da qualidade especial e da pureza da existência das plantas, o que as torna exemplos importantes para a vida espiritual humana. A maioria das plantas não mata nem leva um tipo de existência predatório. Diferentemente dos animais e dos homens, elas estão em contato direto com o sol, o princípio doador de vida neste planeta e a expressão mais imediata da energia cósmica criativa. As plantas transformam esta energia cósmica diretamente em formas nas quais ela pode ser útil a outros organismos. O fato de elas proverem oxigênio para outras formas de vida parece ter um significado especial neste contexto. Deste modo, elas são absolutamente indispensáveis para a vida neste planeta. Outro aspecto importante da vida vegetal é que ela tem um contato direto e imediato com os outros elementos: terra, água e ar.

Além de não matar, ferir ou explorar outros organismos vivos, muitas plantas servem como fontes de alimento, minerais e vitaminas para outras formas de vida. Elas também têm muitos outros usos na vida humana, fornecendo vários materiais e substâncias, e trazendo alegria e beleza. A vida das plantas não é confundida por ambições inautênticas de tornar-se algo que não são, por dolorosas ruminações do passado, por conflitos a respeito da busca de diferentes objetivos, ou por preocupações com o futuro. Elas parecem representar o puro ser no aqui e agora, em pleno contato com o ambiente imediato, que é o ideal de muitas escolas místicas. Em algumas pessoas, esta fascinação com a pureza do reino vegetal, somada à aversão ao matadouro, que pode ser gerada pelas experiências perinatais, pode resultar em apreciação e interesse pela dieta vegetariana.

As árvores conhecidas por sua longevidade, como as sequóias gigantes e o pau-brasil ou os pequenos pinheiros ásperos, são com freqüência vivenciadas como representando um estado de consciência imperturbável, centrada e atemporal, independente dos tumultos e revoltas do mundo. Freqüentemente, as experiências de identificação vegetal medeiam uma compreensão profunda do motivo por que algumas plantas foram consideradas sagradas em várias culturas, tais como a figueira-de-bengala (entre nós conhecida como figueira-da-índia) para os indianos, o lótus para os indianos e os egípcios, o visco para os druidas, ou o milho para os índios norte e sul-americanos.

Os *insights* mais diretos e óbvios em relação aos aspectos espirituais das plantas associam-se àqueles espécimes que foram considerados sagrados e usados ritualmente por várias culturas e grupos por causa de seus efeitos psicodélicos. Entre as plantas psicodélicas que tiveram um papel crítico na vida espiritual da humanidade estão o legendário sacramento védico soma, cuja identidade botânica é desconhecida, a *eboga* africana (*Tabernanthe iboga*), várias partes do cânhamo (*Cannabis indica* e *sativa*), o agárico (*Amanita muscaria*), os cogumelos sagrados mexicanos teonanacatl (*Psilocybe mexicana*), o visionário cacto peiote (*Lophophora williamsii*), sementes de glória matutina ou ololiuqui (*Turbina corymbosa*) e a amazonense *Liana banisteriopsis caapi*, o ingrediente principal do *yajé* ou *ayahuasca*. Os *insights* sobre o papel numinoso dessas plantas são mais prováveis quando elas são ingeridas e o seu efeito específico é experimentado diretamente.

Um exemplo típico da experiência de identificação com plantas será dado mais à frente deste livro, no contexto da discussão sobre os mecanismos terapêuticos.

f. Unidade com a Vida e Toda a Criação

Em alguns casos raros, um indivíduo no estado holotrópico pode ter a experiência da consciência se expandindo a tal ponto que abarque a totalidade da vida no planeta, incluindo toda a humanidade e toda a fauna e a flora, dos vírus e organismos unicelulares até as espécies altamente diferenciadas. Em vez da identificação comum com um organismo vivo, esta experiência representa a identificação com a vida como um fenômeno cósmico.

Em alguns casos, a experiência pode focalizar um aspecto específico da vida, como o poder da fome, ou do impulso sexual, ou do instinto maternal. Ela pode explorar a natureza dominante da lei de que a vida sempre vive em si mesma, ou manifestar a impressionante inteligência que governa os processos vitais nos diversos níveis da evolução. Este tipo de experiência não deixa dúvidas na pessoa que a vive de que o fenômeno da vida não pode ser explicado pela ciência mecanicista, e de que ele prova a existência da inteligência cósmica criativa.

Algumas vezes, a experiência de identificação com toda a vida é apenas horizontal, envolvendo todas as interações e interdependências complexas das diversas formas de vida, em todas as trocas de seus sinergismos e antagonismos que constituem a ecologia planetária. Outras vezes, ela inclui também a dimensão longitudinal, a dimensão evolucionária da vida, que será discutida mais à frente (p. 101). Este tipo de experiência pode resultar numa profunda compreensão das leis cósmicas e naturais, numa percepção ecológica ampliada, e numa grande sensibilidade aos problemas criados pelo desenvolvimento tecnológico e pela industrialização acelerados.

O relato que se segue é um trecho de uma sessão de um psiquiatra com LSD (300 microgramas), na qual a identificação com a totalidade da vida no planeta foi muito proeminente.

Eu parecia ter-me conectado de um modo muito profundo com a vida neste planeta. No começo, passei por séries completas de identificação com várias espécies, mas depois a experiência foi se tornando mais e mais abrangente. Minha identidade ampliou-se não só horizontalmente no espaço, para incluir todas as formas vivas, mas também verticalmente no tempo. Eu me tornei a árvore evolutiva darwiniana em todas as suas ramificações. Eu era a totalidade da vida.

Eu sentia a qualidade cósmica das energias e experiências no mundo das formas vivas, a infindável curiosidade e experimentação que caracterizam a vida, e o impulso de auto-expressão operando em muitos níveis diferentes. A questão crucial com que eu parecia estar lidando era se a vida sobreviveria ou não neste pla-

74

neta. É um fenômeno viável e construtivo, ou um crescimento maligno na face da Terra que contém alguma falha fatal em seu projeto, que a condene à autodestruição? É possível que algum erro básico tenha ocorrido no projeto da evolução das formas orgânicas e passado despercebido? Os criadores do universo podem cometer erros como os humanos? Isto parecia, no momento, uma idéia plausível e muito assustadora, algo que eu nunca havia considerado antes.

Identificando-me com a vida, eu experienciei e explorei todo um espectro de forças destrutivas que operam na natureza e nos seres humanos, e vi suas perigosas extensões e projeções na moderna tecnologia que ameaça destruir este planeta. Neste contexto, eu me tornei as incontáveis vítimas da máquina militar de guerra moderna, prisioneiros em campos de concentração, morrendo em câmaras de gás, peixes envenenados em rios poluídos, plantas mortas por herbicidas, e insetos pulverizados por substâncias químicas.

Isto se alternava com experiências tocantes de bebês sorrindo, crianças encantadoras brincando na areia, animais recém-nascidos e pássaros recém-eclodidos em ninhos cuidadosamente construídos, golfinhos espertos e baleias cruzando águas do oceano, claras como cristais, e imagens de belas pastagens e florestas. Eu senti uma profunda empatia com a vida, uma forte consciência ecológica, e uma real determinação de unir-me às forças pró-vida neste planeta.

g. Experiência da Matéria Inanimada e de Processos Inorgânicos

A extensão experiencial da consciência no modo holotrópico não está limitada ao mundo da biologia; ela pode incluir fenômenos macroscópicos e microscópicos de natureza inorgânica. As pessoas têm relatado repetidamente que se identificaram experiencialmente com a água dos rios e oceanos, com várias formas de fogo, com a terra e as montanhas, ou com as forças descontroladas de catástrofes naturais, como tempestades elétricas, terremotos, tornados e erupções vulcânicas.

A identificação com materiais específicos é igualmente comum — diamantes e outras pedras preciosas, cristal de quartzo, âmbar, granito, ferro, aço, mercúrio, prata ou ouro. Esta experiência pode alcançar o mundo microscópico, e envolver a estrutura dinâmica das moléculas e átomos, o movimento browniano, ligações interatômicas, e até mesmo forças eletromagnéticas e partículas subatômicas.

Em alguns casos, este tipo de experiência envolve produtos altamente sofisticados da moderna tecnologia, como jatos, foguetes e naves espaciais, *lasers* ou computadores. Sob estas circunstâncias, a imagem corporal pode assumir todas as características dos materiais e dos processos envolvidos, de modo que as experiências se tornam complexas e conscientes. Parece que todos os processos no universo que podem ser observados objetivamente no estado comum de consciência têm também uma contraparte experiencial subjetiva no modo holotrópico.

75

Experiências deste tipo sugerem que a consciência e a inteligência criativa não são produtos da matéria inanimada, mas que elas têm um papel crítico em toda a amplitude da existência. Esta é uma idéia que tem sido cada vez mais confirmada pelos desenvolvimentos modernos na física subatômica, astrofísica, biologia, termodinâmica, teoria da informação e de sistemas, e outros ramos da ciência.

O fato de a identificação experiencial com o mundo inorgânico não estar limitada a aspectos materiais, mas ter freqüentemente qualidades numinosas ou espirituais nítidas é de particular interesse. A identificação com a água, portanto, pode ser vivenciada simultaneamente como um estado de consciência caracterizado pela atemporalidade, fluidez, fusão de limites, força tranqüila oculta, purificação e limpeza, e a combinação paradoxal de imutabilidade e de mudança dinâmica.

De modo semelhante, o fogo pode ser vivenciado como uma força espiritual de poder aterrorizador, com sua capacidade de criar e destruir, transformar formas sólidas em energia, confortar e nutrir ou ameaçar e ferir, e, potencialmente, purificar. O elemento de fogo, particularmente na forma do sol, é freqüentemente experimentado como uma manifestação direta da força cósmica criadora no universo, a manifestação mais imediata do divino no mundo fenomenal.

De modo coerente com diversos sistemas místicos de todas as épocas, as experiências relacionadas com várias pedras e metais preciosos, particularmente diamantes e ouro, estão associadas com estados espirituais muito elevados, caracterizados por pureza suprema, imutabilidade e radiância especial. Estas imagens ocorrem freqüentemente em conexão com visões arquetípicas de paraísos, céus ou cidades celestiais. A famosa conferência de Aldous Huxley, "The Visionary Experience" (A experiência visionária), em que ele levanta a questão "Por que as pedras preciosas são preciosas?" (Huxley, 1983) é particularmente relevante deste ponto de vista. A resposta que ele dá é que o enorme valor que atribuímos a pedras e metais preciosos baseia-se no fato de que para nós eles substituem a experiência mística. Em nossa consciência cotidiana, eles representam a maior aproximação possível a algumas características experienciais dos estados visionários.

A identificação experiencial com a matéria inorgânica com freqüência é acompanhada por *insights* fascinantes de natureza filosófica, mitológica, religiosa e mística. A relação íntima entre as experiências do mundo inorgânico e os estados espirituais pode levar a uma compreensão totalmente nova do animismo e panteísmo, alquimia medieval, homeopatia, os sistemas dos quatro e cinco elementos encontrados na filosofia grega, na medicina chinesa, ou em escrituras tântricas, e em muitos outros ensinamentos antigos orientais.

Para as pessoas que tiveram a experiência de identificação com a água, é fácil entender por que ela tem um significado tão importante no taoísmo, e tão freqüentemente é usada como uma metáfora espiritual. Tendo como base uma profunda experiência pessoal, é também fácil compreender por que o Sol foi adorado como deus por tantas culturas, ou por que os vulcões foram percebidos como divindades de criação e destruição. De modo semelhante, a identificação experiencial com o granito pode levar a um profundo *insight* sobre por que os hindus vêem o Himalaia como Xiva deitado, ou por que várias culturas criaram gigantescas esculturas de granito.

Num nível mais profundo, estas esculturas não são imagens de divindades ou ídolos, mas as próprias divindades em si mesmas. O estado de consciência associado com esses materiais — indiferenciado, imperturbável, imutável e transcendendo o tempo linear — é que é a verdadeira divindade. É adorado porque difere dramaticamente dos estados de consciência erráticos, turbulentos e agitados que caracterizam a existência humana comum e o mundo da biologia. A importância do fato de que o tempo é diferente nos diversos domínios do mundo fenomenal foi recentemente enfatizada por Ilya Prigogine (Prigogine e Stengers, 1984) e Eric Jantsch (Jantsch, 1980).

Ilustrarei este admirável tipo de experiência com um relato de uma sessão com 150 miligramas de Ketalar (quetamina), um anestésico dissociativo usado em cirurgia e medicina veterinária. Parece que após a administração dessa substância, a identificação experiencial com matéria inorgânica é particularmente freqüente.

A atmosfera era escura, pesada e agourenta. Parecia ser tóxica e venenosa, no sentido químico, mas também perigosa e maléfica, no sentido metafísico. Eu percebi que estava me tornando PETRÓLEO, preenchendo enormes cavidades no interior da terra. Eu fluía com *insights* fascinantes que combinavam química, geologia, biologia, psicologia, mitologia, economia e política.

Eu compreendi que o petróleo — depósitos imensos de gordura de origem biológica mineralizada — havia escapado do ciclo de morte e nascimento a que o mundo da matéria viva era submetido. Contudo, o elemento da morte não era completamente evitado, mas apenas adiado. O potencial plutônico destrutivo da morte continua a existir no petróleo, em forma latente, e espera por sua oportunidade como uma monstruosa bomba-relógio.

Enquanto estava experienciando o que percebia como sendo a consciência do petróleo, eu via a morte associada à sua manifestação no assassinato que se baseia na ambição e cobiça daqueles que buscam os lucros astronômicos que o petróleo oferece. Eu testemunhei cenas de intrigas políticas e trapaças econômicas motivadas pelo dinheiro do óleo. Não era difícil seguir a cadeia de acontecimentos até uma futura guerra mundial pelas escassas reservas de uma substância que se havia tornado vital para a sobrevivência e prosperidade de todos os países industrializados.

Tornou-se claro para mim que é essencial para o futuro do planeta que se reoriente a vida econômica para a energia solar e para outros recursos renováveis. A política linear de combustíveis fósseis que espolia as limitadas reservas existentes, e as transforma em lixo tóxico e poluição, tem obviamente uma base errada, e é totalmente incompatível com a ordem cósmica, que é cíclica. Embora a exploração de combustíveis fósseis fosse compreensível no contexto histórico da Revolução Industrial, sua continuação parece ser suicida e criminosa, uma vez que sua trajetória fatal seja reconhecida.

Numa longa série de experiências terríveis e muito desagradáveis, fui levado através de estados de consciência relacionados à indústria química baseada no petróleo. Usando o nome do famoso conglomerado alemão, eu me referi a estas experiências como a consciência IG Farben. Era uma seqüência infinita de estados mentais que tinha a característica de tintura de anilina, solventes orgânicos, herbicidas, pesticidas e gases tóxicos.

Além das experiências relacionadas a estes diversos venenos industriais em si, eu também me identifiquei com os estados de consciência associados à exposição de diversas formas de vida aos produtos do petróleo. Eu me tornei cada judeu que morreu nas câmaras de gás nazistas, cada formiga e barata pulverizada com inseticida, cada mosca presa na armadilha dos papéis pega-mosca, e cada planta agonizando sob a influência de herbicidas. E além de tudo isto havia a emboscada muito provável para o futuro de toda a vida no planeta — a morte pela poluição industrial.

Foi uma lição incrível. Saí da sessão com uma profunda compreensão ecológica e um sentido claro de qual direção o desenvolvimento econômico e político tem de tomar para que a vida no planeta possa sobreviver.

h. Consciência Planetária

Neste tipo de experiência transpessoal, a consciência do indivíduo se expande a tal ponto que parece abranger todos os aspectos deste planeta; isto inclui sua substância geológica com todo o reino mineral, bem como a biosfera com todas as formas de vida incluindo os humanos. Deste ponto de vista, toda a Terra parece ser um organismo complexo, uma entidade cósmica cujos diversos aspectos — geológico, biológico, psicológico, cultural e tecnológico — podem ser vistos como manifestações de um esforço constante para alcançar um nível de evolução, integração e auto-realização mais elevado.

Tipicamente, esta experiência envolve também a dimensão mitológica e tem uma qualidade numinosa distinta. Neste contexto, a Terra pode ser percebida como Mãe Terra ou como um ser divino, no sentido da deusa grega Gaia. É fácil perceber que os processos da Terra são guiados por uma inteligência superior que excede de longe a nossa, e que ela deveria ser respeitada e receber confiança, e não ser desequilibrada e sofrer interferência de uma perspectiva humana limitada. Este *insight*, que emergiu repetidamente nos estados incomuns de consciência em muitos indivíduos, recebeu recentemente confirmação independente da ciência moderna.

Gregory Bateson, que realizou em seu trabalho uma síntese brilhante das perspectivas da cibernética, teoria de informação e teoria de sistemas, teoria da evolução, antropologia e psicologia (Bateson, 1979), chegou à conclusão de que não é apenas legítimo, mas logicamente inevitável, assumir a existência de processos mentais em todos os níveis de fenômenos naturais de alguma complexidade — células, órgãos, tecidos, organismos, grupos animais e humanos, ecossistemas e mesmo a Terra e o Universo como um todo. Nesta linha de pensamento, a ciência confirmou o antigo conceito de *deus sive natura*, ou a existência de um deus imanente, conforme articulado por Spinoza.

Independentemente, James Lovelock juntou, em seu admirável livro *Gaia: A New Look at Life on Earth* (Lovelock, 1979), evidências fascinantes sobre intrincados mecanismos homeostáticos que mantêm a constância da temperatura na Terra e a concentração de componentes-chave da atmosfera, da água dos oceanos, e do solo, como sal, oxigênio, amônia e ozônio. Suas descobertas são compatíveis com a afirmação de que a Terra é um organismo inteligente. Theodore Roszak, em seu livro *Person/Planet* (Roszak, 1978), e Peter Russell, em seu *Global Brain* (Russell, 1983), chegaram a conclusões similares.

O exemplo de consciência planetária, a seguir, vem de uma sessão de respiração holotrópica de uma jovem alemã que participou de um de nossos *workshops* de cinco dias, há vários anos.

A experiência de ser a Grande Deusa Mãe, Mãe Terra, mudou então para tornar-me realmente o planeta Terra. Não havia dúvida de que eu — a Terra — era um organismo vivo, um ser inteligente tentando entender a mim mesma, lutando para desenvolver um nível mais elevado de consciência e tentando me comunicar com outros seres cósmicos.

Os metais e minerais que constituem o planeta eram meus ossos, meu esqueleto. A biosfera — a vida vegetal, animais e humanos — era minha carne. Eu vivenciei dentro de mim a circulação da água, dos oceanos para as nuvens e delas para os pequenos riachos e grandes rios e de volta para o mar. O sistema de água era meu sangue, e as modificações meteorológicas — a evaporação, correntes de ar, chuva e neve — asseguravam sua circulação, transporte de nutrição e purificação. A comunicação entre plantas, animais e humanos, incluindo a tecnologia moderna — imprensa, telefone, rádio, televisão e rede de computadores — era meu sistema nervoso, meu cérebro.

Eu senti em meu corpo as feridas da mineração industrial, urbanização, lixo tóxico e radioativo, e poluição do ar e da água. A parte mais estranha da sessão foi que eu estava consciente dos rituais entre os diversos povos aborígenes, e os experienciava como muito curativos e absolutamente vitais para mim mesma. Agora que eu retornei a meu pensamento racional cotidiano, isto parece um pouco fantástico e bizarro, mas durante minha experiência o fato de que fazer rituais é importante para a Terra era muito convincente.

i. Experiências Extraterrestres

Nestas experiências a consciência se expande até corpos celestiais, partes do Universo e processos astronômicos que estão além da esfera terrestre. A pessoa pode ter a sensação de viajar para a Lua, o Sol, estrelas e galáxias, e pode vivenciar explosões de supernovas, contração de estrelas, quasares e pulsares e passagem por buracos negros. Isto pode ocorrer tanto como testemunha destes acontecimentos quanto ao tornar-se realmente os acontecimentos e vivenciar em seu próprio campo experiencial todos os processos envolvidos.

Da mesma forma que a identificação com matéria inorgânica descrita anteriormente, estas experiências freqüentemente têm concomitantes e contrapartes espirituais. A identificação experiencial com os processos termonucleares dentro do Sol pode ser associada com um sentido de contato com o poder criativo da consciência cósmica, por exemplo. A experiência de passagem pelo buraco negro envolve, tipicamente, o colapso vivencial do tempo, espaço e da crença filosófica na realidade material do mundo fenomenal. Do mesmo modo, a experiência do espaço interestelar conecta-se com a experiência espiritual do Vazio descrita adiante neste capítulo (p. 146).

As experiências extraterrestres parecem ser mais freqüentes que o usual nos estados incomuns de consciência vividos por John Lilly, o famoso neurocientista conhecido por sua pesquisa da inteligência não-humana e comunicação interespécies, bem como por suas maratonas de auto-experimentação psicodélica. Em suas sessões, ele vivenciou numerosas visitas a mundos alienígenas e encontros ou comunicação com estranhos seres e presenças. Segue-se sua descrição de um desses acontecimentos, facilitado pela injeção de 75 miligramas do anestésico dissociativo Ketalar (quetamina) e por sua permanência num tanque de isolamento sensorial (Lilly, 1978).

Deixei meu corpo flutuando num tanque no planeta Terra. Este é um ambiente muito estranho e alienígena. Tem de ser extraterrestre, eu nunca estive aqui antes. Devo estar em algum outro planeta, em alguma civilização diferente daquela em que me desenvolvi. Estou num estado peculiar de grande indiferenciação. Não estou envolvido nem com o medo, nem com o amor. Sou um ser completamente neutro, observando e esperando.

Isto é muito estranho. Este planeta é semelhante à Terra, mas as cores são diferentes. Há vegetação, mas esta tem uma cor púrpura peculiar. Há um sol, mas ele tem um tom violeta, não o tom laranja familiar do sol terreno. Estou num belo prado, com montanhas extremamente altas a distância. Vejo criaturas se aproximando, pelo prado. Elas estão em pé sobre suas pernas traseiras, como se fossem humanas. São de um branco brilhante e parecem estar emitindo luz. Duas delas chegam perto. Eu não consigo distinguir suas feições. Elas são brilhantes demais para minha visão. Parecem estar transmitindo pensamentos e idéias diretamente para mim. Não há som. Aquilo que elas pensam é traduzido automaticamente em palavras que posso entender.

j. Identificação com Todo o Universo Físico

Esta experiência rara representa a continuidade lógica além das experiências planetária e extraterrestre. Neste caso, a pessoa tem a sensação de que sua consciência expandiu-se a tal ponto que chega a abranger todo o universo físico. Todos os processos cósmicos são, então, experienciados como fenômenos intra-organísmicos e intrapsíquicos dentro deste imenso ser. Isto está tipicamente associado com o *insight* de que, embora diversas entidades do mundo fenomenal estejam vivenciando apenas alguns aspectos específicos da realidade material, a consciência cósmica ou divina tem uma experiência completa, total e simultânea de tudo o que é tanto do ponto de vista das unidades de consciência individuais separadas quanto do ponto de vista do todo indiviso conforme experienciado a partir do centro.

l. Fenômenos Parapsicológicos que Envolvem Transcendência de Espaço (Experiências Fora do Corpo, Clarividência e Clariaudiência, "Viagens Astrais" e Telepatia)

Este subgrupo de fenômenos extra-sensoriais, estudados tradicionalmente pela parapsicologia, pode ser visto como experiências transpessoais que envolvem a transcendência de barreiras espaciais e distâncias. Eles podem ocorrer em forma pura ou em combinação com transcendência simultânea do tempo linear. A experiência da consciência desligando-se do próprio corpo, ou experiência fora do corpo, tem várias formas e graus. Pode tomar a forma de episódios isolados, ou pode ocorrer repetidamente como parte da abertura parapsicológica e de outros tipos de crises transpessoais.

Entre as circunstâncias que mais facilmente provocam experiências fora do corpo estão as emergências vitais, situações de quase-morte, experiências de morte clínica, sessões de psicoterapia experiencial profunda e ingestão de substâncias psicodélicas, especialmente o anestésico dissociativo quetamina (Ketalar). Algumas descrições clássicas das experiências fora do corpo podem ser encontradas na literatura espiritual e em textos filosóficos de todas as épocas, particularmente no *Livro tibetano dos mortos (Bardo Thötröl ou Thödöl)* e em livros semelhantes. Estas descrições não eram levadas a sério pela ciência tradicional até recentemente, quando a pesquisa moderna em psiquiatria experimental e em tanatologia confirmou sua autenticidade.

Durante as formas menos extremas de experiências fora do corpo, a pessoa tem a sensação de deixar o corpo, desligando-se dele, e vê a si mesma como um objeto em várias distâncias diferentes. Em formas mais adiantadas de experiências fora do corpo, o indivíduo experiencia a si mesmo em outras salas do edifício, em locais remotos (projeção astral), voando acima da Terra ou se afastando dela. Uma descrição especialmente dramática e tocante de uma experiência fora do corpo num estado de quase-morte pode ser encontrada na autobiografia de Carl Gustav Jung (Jung, 1961). Nesses estados, a pessoa pode observar acuradamente os acontecimentos que ocorrem nas áreas para as quais a consciência se projeta. A autenticidade deste fenômeno tem sido confirmada repetidamente, e está além de qualquer dúvida, apesar de isto ser impossível, em princípio, de acordo com a ciência cartesiano-newtoniana.

As pesquisas de Raymond Moody (Moody, 1975), Kenneth Ring (Ring, 1980 e 1984), Michael Sabom (Sabom, 1982), Elisabeth Kübler-Ross (Kübler-Ross, 1985), meu próprio estudo (Grof e Halifax 1977) e o trabalho de muitos outros têm confirmado repetidamente que pessoas clinicamente mortas podem ter experiências fora do corpo, durante as quais elas observam acuradamente os procedimentos de ressuscitação, a partir de uma posição próxima ao teto, ou percebem acontecimentos em locais remotos. Segundo Elisabeth Kübler-Ross (Kübler-Ross, 1984), nessas circunstâncias mesmo pessoas cegas têm a capacidade de perceber o ambiente visualmente em cores. A pesquisa tanatológica moderna afirma, portanto, as descrições do *Livro tibetano dos mortos*, segundo o qual uma pessoa após a morte assume "o corpo do bardo", que transcende as limitações de tempo e espaço, e pode viajar livremente ao redor da Terra.

A autenticidade das experiências fora do corpo autênticas durante estados visionários, da forma em que foram relatadas em várias fontes místicas e na literatura antropológica. A clarividência e a clariaudiência de acontecimentos remotos podem ocorrer sem a sensação de estar realmente lá, na forma de viagem astral para o local envolvido, ou de projeção astral imediata. Em raros exemplos a pessoa pode realmente controlar ativamente e dirigir o espaço da viagem astral. O famoso pesquisador de experiências fora do corpo, Robert Monroe (Monroe, 1971), que lutou por muitos anos com experiências fora do corpo, básicas e espontâneas, não apenas aprendeu a controlá-las, mas também desenvolveu exercícios específicos e tecnologia eletrônica para facilitar sua ocorrência.

A autenticidade das experiências fora do corpo foi demonstrada em experimentos clínicos controlados pelo famoso psicólogo e parapsicólogo Charles Tart, na Universidade da Califórnia em Davis (Tart 1974). Uma série extremamente bem-sucedida de experimentos cientificamente estruturados de "visão remota" foi conduzida, no Stanford Research Institute na Califórnia, pelos físicos Russell Targ e Harold Puthoff (Targ e Puthoff, 1977). Entre os desempenhos mais surpreendentes em "visão remota" acham-se as sessões do vidente Ingo Swann, que demonstrou repetidamente sua habilidade para descrever precisamente qualquer local na Terra, tendo as coordenadas numéricas de sua longitude e sua latitude. Contudo, as descobertas feitas por esses cientistas, de que praticamente todas as pessoas podem ser treinadas para realizar esses experimentos com sucesso, são ainda mais interessantes.

A telepatia é o acesso direto aos processos de pensamento de outro indivíduo sem a mediação de palavras, pistas não-verbais, ou outros meios convencionais de comunicação. *Flashes* telepáticos ocorrem ocasionalmente em estados comuns de consciência. Entretanto, a incidência de intercâmbio telepático aumenta consideravelmente quando o indivíduo entra no modo holotrópico, induzido pela meditação, técnicas experienciais de psicoterapia, ingestão de psicodélicos ou emergência vital. Embora nem sempre seja fácil distinguir entre telepatia e outros tipos de experiências paranormais e transpessoais, a pesquisa cuidadosa deixa poucas dúvidas de que este seja um fenômeno genuíno.

O exemplo que se segue é uma surpreendente experiência fora do corpo com percepção precisa de um local remoto, relatada por Kimberly Clark, que trabalha como assistente social em Seattle. As circunstâncias desse caso foram tão extraordinárias e convincentes que provocaram nela um interesse duradouro a respeito de experiências fora do corpo (Greyson e Flynn, 1984).

Meu primeiro encontro com uma experiência de quase-morte envolveu uma paciente chamada Maria, uma trabalhadora migrante, que estava visitando amigos em Seattle e teve um sério ataque do coração. Ela foi trazida ao hospital pelo esquadrão de resgate e admitida na unidade de tratamento cardíaco. Eu me envolvi em seu tratamento por causa de seus problemas sociais e financeiros. Alguns dias após sua admissão, ela teve uma parada cardíaca. Por estar sendo monitorada de perto, e ter boa saúde geral, foi trazida de volta rapidamente, entubada por algumas horas para se ter certeza de que sua oxigenação era adequada, e então retirou-se o tubo.

Mais tarde, fui vê-la pensando que ela poderia sentir alguma ansiedade em relação ao fato de que seu coração havia parado. Na realidade, ela estava ansiosa, mas não por esse motivo. Ela estava num estado de agitação que contrastava com sua calma usual. Queria falar sobre alguma coisa. E disse: "Uma coisa muito estranha aconteceu enquanto os médicos e enfermeiras estavam trabalhando em mim: eu descobri que estava no teto, olhando para baixo, para as pessoas trabalhando em meu corpo".

No início, não fiquei impressionada. Pensei que ela poderia saber o que acontecera na sala, o que as pessoas estavam vestindo, e quem havia estado lá, pois ela os havia visto durante todo o dia antes de sua parada cardíaca. Com certeza, naquele momento, ela já estava familiarizada com o equipamento. Como a audição é o último sentido a se perder, eu pensei que ela poderia ter ouvido tudo que estava acontecendo, e embora eu não pensasse que ela estivesse mentindo conscientemente, achei que ela poderia estar imaginando.

Ela me contou, então, que algo no corredor da sala de emergência a distraiu, e ela se encontrou lá fora, como se ela tivesse "se imaginado" no corredor da sala de emergência, e imediatamente estivesse lá fora. Neste ponto, fiquei um pouco mais impressionada, pois ela havia chegado de noite, numa ambulância, e não poderia ter sabido como era a área da sala de emergência. Contudo, pensei que em algum momento em que sua cama estivesse ao lado da janela ela poderia ter olhado para fora, e isto havia sido incorporado à imaginação.

Mas então Maria continuou descrevendo que havia sido atraída por um objeto no parapeito do terceiro andar na parte norte do prédio. Ela "se imaginou" lá e encontrou-se "cara a cadarço" com um tênis, que pediu que eu achasse. Ela precisava que alguma outra pessoa soubesse que o tênis realmente estava lá para validar sua experiência fora do corpo.

Sentindo-me confusa, saí e olhei para os parapeitos acima, mas não consegui ver quase nada. Fui para o terceiro andar e comecei a entrar e sair dos quartos dos pacientes, olhando para fora de suas janelas, que eram tão estreitas que eu tinha de pressionar meu rosto contra a tela para conseguir ver o parapeito. Finalmente, eu encontrei um quarto onde pressionei meu rosto contra o vidro, olhei para baixo e vi o tênis! Meu ângulo de visão era muito diferente daquele que Maria teria que ter tido para notar que o tênis estava gasto no dedinho, e que o cadarço estava preso embaixo do calcanhar, e outros detalhes na lateral do tênis que não eram visíveis para mim. O único modo de Maria ter esse ângulo de visão seria ela estar flutuando fora do edifício a uma distância muito pequena do tênis. Eu peguei o tênis e o levei para Maria; foi uma evidência muito concreta para mim.

A experiência de percepção extraordinária pode estar associada a um profundo medo metafísico, pois ela desafia e enfraquece a visão de mundo que a cultura ocidental aprova e associa com sanidade. O episódio seguinte, retirado de minha sessão de treinamento psicodélico, com 250 microgramas de LSD, no Maryland Psychiatric Research Center, pode ser usado como exemplo disto. Uma situação semelhante, envolvendo uma experiência fora do corpo com uma viagem dirigida no espaço, foi descrita em meu livro *Realms of Human Unconscious* (Grof, 1975, pp. 187-90).

Quando eu estava sentindo fortemente os efeitos da droga, meu guia na sessão (Walter Pahnke) introduziu seu experimento de percepção extra-sensorial com que havíamos concordado antes de começar. Era uma modificação do famoso baralho de cartas Zener. Eu tinha um quadro de chaves com cinco símbolos diferentes — um círculo, um quadrado, uma cruz, uma estrela e duas linhas onduladas parecendo com o símbolo astrológico de Aquário; as chaves tinham também códigos de cores. Este quadro de chaves estava conectado a outro idêntico na sala adjacente. Neste outro quadro, as chaves podiam ser acesas manualmente pelo experimentador ou ativadas eletronicamente seguindo um padrão baseado na tabela de números randômicos. O experimento foi estruturado de uma forma que o sujeito podia receber ou não *feedback* quanto ao sucesso de suas tentativas.

No início, minha atitude era muito casual e brincalhona. Eu apertava automaticamente uma das chaves, ou usava como pista a natureza e a cor de minhas visões. Depois de um certo tempo, comecei a sentir que o experimento era um assunto sério. O teste de percepção extra-sensorial não pode ser isolado de algumas questões fundamentais sobre a consciência humana, o papel da psique no mundo e a natureza da realidade. O que estávamos testando não era a existência ou a não-existência da percepção extra-sensorial, mas a validade da visão de mundo científica corrente. Sem dúvida, resultados positivos destruiriam o atual sistema de crenças e abalariam o senso de certeza e segurança que um ocidental médio extrai daquele.

Ao mesmo tempo, parecia claro que esta visão de mundo alternativa era óbvia e auto-evidente; a percepção extra-sensorial parecia uma tarefa fácil, uma brincadeira de criança. Eu sentia uma identificação total com John (Lennox) que estava na outra sala supervisionando o quadro de chaves. Eu podia sentir o sabor de menta do chiclete que ele estava mascando, e tinha certeza de que poderia ver o painel por intermédio de seus olhos. Parecia também que, da mesma forma, eu poderia usar Helen (Bonny), que era muito mais emocional e sensível, para me conectar com as cores.

Neste momento, Walter anunciou pelo microfone que ele me daria *feedback* sobre tentativas corretas e incorretas. Eu acertei o primeiro símbolo, comecei a sentir uma estranha sensação de excitação e aventura, e imediatamente acertei o próximo símbolo. Esta sensação aumentou enormemente quando a terceira resposta correta consecutiva lançou-me num estado de pânico metafísico. A possibilidade de transcender às limitações de espaço e tempo estava se tornando uma realidade, confirmada por um teste científico objetivo.

Eu vi claramente a imagem do quarto símbolo, mas estranhamente fiquei com medo de dizê-lo aos experimentadores. Eu decidi apontar um símbolo diferente, escolhendo de propósito uma probabilidade em quatro de estar certo, em vez de arriscar a certeza de outra tentativa correta. (Como foi confirmado depois da sessão, a imagem que eu vi, mas não falei, era a correta. Este resultado poderia ocorrer por sorte em uma entre 625 tentativas.) Neste ponto eu me recusei a continuar, para grande desapontamento de Willie. A razão para interromper o experimento era uma estranha mistura da convicção de que era absurdo testar o óbvio, e do medo de confirmá-lo pelos métodos da ciência ocidental.

2. Transcendência dos Limites do Tempo Linear

Nos estados incomuns de consciência, muitas pessoas vivenciam episódios concretos e realistas que descrevem como memórias fetais e embrionárias. Não é incomum, sob estas circunstâncias, identificarem-se com o embrião nos estágios iniciais de seu desenvolvimento intra-uterino, ou mesmo com o esperma e o óvulo no momento da concepção. Algumas vezes, a regressão histórica vai ainda mais longe, e o indivíduo tem uma sensação convincente de estar revivendo memórias das vidas de seus antepassados, ou mesmo contatando os bancos de memória do inconsciente racial ou coletivo. Quando estas seqüências estão associadas a um sentido de memória pessoal da própria história espiritual, mais do que a biológica, podemos nos referir a elas como experiências *cármicas* ou de encarnações passadas. Às vezes, as pessoas relatam experiências em que se identificam com ancestrais animais específicos no contínuo evolutivo, ou mesmo com toda a árvore filogenética. É até mesmo possível experienciar a história do universo antes da origem da vida na Terra, e testemunhar dramáticas seqüências do big-bang, da formação das galáxias, do nascimento do sistema solar e dos processos geofísicos iniciais no planeta.

a. Experiências Embrionárias e Fetais

Já mencionei brevemente algumas experiências deste tipo, no contexto da primeira matriz perinatal (MPB I). Como os conceitos de experiências e matrizes perinatais referem-se a processos imediatamente associados ao nascimento biológico, apenas as experiências intra-uterinas de estágios avançados de gravidez pertencem à MPB I. Contudo, no processo de auto-exploração sistemática com psicodélicos, com técnicas poderosas de psicoterapia sem drogas, ou com meditação, a pessoa pode conectar experiencialmente qualquer estágio do desenvolvimento embrionário e fetal.

Estas experiências retratam várias situações perinatais de uma forma concreta, realista e detalhada, principalmente aquelas que são dramáticas e se associam a uma forte carga emocional. As seqüências da existência intra-uterina imperturbada são experienciadas como episódios de êxtase oceânico com uma conexão mística com a vida e com a força cósmica criativa, enquanto as diversas crises do desenvolvimento pré-natal são experienciadas como estados de angústia, paranóia, mal-estar físico e ataques de forças demoníacas. Ambos os tipos de seqüências pré-natais estão tipicamente associadas a outros tipos de fenômenos transpessoais, especialmente com experiências filogenéticas, cármicas e arquetípicas, e também com experiências de consciência celular, de tecidos e órgãos. Estes fenômenos serão discutidos adiante neste livro.

Muitas experiências pré-natais estão relacionadas a psicotraumatização intra-uterina, resultante de vários estímulos nocivos e perturbadores, de natureza mecânica, fisiológica ou bioquímica. As observações das sessões psicodélicas e holotrópicas sugerem que o feto pode experimentar não só os grandes distúrbios da vida uterina, tais como um aborto iminente, intensas vibrações e concussões, sons fortes, influências tóxicas e doenças somáticas da mãe, mas também compartilha as emoções da mãe. Muitas pessoas relataram, repetidamente, que durante as experiências de existência intra-uterina, elas podiam participar claramente dos choques emocionais, crises de ansiedade, explosões de raiva ou agressão, sentimentos depressivos e excitação sexual, ou em sentimentos de relaxamento, satisfação, felicidade e amor experienciados por suas mães.

Este intercâmbio complexo não está limitado a acontecimentos emocionais e físicos, intensos e dramáticos. Freqüentemente pode incluir as nuances e sutilezas das qualidades dos sentimentos, e até mesmo a transferência telepática de pensamentos e imagens. Ao reviver episódios da existência intra-uterina, as pessoas relataram repetidamente que estavam agudamente conscientes de serem rejeitadas e não desejadas, ou, ao contrário, serem desejadas e amadas. Era como se elas estivessem recebendo uma clara mensagem organísmica que expressasse os sentimentos de suas mães a respeito da gravidez, bem como as comunicações específicas, de amor ou de hostilidade, dirigidas a elas.

Para muitos indivíduos, as memórias de trauma fetal parecem estar entre os fatores importantes, subjacentes à instabilidade emocional e a diversas formas específicas de psicopatologia. De modo semelhante, a questão de ter sido desejado ou não pela própria mãe aparece repetidamente como um ponto de importância crítica, que requer muito tempo e esforço em qualquer tipo de terapia experiencial profunda. Para aquelas pessoas que nasceram como gêmeos, os problemas de repartir o útero com um parceiro e competidor representam um desafio especial e podem ter profundos efeitos no futuro desenvolvimento psicológico.

86

A autenticidade das memórias embrionárias na psicoterapia experiencial, com ou sem psicodélicos, é uma importante questão que tem amplas implicações práticas e teóricas. É comparável aos problemas relativos a reviver as lembranças da tenra infância, mas mais difícil e básica. Material perinatal e prénatal tem sido repetidamente relatado na literatura psicanalítica, mas com poucas exceções, como Otto Rank (Rank, 1929), Sandor Ferenczi (Ferenczi, 1938), Nandor Fodor (Fodor, 1949) e Lietaert Peerbolte (Peerbolte, 1975), não tem sido levado a sério. As referências ao nascimento e ao estado intra-uterino têm sido rotuladas rotineiramente de fantasias, enquanto acontecimentos pósnatais rememorados ou reconstruídos pelos pacientes durante a psicoanálise têm sido sempre considerados seriamente como refletindo acontecimentos reais, a menos que sejam fantásticos e incríveis demais.

Por ter testemunhado ao longo dos anos incontáveis episódios de experiências fetais e embrionárias em outras pessoas, e eu mesmo tendo vivenciado diversos episódios pré-natais, considero impossível descartá-los simplesmente como produtos da imaginação. Muitos profissionais de várias áreas relatam reiteradamente seu assombro com a autenticidade desses fenômenos, e a riqueza da informação a respeito da anatomia, fisiologia, embriologia, obstetrícia e mesmo histologia que eles envolvem. Mesmo pessoas leigas freqüentemente descrevem detalhadamente algumas características da batida do coração da mãe e do filho, murmúrios nos vasos sangüíneos e no trato intestinal, detalhes específicos sobre a posição e o comportamento do feto, fatos relevantes sobre a circulação fetal, e mesmo sobre a troca de sangue na rede placentária. Pessoas sofisticadas e de bom nível educacional enfatizaram com freqüência que experiências deste tipo ocorreram em suas sessões, apesar de elas não acreditarem na possibilidade de memórias pré-natais e do fato de que a existência deste fenômeno era contrária à sua visão de mundo científica.

A autenticidade das experiências pré-natais, bem como a riqueza da informação que elas intermediam, trouxe-me confiança na importância deste fenômeno. Eu faço todos os esforços para conseguir informação independentemente da mãe, de registros pré-natais, do obstetra, de parentes, ou de algumas outras fontes, e compará-la com o relato subjetivo do cliente. Sempre que isto é possível. Isto, na maior parte das vezes, trouxe uma surpreendente confirmação dos *insights* obtidos ao reviver as memórias pré-natais ligadas a várias crises da gravidez, tentativas de abortos e agitações emocionais ou doenças físicas da mãe. Estas observações dão razões mais do que suficientes para uma futura pesquisa, séria e sistemática, deste fascinante fenômeno.

Em alguns casos, as experiências de existência pré-natal descrevem estágios muito remotos da história biológica do indivíduo, incluindo a identificação com o esperma e o óvulo no nível celular de consciência, ovulação, passagem do óvulo ou dos espermatozóides pela trompa de Falópio, o momento da concepção, a implantação do ovo fertilizado na membrana mucosa do útero e o crescimento embrionário inicial. Este tipo de seqüência pode estar associado com *insights* a respeito de influências hereditárias, campos de energia astrológicos e cosmobiológicos, ou forças espirituais, cármicas e arquetípicas que governam o desenvolvimento do embrião.

O exemplo que eu gostaria de usar para ilustrar o fenômeno da experiência fetal vem da terapia psicodélica de Richard, um homossexual que sofria de depressão suicida crônica. A história resumida de seu tratamento foi descrita em meu livro anterior, *Realms of the Human Unconscious* (Grof, 1975, pp. 57-60). Este livro contém ainda uma descrição detalhada de uma memória celular das células germinativas e da concepção (pp. 192-3).

Em uma das sessões com LSD, de sua série de sessões psicolíticas, Richard descreveu o que parecia ser uma autêntica experiência intra-uterina. Ele se sentia imerso no líquido amniótico e preso à placenta pelo cordão umbilical. Ele estava consciente da nutrição correndo para seu corpo pela área do umbigo e experienciou sentimentos maravilhosos de união simbiótica com sua mãe. Eles estavam conectados um com o outro pela circulação de sangue placentária, que parecia ser um fluido doador de vida mágico. Richard ouvia dois conjuntos de sons cardíacos com freqüências diferentes que estavam se fundindo em um padrão acústico ondulatório.

Isto era acompanhado por ruídos surdos e estrondos que Richard identificou, após alguma hesitação, com os produzidos pelo sangue correndo pelas artérias pélvicas e pelos movimentos de gás e líquido durante os movimentos peristálticos dos intestinos, próximo ao útero. Ele tinha plena consciência de sua imagem corporal e reconhecia que ela era muito diferente da que tinha como adulto. Ele era pequeno, e sua cabeça era desproporcionalmente grande se comparada ao corpo e às extremidades. Ele era capaz de identificar a si mesmo como sendo um feto maduro, logo antes do parto, usando como base vários indícios experienciais, e sem o julgamento adulto.

Neste estado, ele ouviu, de repente, estranhos ruídos que vinham do mundo exterior. Eles tinham um estranho som de eco, como se estivessem ressoando num grande *hall* ou como se fossem ouvidos pelas camadas de água. O efeito resultante lembrou-lhe a qualidade de som que técnicos em música realizam propositadamente por meios eletrônicos em gravações modernas. Ele concluiu finalmente que as paredes abdominal e uterina e o líquido amniótico eram responsáveis por este efeito, e que é desta forma que os sons externos alcançam o feto.

Ele tentou, então, identificar o que produzia esses sons e de onde provinham. Depois de algum tempo, pôde reconhecer vozes humanas que estavam gritando e rindo, e o que parecia ser sons de cornetas de carnaval. Subitamente, veio-lhe a idéia de que poderiam ser os sons da feira que se realiza anualmente em sua cidade natal dois dias antes de seu aniversário. Depois de juntar todas as informações citadas, ele concluiu que sua mãe deveria ter ido a essa feira em adiantado estado de gravidez.

A mãe de Richard, quando indagada em separado a respeito das circunstâncias de seu nascimento, sem saber sobre a experiência do LSD, contou a seguinte história. Na vida relativamente tediosa da cidade, a feira anual era um acontecimento que trazia um divertimento raro. Ela não perderia essa oportunidade por nada no mundo, embora estivesse em adiantado estado de gestação. Apesar da forte oposição e de advertências de sua própria mãe, ela saiu de casa para participar das festividades. Na opinião de seus parentes, o ambiente barulhento e o tumulto do centro comercial precipitaram o nascimento de Richard. Este negou conhecer esta história, e sua mãe não se lembrava de ter alguma vez falado a ele sobre estes acontecimentos.

b. Experiências Ancestrais

Este grupo de experiências transpessoais caracteriza-se por um forte sentido de regressão histórica ao longo de linhas biológicas, até períodos anteriores à concepção do indivíduo, e por uma identificação autêntica com os próprios ancestrais. Algumas vezes estas experiências estão relacionadas com uma história familiar comparativamente recente, e com ancestrais mais imediatos no lado materno ou paterno, como pais ou avós. Contudo, em sua forma extrema, elas podem alcançar várias gerações e até mesmo séculos atrás.

Em geral, o conteúdo destas experiências é sempre compatível com a história racial do indivíduo e com seu *background* cultural. Portanto, um judeu pode vivenciar episódios ancestrais do *holocausto* durante a Segunda Guerra Mundial, de *progroms* medievais, ou da vida tribal em Israel na época bíblica e pode desenvolver um profundo vínculo com sua herança racial, cultural e religiosa. Uma pessoa de origem escandinava pode testemunhar diversas cenas de explorações e conquistas ousadas dos vikings. E estas cenas podem ser acompanhadas por detalhes nítidos em relação a vestimentas, armas, jóias ou técnicas de navegação e de batalha naval. De modo semelhante, um afro-americano pode reviver seqüências das vidas de nativos africanos, envolvendo atividades cotidianas da aldeia, ritos de passagem, cerimônias de cura e várias festividades ou acontecimentos traumáticos da história da escravidão. Usualmente, estas experiências estão associadas com *insights* psicológicos interessantes; a pessoa pode relacionar estes elementos arcaicos com a sua personalidade atual e com seus problemas psicológicos.

As experiências ancestrais são multiformes e complexas. Algumas vezes, tomam a forma de vivências reais de pequenos episódios ou seqüências completas da vida de um antepassado do indivíduo, vivências estas que são concretas, específicas e ricas em detalhes. Elas podem envolver plena identificação experiencial com os ancestrais, incluindo a imagem corporal, a expressão facial, gestos, reações emocionais e processos de pensamento. Outra vezes, têm uma natureza muito mais geral e difusa; neste caso, a pessoa sente a atmosfera emocional e a qualidade das relações interpessoais na família, no clã ou na tribo, e pode alcançar *insights* intuitivos sobre atitudes, sistemas de crença, costumes e hábitos, tradições, idiossincrasias, preconceitos e superstições culturais.

Algumas pessoas relataram que, como resultado de tais experiências, desenvolveram uma nova compreensão de sua estrutura de personalidade e de alguns de seus problemas e conflitos que não faziam sentido anteriormente.

Elas podiam ligá-los a diversas incongruências, incompatibilidades e pontos de atrito entre suas linhagens materna e paterna. O que elas haviam tentado entender, sem sucesso, como problemas pessoais, revelava-se, subitamente, como conflitos, introjetados e internalizados, entre gerações de seus antepassados. Há duas características importantes das experiências ancestrais que as diferenciam do grupo de fenômenos raciais e coletivos que se segue. A primeira delas é uma qualidade experiencial difícil de descrever. A pessoa que tem uma experiência ancestral possui um forte sentimento subjetivo de que o protagonista pertence à sua linhagem de sangue e de que a experiência envolve "ler" o código genético do DNA. Além disso, a investigação objetiva, quando é possível, tipicamente traz resultados congruentes com a experiência da pessoa. Em vários casos em que parecia haver uma discrepância — por exemplo, no caso de uma memória ancestral de um anglo-saxão que envolvia um cigano ou uma pessoa negra — a exploração da árvore genealógica confirmou a precisão da experiência.

Eu ilustrarei este fenômeno com uma interessante observação de uma sessão de respiração holotrópica que conduzimos em nosso último *workshop* em Estocolmo, Suécia. Dois outros exemplos de experiências ancestrais podem ser encontrados em meu livro *Realms of the Human Unconscious* (Grof, 1975); o primeiro alcança uma geração atrás (pp. 164-5), e o segundo alcança mais de três séculos atrás (pp. 165-7).

Uma jovem que veio da Finlândia para o seminário experienciou durante esta sessão uma seqüência muito poderosa, com cenas que envolviam agressão e morte, em vários tipos de guerras. Isto aconteceu no contexto do processo de morte e renascimento e ao reviver o nascimento biológico. Todas essas seqüências tinham características típicas da MPB III.

Uma destas cenas era incomum e diferente das outras. Ela se experienciava como um jovem soldado participando de uma batalha durante a Segunda Guerra Mundial, que aconteceu catorze anos antes de sua concepção. Subitamente ela percebeu que havia, de fato, se tornado seu pai e que vivenciava a batalha de seu ponto de vista. Ela estava plenamente identificada com ele, e sentia seu corpo, suas emoções e seus pensamentos. Ela podia também perceber muito claramente o que estava acontecendo à sua volta. Num certo momento, ela estava se escondendo atrás de uma árvore, e uma bala atingiu de raspão seu queixo e sua orelha.

A experiência era extremamente vívida, autêntica e incisiva. Ela não sabia de onde a experiência vinha e o que fazer com ela. Intelectualmente, sabia que seu pai havia participado da Guerra, durante o esforço russo final, mas tinha certeza de que ele nunca havia falado desse episódio. Finalmente, ela concluiu que devia ter-se conectado com uma lembrança de seu pai, com um acontecimento histórico real, e decidiu confirmá-lo por telefone.

Ela voltou ao grupo muito excitada e assombrada. Quando chamou seu pai e contou-lhe sobre a experiência, este ficou absolutamente atônito. O que ela havia vivenciado era um episódio que realmente havia acontecido com ele durante a Guerra; a descrição que ela fez da cena e do ambiente era totalmente precisa. Ele também confirmou que nunca havia discutido esse acontecimento específico com ela ou com qualquer outro membro da família porque seu ferimento não havia sido suficientemente sério.

c. Experiências Raciais e Coletivas

Estas experiências representam mais um movimento além da vida e da história individual. Nas experiências raciais, os protagonistas envolvidos não são ancestrais conectados com a pessoa por laços de sangue, mas são quaisquer membros da mesma raça. Nas experiências coletivas, este processo transcende até mesmo as barreiras raciais e estende-se à humanidade como um todo. Estes fenômenos estão claramente relacionados ao conceito do inconsciente racial e coletivo, de Carl Gustav Jung, e, portanto, representam importante evidência de base a um dos aspectos mais controvertidos de seu quadro de referência conceitual (Jung, 1959).

As pessoas em estados incomuns de consciência que se sintonizam nesses domínios experienciais participam de seqüências dramáticas; normalmente curtas, mas às vezes complexas e elaboradas; que ocorrem em períodos históricos mais ou menos remotos e em diversos países e culturas. Estas cenas podem ser vivenciadas na posição de um observador, mas é mais freqüente que haja identificação experiencial com os protagonistas. Isto está tipicamente associado a diversos *insights* a respeito da estrutura social, das práticas religiosas, dos rituais, dos códigos morais, da arte e da tecnologia das culturas e dos períodos históricos envolvidos.

As memórias coletivas podem relacionar-se a qualquer país, período histórico, grupo racial ou cultura, embora pareça haver uma certa preferência por civilizações antigas com tradições espirituais, filosóficas e artísticas altamente desenvolvidas. Tendem a ocorrer, com freqüência surpreendente, seqüências do Egito antigo, Índia, Tibete, China, Japão, México e Peru pré-colombianos, Grécia e Roma. A escolha das culturas e áreas geográficas pode ser completamente independente do *background* racial étnico, país de origem, tradição cultural e/ou até mesmo da educação e dos interesses anteriores.

Desta forma, uma pessoa de origem eslava pode participar experiencialmente das conquistas das hordas mongólicas de Gengis Khan, identificar-se com os bosquímanos africanos do Kalahari durante sua dança em transe, experienciar uma iniciação ritual dos aborígenes australianos, ou identificar-se com uma vítima de um sacrifício asteca. Um anglo-saxão pode vivenciar seqüências dramáticas da história da escravidão afro-americana ou participar como um índio americano dos massacres durante a conquista do Oeste e conseqüentemente desenvolver uma nova compreensão e sensibilidade para os problemas raciais americanos. Uma pessoa de herança judaica pode sintonizar-se com as culturas do Extremo Oriente e, como resultado, ter experiências profundas que a levem a uma surpreendente compreensão da mente japonesa, chinesa ou tibetana, de alguns aspectos dos ensinamentos budistas ou taoístas, das artes marciais ou da música e teatro orientais.

Algumas vezes, essas experiências podem ser acompanhadas por gestos, posturas e complexas seqüências de movimentos que refletem correta e precisamente alguns aspectos específicos da cultura ou tradição envolvida. Observamos repetidamente em sessões psicodélicas e holotrópicas que, em momentos apropriados e no contexto simbólico correto, pessoas leigas assumem gestos (*mudras*) e posturas (*asanas*) da tradição iogue, e descobrem espontaneamente seu significado. Em diversos casos, as pessoas sintonizadas experiencialmente com um contexto cultural específico sentem uma forte necessidade de dançar. Elas são capazes de realizar espontaneamente diversas danças e formas de movimento. Sem nenhum treino anterior específico, e mesmo sem um conhecimento intelectual da cultura envolvida. Como a dança em transe dos *bosquímanos Kung!*, os rodopios dos dervixes na tradição sufi, as danças indonésias executadas em Java ou Bali, e danças simbólicas das escolas indianas Kathakali ou Manipuri.

Durante as experiências de memórias coletivas, o indivíduo tem o sentimento de estar testemunhando episódios da história humana, que demonstram a diversidade e a riqueza cultural da humanidade ou ilustram o drama cósmico ou o jogo divino (*lila*). Estas experiências não estão associadas à sensação de "estar lendo o código DNA", característica das memórias ancestrais, nem ao vínculo racial que usualmente acompanha as memórias raciais, nem ao sentido de lembrança pessoal e continuidade espiritual ou cármica que é um elemento constante do fenômeno de vida passada.

O seguinte exemplo de experiências raciais vem de um indivíduo judeu, que usou LSD numa sessão não supervisionada e que depois compartilhou comigo alguns esclarecimentos de sua busca interior.

De repente eu percebi que a vergonha é uma ruptura comum a toda a humanidade. Senti-me envergonhado de meu pai, da mesma forma como meu pai se sentia! Eu tive o forte sentimento de que a vergonha era comunicada no nascimento e tinha uma importante conexão com os órgãos sexuais. Eu me senti velho e cansado, como meu pai, e o pai dele, e o pai de seu pai antes dele. Era o cansaço antes da morte e o desejo de morrer. Eu senti uma profunda conexão com minha herança judaica, através de toda a linhagem de ancestrais masculinos e de mil anos de rabinos.

E então eu senti uma dor ardente em volta de meu pênis e percebi que estava passando pela circuncisão. O vinho da cerimônia e a presença de meu pai pareciam estar relacionadas à sensação de cansaço. Esta era a fonte profunda da vergonha! Todos os homens que participavam da cerimônia estavam subconscientemente envergonhados e embaraçados com o acontecimento e comunicavam seus sentimentos ao bebê, passando-lhe sentimentos de dor, vergonha e cansaço ao mesmo tempo em que lhe transmitiam a tradição religiosa.

Eu me senti profundamente envergonhado de mim mesmo. "Você não se envergonha de si mesmo? Você deveria se envergonhar de si mesmo!" Minha mãe

92

e meu pai me falaram centenas de vezes para me envergonhar de mim mesmo. Eu estava tão envergonhado que me envergonhava de sentir vergonha! Envergonhado de minhas necessidades, envergonhado de meus sentimentos. O vínculo comum do povo judeu é a vergonha. A canção do casamento em *Um violinista no telhado* contém um desejo: "Possa Deus afastá-lo da vergonha!". Adão comeu a maçã e conheceu a vergonha. O legado passado de pai para filho desde o tempo de Abraão é a vergonha. A promessa de Abraão passada para os bebês masculinos por 4 mil anos! Eu me descobri segurando meu pênis e meus testículos. Subitamente tive uma visão que esclareceu tudo para mim. A circuncisão era um substituto para o sacrifício de crianças! Abraão trouxe Isaac como um sacrifício a Deus, mas então recebeu a ordem de apenas circuncidá-lo! A circuncisão era uma castração simbólica. A oferenda da parte mais preciosa de um bebê masculino a Deus, sacrificando sua masculinidade em vez de sua vida. A síndrome da mãe judia castradora! Meu pai ofereceu-me em sacrifício dos primogênitos! Jesus era o filho de Deus e foi sacrificado. Era como se Deus tivesse permitido que o filho de Abraão vivesse, mas todos os seus descendentes pertencessem a Deus e fossem reclamados futuramente. É por isso que os judeus são o "Povo Eleito" — eleito para o sacrifício!

Depois eu decidi fazer uma pesquisa histórica relativa aos *insights* desta experiência. Uma autoridade judaica local assegurou-me que não existia nada semelhante ao sacrifício dos primogênitos na tradição judaica. Ele usou como referências a Enciclopédia Judaica e o Jejum dos Primogênitos.*

Contudo, eu fui capaz de encontrar numerosas referências a sacrifícios de primogênitos que foram praticados por dois mil anos, até à época dos Juízes. Minha experiência de identificação profunda com esta herança ancestral convenceu-me de que ela deixou uma marca indelével no inconsciente racial dos judeus e de outros povos do Mediterrâneo.

d. Experiências de Vidas Passadas

Provavelmente este é o grupo de experiências transpessoais mais fascinante e controvertido. Como eu sugeri anteriormente, as memórias de vidas passadas assemelham-se de diversas maneiras a experiências ancestrais, raciais e coletivas. Entretanto, usualmente elas são dramáticas e se associam a uma intensa carga emocional, negativa ou positiva. Sua característica vivencial essencial é uma sensação convincente de estar lembrando algo que aconteceu à mesma entidade, à mesma unidade de consciência. As pessoas, ao participarem dessas seqüências dramáticas, mantêm um sentido de individualidade e de identidade pessoal, mas experienciam a si mesmas em outra forma, em outro tempo e lugar e em outro contexto.

Esta sensação se estar revivendo algo que já foi visto antes (*déjà vu*) e experienciado antes (*déjà vécu*) numa vida anterior é básica e não pode ser analisada mais profundamente. É comparável à habilidade de distinguir, entre as

---

* Costume dos judeus ortodoxos, segundo o qual o pai jejua quando nasce seu primeiro filho homem. (N. do T.)

nossas lembranças de acontecimentos reais e as memórias de sonhos, fantasias e devaneios, em nossa vida cotidiana. Seria difícil convencer uma pessoa que esteja contando uma lembrança de algo que aconteceu na última semana de que o acontecimento envolvido não ocorreu realmente e é apenas uma invenção de sua imaginação. As memórias de vidas passadas têm uma qualidade subjetiva de autenticidade e realidade semelhante.

As experiências de vidas passadas comumente envolvem uma ou várias outras pessoas. Em alguns casos, diversos animais podem aparecer como protagonistas em cenas dramáticas deste tipo. O indivíduo então sente que ele se tornou "marcado carmicamente" por uma cena em que foi morto por um tigre, pisado até a morte por um elefante selvagem, chifrado por um touro furioso, ou mordido por uma cobra venenosa. Este tipo de seqüências parece similar às cenas cármicas em seu impacto duradouro sobre o indivíduo, mas não tem a reciprocidade de repetição em encarnações subseqüentes. Portanto, elas se assemelham a situações em que o efeito psicológico que transcende as encarnações individuais envolve causas impessoais. Exemplos típicos destas situações são amargura, aversão e inveja associados com uma doença dolorosa e invalidante, ou com um ferimento mutilador; e a ansiedade e a agonia experimentadas em relação a uma morte acidental sob uma avalanche de pedras, em areia movediça, ou durante uma erupção vulcânica ou incêndio.

As experiências cármicas dividem-se em duas categorias caracterizadas pela qualidade das emoções presentes. Algumas experiências refletem conexões altamente positivas com outras pessoas — amizade profunda, amor apaixonado, companheirismo espiritual, relacionamento professor-discípulo, laços de sangue, compromissos de vida e morte, compreensão mútua extraordinária, ou intercâmbio de apoio e nutrição. Mais freqüentemente, estas experiências envolvem emoções negativas. Neste caso, as experiências lançam as pessoas em várias situações de vida passada destrutivas, que se caracterizam por dor física, agonizante, agressão assassina, terror desumano, angústia prolongada, amargura e aversão, ciúme doentio, vingança insaciável, lascívia incontrolável, ambição mórbida e avareza.

Muitas pessoas que vivenciaram experiências cármicas negativas foram capazes de analisar a natureza do vínculo destrutivo entre os protagonistas de tais seqüências. Elas perceberam que todas essas qualidades emocionais aparentemente diferentes — como paixão assassina, desejo insaciável, ciúme doentio ou angústia mortal —, quando intensificados além de um certo ponto, na realidade começam a parecer-se umas com as outras. Parece existir um estado de intensa excitação biológica e emocional em que todas as qualidades afetivas extremas convergem e atingem dimensões metafísicas. Quando dois ou mais indivíduos alcançam este "cadinho universal" de paixões e instintos, eles ficam marcados pela situação que o causou, independentemente do papel que desempenharam.

Em situações de extrema intensidade experiencial, a excitação sádica do torturador e a dor desumana da vítima assemelham-se cada vez mais, e a raiva do assassino funde-se, num certo ponto, à angústia e ao sofrimento da vítima agonizante. Parece que é esta fusão emocional que é instrumental na marca cármica, mais do que o papel específico na seqüência experiencial. Sempre que duas pessoas se envolvem numa situação em que suas emoções alcançam o estado já descrito, elas terão de repetir, em vidas subseqüentes, o mesmo padrão, alternando os papéis, até que alcancem o nível de compreensão que é necessário para a resolução do vínculo cármico.

Pessoas sofisticadas, que têm familiaridade com a literatura espiritual, igualam este estado de estímulo emocional indiferenciado, que gera vínculos cármicos, ao conceito budista de *trsna* ou *tanha*, a "sede de carne e sangue", a força que impulsiona o ciclo de morte e renascimento, e que é responsável por todo o sofrimento humano. Outras pessoas relatam seus *insights* a respeito da profunda semelhança entre este estado e a estranha mistura experiencial que caracteriza os estágios finais do nascimento biológico (MPB III), em que agressão assassina, angústia vital, impulsos sexuais extremos, tendências demoníacas, indulgência escatológica e fervor religioso se fundem num amálgama estranho e inextricável. Portanto, o nascimento biológico parece representar algo como um ponto de transformação, no qual os "campos morfogenéticos" intangíveis do registro cármico (chamados de "registro *akashico*" na literatura espiritual) entram na vida biopsicológica do indivíduo.

A abertura do domínio das experiências de vida passada algumas vezes é precedida ou associada a *insights* complexos e a instruções comunicadas por meios não-verbais. Desta forma, o indivíduo é apresentado à compreensão de que a lei do carma é uma parte importante da ordem cósmica obrigatória para todos os seres sencientes. Tendo como base esta nova compreensão, a pessoa aceita a responsabilidade pelas ações das vidas anteriores que, no momento, estão ainda cobertas pelo esquecimento. Estes *insights* podem incluir detalhes dos mecanismos envolvidos nos ciclos de renascimento e das estratégias necessárias para alcançar a liberação dos vínculos cármicos, além de informação mais geral.

O indivíduo tem de experimentar plenamente todas as emoções dolorosas e as sensações físicas envolvidas numa cena destrutiva de vida passada para alcançar uma resolução completa de um padrão ou vínculo cármico. Além disso, é necessário transcender o acontecimento emocional, ética, filosófica e espiritualmente para superá-lo completamente, e perdoar e ser perdoado. Uma liberação tão plena de um padrão cármico e do vínculo correspondente está tipicamente associada com um senso de realização e triunfo supremos que está além de qualquer compreensão racional. Quando isto ocorre, está também associado a um sentimento avassalador de que a pessoa esperou por este momento e trabalhou para a consecução deste objetivo durante séculos. Neste ponto, nada no mundo parece mais importante do que se libertar dos vínculos cármicos.

Isto se associa tipicamente a um êxtase arrebatador e a sentimentos de irresistível bem-aventurança. Em alguns casos, a pessoa pode ver uma rápida passagem de sua história cármica, e ter *insights* claros a respeito de como este padrão se repetiu, com variações, ao longo das épocas e contaminou vida após vida. Neste contexto, diversas pessoas relataram uma experiência de algo como um "furacão cármico" ou "ciclone" purificador soprando através de seu passado e cortando seus laços cármicos em todas as situações que envolviam o padrão que elas haviam acabado de resolver.

O fenômeno de vidas passadas é muito comum na psicoterapia experiencial profunda e tem grande potencial terapêutico. Este fenômeno tem também grande significado teórico, pois vários de seus aspectos representam um desafio para a visão de mundo mecanicista e materialista. Um terapeuta que não permita que seus clientes desenvolvam experiências deste tipo, ou que os desestimule quando estas experiências estão acontecendo espontaneamente, está deixando de lado um mecanismo muito poderoso de cura e transformação da personalidade. Eu gostaria de explorar mais demoradamente este ponto, pois o maior obstáculo neste sentido é uma descrença filosófica na reencarnação e no carma, baseada no conhecimento insuficiente dos fatos.

Parece claro que os fenômenos de vida passada observados na psicoterapia experiencial profunda, na meditação e em episódios espontâneos de estados incomuns de consciência são idênticos àqueles responsáveis pelo fato de a crença na reencarnação ser tão difundida e universal. O conceito de carma e reencarnação representa a pedra fundamental do hinduísmo, budismo, jainismo, sikhismo, zoroastrismo, budismo tibetano, vajrayana e taoísmo. Idéias similares podem ser encontradas em grupos geográfica, histórica e culturalmente tão diversos quanto várias tribos africanas, índios americanos, culturas pré-colombianas, os Kahunas polinésios, os praticantes da *umbanda* brasileira, os gauleses e os druidas. Na Grécia antiga, várias escolas importantes de pensamento acreditavam em reencarnação; entre elas estavam os pitagóricos, os órficos e os platônicos. Esta doutrina foi também adotada pelos essênios, os fariseus, os karaites, e outros grupos judaicos e semijudaicos, e constituiu uma parte importante da teologia cabalística nos guetos medievais. Foi também adotada pelos neoplatônicos e gnósticos e, mais recentemente, pelos teosofistas, antroposofistas e alguns espiritualistas.

Não é tão conhecido o fato de que conceitos similares à reencarnação existiam também entre os primeiros cristãos. De acordo com São Jerônimo (340-420), a reencarnação tinha uma interpretação esotérica que era comunicada a uma elite selecionada. O mais famoso pensador cristão que especulou sobre a pré-existência das almas e sobre os ciclos do mundo foi Orígenes (186-253), um dos maiores papas de todos os tempos. Em seus escritos, especialmente no livro *On First Principles (De Principiis)* (Origenes Adamantius, 1973), ele expressou sua opinião de que algumas passagens das escrituras só poderiam ser explicadas à luz da reencarnação. Seus ensinamentos foram condenados pelo

Segundo Concílio de Constantinopla, convocado pelo imperador Justiniano em 553, e se tornaram uma doutrina herética. O Concílio de Constantinopla decretou: "Qualquer pessoa que afirme a falsa preexistência das almas e se submeta à monstruosa doutrina que se segue a essa afirmação, será excomungada". Contudo, alguns estudiosos acreditam que podem encontrar traços desses ensinamentos nos escritos de Santo Agostinho, São Gregório e mesmo nos de São Francisco de Assis.

Além da universalidade do conceito da reencarnação é importante enfatizar que as experiências de vida passada ocorrem em sessões experienciais sem nenhum planejamento, e freqüentemente apesar da descrença do terapeuta e do cliente. Eu observei experiências deste tipo muito antes de eu mesmo abrir-me para sua existência e começar a considerá-las seriamente. Em muitas ocasiões, elas ocorreram em sessões de cientistas que haviam anteriormente considerado a crença na reencarnação como uma superstição absurda e uma ilusão cultural de povos primitivos, ou até mesmo como uma manifestação da psicopatologia individual.

Em diversos casos, pessoas que não estavam familiarizadas com o conceito de carma e reencarnação não só experienciaram dramáticas memórias de vidas passadas como também tiveram *insights* complexos e detalhados dos diversos aspectos específicos desta doutrina, idênticos àqueles encontrados em vários sistemas espirituais e na literatura ocultista. Eu posso mencionar como exemplo um paciente com baixa escolaridade que participou em nosso programa de terapia psicodélica para pacientes de câncer em Baltimore, Maryland. Ele era quase analfabeto e trabalhava como operário não-especializado; apesar disso, vivenciou, em sua sessão psicodélica, *insights* complexos a respeito da reencarnação e dos ciclos de renascimento, e saiu desta sessão com uma firme crença na continuidade das vidas. A experiência o ajudou muito a encarar a inflexível realidade de seu câncer terminal com suas múltiplas metástases, e finalmente a morrer com serenidade. A história condensada deste paciente e o relato de sua sessão psicodélica podem ser encontrados em meu livro *The Human Encounter with Death* [*O encontro humano com a morte*] (Grof e Halifax, 1977, pp 80-3).

Depois desta introdução geral, eu gostaria de descrever alguns aspectos específicos das experiências de vidas passadas que são extremamente interessantes e merecem atenção séria por parte dos pesquisadores da consciência e da psique humanas. As pessoas que vivenciam fenômenos cármicos freqüentemente têm *insigths* surpreendentes sobre a época e a cultura envolvidas e, às vezes, até mesmo sobre acontecimentos históricos específicos. Em alguns casos, não há dúvidas de que essas pessoas não poderiam ter conseguido essas informações de um modo convencional, pelos canais sensoriais comuns. Neste sentido, as experiências de vida passada são verdadeiras experiências transpessoais que têm em comum com os outros fenômenos transpessoais a capacidade de obter acesso direto e instantâneo à informação sobre o mundo.

Outro aspecto interessante das experiências cármicas é que elas estão claramente ligadas a vários problemas emocionais, psicossomáticos e interpessoais do indivíduo. Com freqüência, representam a profunda raiz dos problemas, somando-se a determinantes biográficos e perinatais específicos. Em alguns casos, eles formam a base imediata e direta de sintomas psicopatológicos. Nestes casos, a terapia experiencial profunda ativará estes sintomas e levará imediatamente o indivíduo ao tema cármico que os explica e dá o contexto para sua resolução. Estas experiências, portanto, não só contribuem para o entendimento da psicopatologia, como também representam um dos mecanismos terapêuticos mais efetivos.

Um dos aspectos característicos dos fenômenos de vida passada, que não pode ser explicado pela ciência mecanicista, é sua associação com sincronicidades surpreendentes, no sentido junguiano (Jung, 1960). Em muitos casos, eu observei que as pessoas que estavam vivenciando seqüências cármicas identificaram os protagonistas nessas cenas como pessoas específicas em suas vidas — pai, filhos, cônjuges, namorados, chefes e outras figuras importantes. Quando elas revivem completamente o padrão cármico, e alcançam uma sensação de resolução e remissão, sentem que o respectivo parceiro estava, de alguma forma, envolvido no processo e deve ter sentido algo similar.

Quando eu me tornei suficientemente receptivo para tentar verificar a relevância dessas afirmações, descobri com grande surpresa que com freqüência elas eram muito precisas. Descobri que, em muitos casos, as pessoas que o indivíduo identificava como protagonistas na seqüência cármica experienciavam, exatamente no mesmo momento, uma dramática mudança de atitude, na direção que era indicada pela resolução do padrão de vidas passadas. Esta transformação acontecia de uma maneira que não poderia ser interpretada pela causalidade linear. As pessoas envolvidas freqüentemente estavam a centenas ou milhares de quilômetros de distância, não sabiam nada sobre a experiência do indivíduo, e suas mudanças eram provocadas por uma seqüência de acontecimentos totalmente independente. O aspecto temporal dessas ocorrências sincrônicas era em geral admirável; em alguns casos elas tinham apenas minutos de diferença. Este aspecto das experiências de vidas passadas sugere conexões não-locais no universo e parecem ter alguma semelhança com os fenômenos descritos pelo teorema de Bell na física moderna (Bell, 1966, Capra, 1982).

Para esclarecer minha opinião sobre experiências de vidas passadas, gostaria de enfatizar que não considero que as características das experiências de vidas passadas, descritas até este ponto, sejam necessariamente uma prova de que vivemos antes. Contudo, sinto intensamente que este fenômeno não pode ser explicado adequadamente pela ciência mecanicista, e representa um sério desafio conceitual para os paradigmas existentes na psiquiatria e na ciência ocidental, de modo geral. Certamente pode-se conceber que alguns dos aspectos essenciais das memórias cármicas — universalidade, senso de autenticidade, qualidade experiencial de uma lembrança, *insights* intuitivos precisos sobre a época e o lugar envolvidos, potencial terapêutico e acontecimentos sincrônicos — possam ser explicados por um paradigma moderno que não implicaria a premissa de uma entidade separada que sobreviva à morte biológica e carregue a responsabilidade por suas dívidas passadas. O modelo semântico, baseado na teoria da probabilidade, desenvolvido pelo matemático soviético V. V. Nalimov pode ser mencionado como um exemplo deste tipo de esforço (Nalimov, 1982).

É interessante notar que na tradição mística, a crença literal na reencarnação de indivíduos separados é vista como uma interpretação inferior e menos sofisticada das experiências cármicas. Em sua forma completa, a teoria da reencarnação sugere que todas as divisões e limites no universo são ilusórios e arbitrários. Em última análise, a única coisa que existe é o princípio criativo, ou consciência cósmica. Uma pessoa que penetre no conhecimento absoluto verá que o domínio das aparências cósmicas é apenas um outro nível de ilusão. O conceito hindu do universo como um jogo divino (*lila*) do ser supremo (Brahma) pode ser usado como um exemplo disto.

Em alguns casos raros, as evidências que confirmam a teoria da reencarnação podem ser muito mais específicas. Uma parte da experiência de vida passada envolve informação precisa sobre a personalidade e a vida da pessoa com que o indivíduo se sente conectado carmicamente. Isto pode envolver nomes de pessoas e lugares, datas, descrições de objetos de formatos incomuns, e muitas outras informações. Em alguns casos, a natureza desse material e das circunstâncias é tal que permite comprovação independente. Então, a pesquisa histórica traz, com freqüência, surpresas extraordinárias em termos de verificação dessas experiências até nos seus menores detalhes.

Há outra fonte de dados sobre reencarnação, independente e interessante. É o estudo das crianças que afirmam lembrar-se de diversas coisas de suas vidas anteriores. Isto pode incluir o nome do lugar em que nasceram, conhecimento detalhado de sua topografia, nomes e histórias de vidas de seus supostos parentes, conhecidos e amigos, e outros detalhes. Ian Stevenson, que estudou muitos desses casos, em diversas partes do mundo, descreveu suas descobertas em seu famoso livro *Twenty Cases Suggestive of Reincarnation* (Stevenson, 1974) e numa continuação deste trabalho (Stevenson, 1984).

Vale mencionar, neste contexto, a tradição tibetana que testa a identidade do *lama* reencarnado descoberto por uma delegação especial de monges, que se baseou em diversas pistas e presságios ao submeter o menino a uma prova extraordinária. Este tem de identificar objetos que pertenceram ao falecido, entre diversas séries de objetos similares, para confirmar a autenticidade de sua encarnação.

Eu espero que a análise dos dados disponíveis feita anteriormente deixe no leitor a impressão de que a área das experiências de vida passada e os fenômenos a ela associados merecem pesquisa sistemática e cuidadosa. Embora as observações não possam ser interpretadas como uma evidência segura da continuidade da existência individual separada através de vidas e da lei do carma, não é possível que um cientista informado e imparcial descarte esta possibilidade com base na adesão metafísica a uma visão de mundo mecanicista. No próximo texto, ilustrarei alguns aspectos importantes das experiências de vidas passadas com a história de um caso interessante. O protagonista desta história começou sua auto-exploração num grupo primal que se havia separado de Janov por causa de seu estreito quadro de referência conceitual. Depois, ele participou de um dos nossos seminários de um mês, em Esalen, no qual usamos a técnica da respiração holotrópica.

Na época em que Karl estava revivendo na terapia primal vários aspectos de seu trauma do nascimento, ele começou a experimentar fragmentos de cenas dramáticas que pareciam estar acontecendo em outro século e em outro país. Estas cenas envolviam emoções e sensações físicas poderosas, e pareciam ter alguma conexão íntima e profunda com a sua vida, embora nenhuma delas fizesse sentido em termos de sua biografia atual.

Ele tinha visões de túneis, de depósitos subterrâneos, de barracas militares, de grossas paredes e de trincheiras que pareciam ser parte de uma fortaleza situada num rochedo sobre uma praia. Isto era intercalado com imagens de soldados em diversas situações. Ele se sentia intrigado, pois os soldados pareciam ser espanhóis, mas a paisagem parecia ser da Escócia ou da Irlanda.

As cenas foram se tornando mais dramáticas e envolventes à medida que este processo continuou. Muitas cenas representavam combates ferozes e massacres sangrentos. Embora estivesse cercado por soldados, Karl experienciava a si mesmo como um padre e, num determinado momento, teve uma visão tocante que envolvia a Bíblia e uma cruz. Neste ponto, ele viu um anel de lacre em sua mão, e pôde reconhecer claramente as iniciais inscritas nele.

Sendo um artista talentoso, decidiu documentar este processo, embora não o entendesse naquele momento. Ele produziu uma série de desenhos e pinturas a mão muito poderosas e impulsivas. Algumas destas pinturas representavam partes da fortaleza, cenas de massacres e algumas de suas experiências, inclusive a de ser espetado com uma espada, atirado por sobre as muralhas da fortaleza e morrer na praia. Entre estas pinturas havia o desenho do anel com o lacre e as iniciais.

Conforme ia descobrindo pedaços desta história, Karl descobria também muitas conexões significativas com sua vida atual. Ele descobriu que muitas sensações emocionais e psicossomáticas, bem como problemas em relações interpessoais que ele tinha em sua vida cotidiana, estavam claramente relacionados a seu processo interno, envolvendo o misterioso acontecimento do passado.

Um momento decisivo ocorreu quando Karl subitamente decidiu, num impulso, passar suas férias na Irlanda. Depois de sua volta ele mostrava pela primeira vez os *slides* que havia tirado na costa ocidental da Irlanda, quando percebeu que havia tirado onze fotos consecutivas da mesma paisagem que não parecia particularmente interessante. Ele pegou um mapa e reconstruiu onde havia estado no momento e em que direção estava fotografando, e percebeu que o lugar que havia atraído sua atenção era a ruína de uma antiga fortaleza chamada Dunanoir, ou *Forte de Oro (Fortaleza Dourada)*. Suspeitando de uma conexão com suas experiências de terapia primal, Karl decidiu estudar a história de Dunanoir. Para sua grande surpresa, descobriu que no tempo de Walter Raleigh a fortaleza havia sido tomada pelos espanhóis e então sitiada pelos ingleses. Walter Raleigh negociou com os espanhóis e prometeu a eles saída livre da fortaleza se eles abrissem os portões e se rendessem aos ingleses. Os espanhóis concordaram com essas condições, mas os ingleses não cumpriram sua promessa. Uma vez dentro da fortaleza, eles massacraram impiedosamente todos os espanhóis e os jogaram por sobre as muralhas para morrer na praia. A despeito desta surpreendente confirmação da história que ele havia reconstruído laboriosamente, Karl ainda não estava satisfeito. Ele continuou sua pesquisa até descobrir um documento especial sobre a batalha de Dunanoir e descobriu que um padre acompanhava os soldados espanhóis e havia morrido com eles. As iniciais do nome do padre eram idênticas às que Karl havia visto em sua visão do anel de lacre e tinha representado em um de seus desenhos.

e. Experiências Filogenéticas

Este tipo de experiência transpessoal está intimamente relacionado à identificação animal, descrita anteriormente. Tem em comum a sensação de total identidade anatômica, fisiológica, psicológica e mesmo bioquímica com vários membros de outras espécies de organismos vivos. Estas experiências também se assemelham à identificação animal por oferecerem novos e surpreendentes *insights* sobre as formas de vida envolvidas. A diferença principal é uma sensação convincente de regressão na época histórica. Em vez de transcender apenas barreiras espaciais e identificar-se com animais atuais, o indivíduo identifica-se com os membros de várias espécies na história evolutiva da vida.

Algumas dessas experiências envolvem um sentimento de estar explorando a história biológica pessoal e identificando-se com os próprios ancestrais animais. Elas representam, portanto, uma extensão lógica das experiências embrionárias, ancestrais e raciais, descritas anteriormente. Outras experiências envolvem a identificação experiencial com diversos aspectos da evolução da vida na Terra, ou com a árvore filogenética em sua totalidade. Os *insights* que acompanham estas experiências com freqüência proporcionam compreensão intuitiva não só das formas de vida com que o indivíduo se identificou, mas também das forças que regem a evolução — intenções criativas da inteligência cósmica, dinâmica arquetípica, lógica filogenética e impulsos instintivos. Neste contexto, o indivíduo pode identificar-se com a totalidade da vida e formular as seguintes questões: A vida é um fenômeno cósmico viável? A vida tem uma propensão autodestrutiva intrínseca? Os aspectos construtivos da vida são os que favorecem a sobrevivência e tornam a evolução mais forte que os aspectos destrutivos e autodestrutivos?

7a — Uma vista da fortaleza situada nos rochedos, sobre o mar.

7b — Uma pintura semi-simbólica mostrando o sangue fluindo sobre as muralhas, descendo os rochedos e colorindo a praia e o mar.

7c — Esboços mostrando a arquitetura externa e o *layout* da fortaleza.

7c

7d

7d e 7e — Desenhos representando diversos aspectos do interior da fortaleza, alojamentos, dormitórios, corredores, depósitos de munição e suprimentos de comida, vistos durante as seqüências experienciais.

7e

Figuras 7a-j — Uma série de desenhos e pinturas, ilustrando diversos aspectos da experiência de vida passada de Karl, envolvendo a batalha de Dunanoir.

7f — Aquarela de um dos corredores da fortaleza.

7g — Pintura de um túnel subterrâneo que levava à praia.

7h — Desenho do anel de lacre com as iniciais do nome do padre.

7i — Uma pintura à mão impulsiva, representando a experiência de ser espetado pela espada de um soldado inglês.

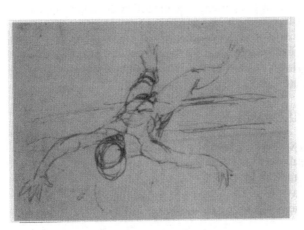

7j — Um desenho representando a morte na praia.

Este relato, de uma sessão com alta dose de LSD (250 microgramas), conduzida durante o programa de treinamento para profissionais de saúde mental, no Maryland Psychiatric Research Center, em Baltimore, pode ser usado como um bom exemplo de uma típica experiência filogenética.

A maioria dessas experiências relacionava-se com a época dos grandes répteis — os períodos Triássico, Jurássico e Cretáceo — e pareciam focalizar diversas formas de luta pela sobrevivência. Uma delas está particularmente vívida em minha memória. Vivenciei uma luta terrível com um monstruoso réptil carnívoro do tipo Tiranossauro, a partir da posição de um tipo de grande dinossauro. Eu gostaria de enfatizar que a experiência era incrivelmente real. Todos os seus elementos eram absolutamente autênticos, muito além de qualquer coisa que eu pudesse trazer de minha experiência humana comum.

Eu estava num corpo grande e desajeitado, experimentando uma mistura de medo básico e raiva cega primitiva. Senti a dor e percebi que minha carne estava sendo dilacerada; a qualidade dessas experiências certamente não era humana. Mas o aspecto mais surpreendente da situação era um gosto peculiar em minha boca, que era uma combinação do gosto do sangue e de urina, e de água pútrida do pântano primitivo. Experienciei vividamente a perda da luta. Minha cabeça foi levada para dentro da lama pelos golpes do agressor, e eu morri. Este foi o episódio mais claro e vívido, embora tenham havido seqüências envolvendo outros espécimes.

f. Experiências de Evolução Planetária

Neste tipo de experiência, o indivíduo pode testemunhar imagens panorâmicas da evolução de todo o planeta, incluindo sua origem como parte do sistema solar, os processos geofísicos iniciais, a situação do oceano primitivo e a origem e evolução da vida. Tudo isto pode ser experienciado no papel de observador; a pessoa pode também identificar-se experiencialmente com a totalidade da evolução planetária ou com qualquer de seus aspectos. Isto está claramente relacionado com a experiência de identificação com Gaia, mencionada anteriormente, mas com uma perspectiva evolucionária dinâmica. Como outros tipos de experiências transpessoais, este tipo de seqüências pode proporcionar um profundo entendimento dos processos envolvidos, que supera claramente o conhecimento intelectual que a pessoa tem dessas áreas específicas, e freqüentemente foge também de sua bagagem educacional geral.

g. Experiências Cosmogênicas

Este grupo de experiências representa uma extensão lógica do anterior. Neste caso o sentido de exploração evolucionária envolve todo o Universo. A pessoa pode testemunhar ou identificar-se com o nascimento e o desenvolvimento do cosmos, envolvendo dimensões e energias de amplitude inimaginável. Pode haver diversos episódios da história cosmogenética — o big-bang, a criação da matéria, espaço e tempo, o nascimento das galáxias e sua expansão, explosão de novas e supernovas, e a contração de grandes sóis terminando em buracos negros. Ocasionalmente, toda a história do cosmos é vivenciada, com alterações extraordinárias no sentido subjetivo de tempo.

Intelectuais — alguns matemáticos e físicos — relataram, neste contexto, *insights* experienciais surpreendentes a respeito de diversos problemas relacionados à astronomia e astrofísica, que podem ser expressos em equações matemáticas, mas não podem ser plenamente intuídos no estado comum de consciência. Estes *insights* incluem o conceito de Einstein de um universo infinito mas autocontido, geometrias não-euclidianas de Lobatchevsky e Riemann, espaço-tempo de Minkowski, o "evento horizonte", o colapso do tempo, espaço e das leis naturais num buraco negro, e outros conceitos difíceis da física moderna.

Esses *insights* que ocorrem nos estados incomuns indicam que a consciência e a inteligência criativa estão intimamente envolvidas na cosmogênese, e lançam uma nova luz no princípio antrópico, um conceito formulado recentemente pelos teóricos da astrofísica (Davies, 1983). Ele se refere ao fato de que durante a cosmogênese as condições exigiram acidentes fortuitos numerosos demais para resultar num universo que poderia manter a vida. Isto parece sugerir que a intenção de criar um universo no qual a vida existiria estava presente no processo de criação desde o início.

O seguinte relato de uma sessão psicodélica do famoso escritor e filósofo anglo-americano Alan Watts é uma descrição vívida e articulada de uma experiência psicodélica que repassa a evolução por sua história pessoal e da história da vida orgânica até as origens da galáxia e do universo (Watts, 1962).

> Eu retomei a mim mesmo através do labirinto de meu cérebro, através das incontáveis voltas pelas quais eu me havia desligado de mim mesmo, obliterando a trilha original por onde entrei nesta floresta, ao refazer o mesmo ciclo perpetuamente. Voltando pelos túneis — através dos desvios da estratégia de *status*-e-sobrevivência da vida adulta, através das intermináveis passagens que lembro nos sonhos — todas as ruas por onde já passei, os corredores de escolas, os caminhos ventosos entre as pernas de cadeiras por onde engatinhei quando criança, a saída apertada e sangrenta do útero, a onda impulsiva pelos canais do pênis, a admiração atemporal pelos dutos e cavernas esponjosas. Para trás e para baixo pelos tubos cada vez mais estreitos, até o ponto em que a própria passagem é o viajante — um tênue cordão de moléculas tentando por ensaio e erro colocar-se na ordem correta para tornar-se uma unidade de vida orgânica. Voltando incansavelmente pelas danças rodopiantes e infindáveis nos espaços de proporções astronômicas que envolvem o núcleo original do mundo, o centro dos centros, tão remotamente distantes no interior quanto to as nebulosas além de nossa galáxia no exterior.
>
> Para baixo e afinal para fora — fora do labirinto cósmico — para reconhecer em mim e como eu mesmo, o viajante espantado, a sensação esquecida e ainda familiar do impulso original de todas as coisas, identidade suprema, luz mais interna, centro definitivo, eu mais que eu mesmo.

h. Fenômenos Parapsicológicos que Envolvem Transcendência do Tempo (Pré-Cognição, Clarividência e Clariaudiência de Acontecimentos Passados e Futuros, Psicometria, Viagens no Tempo)

A existência de fenômenos parapsicológicos (e outros tipos de experiências transpessoais) que transcendem as barreiras espaciais descritas anteriormente sugere claramente que os acontecimentos no Universo estão conectados de um modo que não leva em conta distâncias lineares. Este grupo de fenômenos parapsicológicos indica que, além dos laços não-locais ou translocais, todos os acontecimentos têm também intrincadas conexões não-temporais ou transtemporais que transcendem o tempo linear da forma como o experienciamos em nossas vidas cotidianas. Os eventos parapsicológicos desta categoria não podem ser explicados pela transferência convencional de energia e informação no mundo material.

Nos estados incomuns de consciência, e às vezes na vida cotidiana, é possível experienciar uma clara antecipação e *flashes* pré-cognitivos de acontecimentos futuros que mostram uma grande correspondência com os acontecimentos reais que ocorrerão. Em alguns casos, as pessoas podem experienciar cenas detalhadas e complexas do futuro, envolvendo todos os órgãos dos sentidos. As representações pictóricas vívidas de seqüências futuras, e seus concomitantes acústicos, são particularmente freqüentes. Podem ser ouvidos desde sons, palavras e sentenças da vida cotidiana até os barulhos dramáticos que acompanham acidentes e ferimentos (motores de bombeiros, freadas de carros, sons de batidas, sirenes de ambulâncias ou cornetas). A verificação desses fenômenos deve ser feita com um cuidado especial: a menos que esses exemplos sejam relatados e registrados no momento em que aconteceram, há grande risco de contaminação dos dados. A interpretação livre dos fatos, as distorções de memória e o *déjà vu* são os maiores riscos envolvidos. Apesar disso, não há dúvida de que ocorrem genuínas pré-cognição e clarividência do futuro.

Podem ser observadas clarividência e clariaudiência relativas a diversos acontecimentos do passado como um fenômeno isolado ou em conexão com experiências transpessoais que transcendem o tempo (ancestral, racial, coletiva, cármica ou evolucionária). Um exemplo específico desta categoria é a psicometria, na qual as experiências são disparadas a partir do segurar um objeto, e são especificamente relacionadas à história deste. Isto pode envolver emoções, pensamentos e diversas qualidades sensoriais, tais como visões, sons, cheiros e sensações físicas.

Eu observei, repetidamente, exemplos verificáveis de pré-cognição, clarividência de acontecimentos passados e futuros e psicometria, em sessões psicodélicas e em terapia holotrópica. Também tive o privilégio de testemunhar muitas vezes desempenhos confiáveis nessas áreas por parte de videntes reconhecidos como Anne Armstrong e Jack Schwartz. Os experimentos controlados de visão futura remota conduzidos no Stanford Research Institute, por Russell Targ, Harold Puthoff e Keith Harary, não só com videntes famosos, mas também com muitas pessoas comuns sem habilidades de vidência conhecidas, são de especial interesse neste contexto (Targ e Puthoff, 1978, Targ e Harary, 1984). Em seus dois experimentos recentes, Russell Targ e Keith Harary usaram um indivíduo soviético que era capaz não só de descrever uma localidade alvo escolhida aleatoriamente nos Estados Unidos, a qual era visitada pela pessoa "farol" (a pessoa que visita a área alvo no momento em que o vidente está tentando descrevê-la), como também de descrever uma área que seria visitada no futuro.

Em alguns casos, a pessoa pode transcender voluntariamente as limitações comuns de tempo e escolher os pontos do tempo que deseja visitar. Esta situação que lembra a máquina do tempo de H. G. Wells ou dispositivos semelhantes de outros escritores de ficção científica pode ser mencionada como viagem no tempo. Isto se combina, usualmente, com uma escolha voluntária similar do local em que os eventos acontecerão. A sensação de livre escolha distingue estas experiências do reviver espontâneo e involuntário de acontecimentos históricos da infância, do nascimento, ou experiências ancestrais, raciais ou coletivas. A viagem dirigida no tempo pode também ser conduzida sob a influência de hipnose; neste caso, a pessoa pode tanto ser guiada a um tempo específico indicado pelo hipnotizador como pode olhar para um acontecimento passado específico. Uma bela representação artística de viagens no tempo espontâneas e básicas é *Slaughterhouse Five*, de Vonnegut (Vonnegut, 1974).

As experiências que envolvem a transcendência do tempo linear representam um sério desafio à visão de mundo newtoniano-cartesiana. A possibilidade de acesso direto à informação sobre diversos aspectos do passado sem a mediação do sistema nervoso central viola o dogma metafísico básico da ciência mecanicista sobre a primazia da matéria sobre a consciência. Estas experiências sugerem a possibilidade surpreendente de haver memória sem um substrato material. A possibilidade de obter informação sobre o futuro, então, solapa a crença profundamente arraigada da civilização ocidental na linearidade do tempo. Contudo, estas observações da moderna pesquisa da consciência são compatíveis com alguns interessantes modelos alternativos do tempo e do futuro, como a cronotopologia de Charles Musès (Musès, 1985) ou os conceitos probabilísticos de V. V. Nalimov (Nalimov, 1982).

O exemplo a seguir de uma experiência pré-cognitiva foi retirado de uma sessão com 30 miligramas de psilocybina, que o famoso parapsicólogo americano Stanley Krippner vivenciou no Harvard University Psilocybine Research Project. Ele envolve a antecipação do assassinato de J. F. Kennedy, tendo precedido em mais de um ano e meio o acontecimento real (Aaronson e Osmond, 1970).

De Baltimore, viajei para o Capitólio. Eu me vi olhando fixamente para a estátua de Lincoln. A estátua estava completamente negra, e a cabeça estava curvada. Havia uma arma na base da estátua e alguém murmurou: "Ele foi atingido. O presidente foi atingido". Um pouco de fumaça subiu no ar. As feições de Lincoln vagarosamente se apagaram e as de Kennedy tomaram seu lugar. O local era ainda Washington, D. C. A arma ainda estava na base da estátua negra. Um pouco de fumaça saía do tambor da arma e subia no ar. A voz repetiu: "Ele foi atingido. O presidente foi atingido". Meus olhos se abriram, e estavam cheios de lágrimas.

Em 1962, quando tive minha primeira experiência com psilocybina, dei pouca importância a esta visualização de Kennedy, pois outras tantas impressões passaram por mim. Contudo, foi a única de minhas visualizações que trouxe lágrimas a meus olhos, de modo que a descrevi em detalhes no relatório que enviei a Harvard. Dezenove meses depois, em 23 de novembro de 1963, a visualização voltou à minha mente enquanto eu lamentava o assassinato de Kennedy.

3. Introversão Física e Estreitamento da Consciência: Consciência de Órgãos, Tecidos e Células

Nas experiências transpessoais caracterizadas pela extensão espacial da consciência, a consciência da pessoa parece transcender o que se considera tradicionalmente ser o indivíduo, isto é, o corpo e o ego. Neste grupo, a percepção consciente permanece no corpo, mas estende-se a áreas anatômicas e a processos que não estão disponíveis para exploração consciente sob circunstâncias comuns. Em vez de experienciar o espaço psicológico interno, o indivíduo tem acesso ao espaço físico interno. Portanto, este tipo de fenômeno envolve o estreitamento espacial da consciência, e, simultaneamente, sua extensão funcional.

No modo holotrópico de consciência, é possível entrar em várias partes do próprio corpo e observar as atividades que estão ocorrendo lá, ou mesmo identificar-se experiencialmente com órgãos e com tecidos específicos. Uma pessoa pode literalmente tornar-se o próprio coração e experienciar o trabalho da musculatura cardíaca, a abertura e o fechamento das válvulas, o fluxo biodinâmico do sangue e a ação do marcapasso. Ao se identificar com o fígado, é possível experienciar o drama de suas atividades desintoxicantes ou a produção, coleta e excreção de bílis. De modo semelhante, a pessoa pode tornar-se seu sistema reprodutor, diversas partes do trato gastrintestinal ou qualquer outro órgão ou tecido.

Nestes estados, a consciência freqüentemente parece fazer todo o caminho de volta até o nível celular e mesmo até as estruturas e processos subcelulares. Em muitos casos, pessoas sob a influência de substâncias psicodélicas ou em sessões de respiração holotrópica relataram que se sentiram como corpúsculos vermelhos ou brancos do sangue, células no epitélio gastrintestinal ou na mucosa uterina, esperma ou óvulo, ou como neurônios em seus próprios cérebros. Outro fenômeno interessante é a exploração consciente dos núcleos celu-

110

lares e dos cromossomos, associada a *insights* a respeito do código físico-químico dos genes e a uma sensação de "ler o próprio DNA". As experiências deste grupo têm grande semelhança com diversas cenas do filme de Isaac Asimov *Viagem fantástica*.

Este fenômeno tem um interesse particular para pesquisadores que tentam combinar a terapia médica tradicional com a cura psicológica; esta abordagem teve como pioneiro o oncologista e radiologista Carl Simonton (Simonton, Matthews-Simonton e Creighton, 1978). Em nosso programa de terapia de LSD para pacientes com câncer, observamos repetidamente que pessoas que sofriam de diversas formas de malignidade eram capazes de conectar-se experiencialmente com seus tumores, no nível do tecido e no nível celular. Elas, com freqüência, fizeram tentativas espontâneas de usar estas experiências para promover a cura, ao criar campos de energia psicológica positiva, confrontando as emoções negativas que sentiam estar associadas com o processo da doença, mobilizando as defesas do organismo, ou atacando mentalmente os tumores. Diversos exemplos de remissões temporárias surpreendentes que ocorreram neste contexto sugerem que esta possibilidade deveria ser explorada sistematicamente (Grof e Halifax, 1977).

Muitos aspectos da consciência de órgão, tecido e célula são ilustrados no relato a seguir, retirado de uma sessão com 125 miligramas de MDA (metileno-dióxido-anfetamina), uma substância psicodélica que pertence ao grupo que, em termos de estrutura química, é intermediário entre a mescalina e a anfetamina.

Agora, minha atenção passou de minha boca para o esôfago. Comecei uma lenta viagem no meu trato gastrintestinal, conectando-me com todos os processos digestivos num nível celular e mesmo bioquímico. Eu me tornei, literalmente, as células do epitélio revestindo meu estômago e participei na reabsorção da comida e na incrível alquimia da digestão. O cheiro e sabor específicos do conteúdo gástrico preencheram totalmente minha consciência. No início, me prendi a meu sistema de valores humano, e estremeci com repugnância. Gradualmente, fui capaz de deixar o humano para trás e responder no nível da biologia.

O processo continuou no duodeno, jejuno e íleo. Conforme o foco de minha consciência progredia, explorei todas as nuances do *"bouquet"* de sucos, enzimas intestinais e bílis, e suas respectivas combinações. Enquanto estava me tornando todas as fibras, membranas e células, estava abismado pelo milagre deste incrível laboratório de vida. Embora tenha me dedicado a tudo isto durante meus estudos médicos, sob muitos aspectos diferentes, eu nunca havia apreciado plenamente tudo o que estava envolvido.

Nos estágios finais desta "viagem fantástica", encontrei a complexidade de sentimentos e atitudes que nossa cultura desenvolveu em relação às fezes. Além da repugnância e da aversão, tive de confrontar uma quantidade incrível de emoções repudiadas, reprimidas e inaceitáveis de ambição, avareza, inveja e malícia. Num determinado ponto, elas tomaram a forma personificada de criaturas mitológicas grotescas, semelhantes a gnomos.

Comecei a compreender o processo pelo qual estava passando. Parecia essencial que eu aceitasse todo o trato gastrintestinal, com todos os seus produtos e conteúdos, como parte de mim mesmo e o tratasse como amigo. Superar a repressão e a negação parece ser essencial para uma auto-aceitação e aceitação pessoal genuínas e incondicionais. E eu não posso evitar a sensação de que esta seqüência de experiências peculiar foi curativa em sua essência.

EXTENSÃO EXPERIENCIAL ALÉM DA REALIDADE E DO ESPAÇO-TEMPO CONSENSUAIS

Num grande grupo de experiências transpessoais, a extensão da consciência parece ir além do mundo fenomenal e do contínuo espaço-temporal como os percebemos em nossa vida cotidiana. Incluem-se aqui alguns fenômenos psíquicos-astrais, como aparições e comunicação com pessoas falecidas, ou experiências dos chacras, auras, meridianos e outras manifestações energéticas sutis. Outras experiências importantes desta categoria envolvem guias espirituais em forma animal ou humana, e diversas entidades sobre-humanas. Em alguns casos, as pessoas relataram aventuras fantásticas que pareciam ter acontecido em outros universos.

Nos estados incomuns de consciência, o mundo das imagens primordiais do inconsciente coletivo, conforme descrito por Carl Gustav Jung (Jung, 1959), pode tornar-se vivo e tomar a forma de diversos seres e seqüências mitológicas e legendárias, cenas de contos de fadas, divindades pacíficas e iradas de várias culturas, ou arquétipos e símbolos transculturais e universais. A consciência individual pode identificar-se com o Criador e penetrar nas fontes da criatividade cósmica, ou fundir-se com a Mente Universal, com o Vazio Supracósmico ou Metacósmico, ou com o Absoluto.

a. Experiências Espíritas e Mediúnicas

As experiências que pertencem a esta categoria têm sido o foco de interesse primário dos participantes em sessões espíritas, pesquisadores na área de vida após a morte e escritores da literatura ocultista. Estas experiências envolvem encontros e comunicação telepática com parentes e amigos falecidos, contatos com entidades desencarnadas em geral e experiências no domínio astral. Na forma mais simples desta experiência, a pessoa vê aparições de pessoas falecidas e recebe várias mensagens delas. O conteúdo das mensagens pode ser dirigido à pessoa que tem a experiência, ou a pessoa pode ser usada como um canal para levar as mensagens a terceiros. Este tipo de experiência foi relatado por indivíduos sob efeito de psicodélicos, clientes em terapia experiencial e indivíduos que tiveram experiências de quase-morte.

112

Algumas vezes, o indivíduo não percebe uma entidade desencarnada individual, mas todo um domínio astral com várias aparições fantasmagóricas. A descrição, feita por Raymond Moody, do "domínio dos espíritos confusos", pode ser mencionada como um exemplo disto (Moody, 1977). Numa forma mais complexa deste fenômeno, a pessoa entra realmente num estado de transe e parece ser tomada por uma entidade ou forma de energia estranhas. Este tipo de acontecimentos tem uma semelhança impressionante com transes mediúnicos que ocorrem em sessões espíritas.

Num transe mediúnico, a expressão facial da pessoa pode ser transformada grotescamente, suas posturas e gestos podem parecer bizarros e estranhos e a voz pode mudar dramaticamente. Eu vi indivíduos neste estado falarem em línguas que eles *não* conheciam, escrever textos automaticamente, fazer pinturas elaboradas, produzir obscuros desenhos hieroglíficos e desenhar rabiscos ininteligíveis. Estas manifestações são, também, semelhantes às descritas na literatura espírita e ocultista. Os exemplos mais fascinantes deste fenômeno podem ser observados na Sociedade Espírita, nas Filipinas e no Brasil, inspirada pelos ensinamentos de Allan Kardec (Kardec, 1975 ab).

O psicólogo e médium brasileiro Luiz Antonio Gasparetto, que é muito ligado à Sociedade Espírita, é capaz de pintar no estilo de uma grande variedade de pintores, de países diferentes, quando está num transe leve. Na época em que ele participou como convidado de nosso seminário de um mês, no Esalen Institute, tivemos a oportunidade de testemunhar a velocidade impressionante de seu trabalho, quando ele estava subjetivamente vivenciando a canalização de mestres falecidos (mais de 25 telas em uma hora). Ele era capaz de trabalhar na escuridão total, ou com luz vermelha que torna virtualmente impossível distinguir as cores; podia trabalhar em duas pinturas ao mesmo tempo, e ocasionalmente pintava com os pés, embaixo da mesa, onde não podia ver o que pintava. Uma seleção de suas pinturas mediúnicas foi reproduzida numa monografia especial (Marçalo Gaetani, 1986). O fenômeno da cirurgia espiritual, praticada no Brasil e nas Filipinas, está também intimamente ligado aos ensinamentos de Allan Kardec e da Sociedade Espírita.

A situação seria relativamente simples, se as experiências de comunicação com entidades desencarnadas e espíritos de amigos e parentes mortos envolvessem apenas visões dessas pessoas e um sentido subjetivo de interação. Nesse caso, esses fenômenos poderiam facilmente ser descartados como imaginação combinada com elementos de lembranças, fantasia humana e desejos. Contudo, a situação é muito mais complexa do que isto. Antes de descartar esses fenômenos como absurdos e não merecedores do interesse de pesquisadores com reputação a zelar, deixem-me mencionar algumas observações que merecem atenção séria.

As experiências deste tipo têm, algumas vezes, aspectos extraordinários, que não são fáceis de explicar, como indicam os dois exemplos a seguir. Eu

113

observei pessoalmente vários exemplos nos quais as seqüências que envolviam parentes e amigos desencarnados tinham alguma informação incomum e verificável, sendo que as pessoas que as vivenciaram não poderiam tê-las obtido por meios e canais comuns. Da mesma forma, pessoas que receberam mensagens de estranhos falecidos descobriram, para sua grande surpresa, que haviam recebido endereços e nomes corretos dos parentes de uma pessoa que realmente havia morrido recentemente.

A sobrevivência pessoal à morte física não é necessariamente a única explicação para essas descobertas, e certamente é possível conceber outras interpretações além da comunicação real com domínios astrais de seres desencarnados, que tenham existência objetiva. Contudo uma coisa é certa: nenhuma das explicações alternativas será compatível com o pensamento newtoniano-cartesiano tradicional. De qualquer forma, estamos lidando com um fenômeno fascinante que deveria ser estudado sistematicamente por seu próprio interesse.

Descartar as características extraordinárias dessas experiências e os desafios conceituais associados a elas apenas porque elas não se ajustam ao atual paradigma em ciência, certamente não é o melhor exemplo de uma abordagem científica. Precisamos aceitar o universo como ele é, e não impor a ele aquilo que acreditamos que ele é ou pensamos que ele deveria ser. Nossas teorias precisam lidar com os fatos em sua totalidade, e não com uma seleção de fatos conveniente que se ajuste a nossa visão de mundo e a nosso sistema de crenças. Até que a ciência ocidental moderna seja capaz de oferecer explicações plausíveis para todas as observações referentes a fenômenos como experiências espíritas e memórias de vidas passadas, os conceitos encontrados na literatura mística e ocultista devem ser encarados como superiores à abordagem atual da maioria dos cientistas ocidentais, que ou não conhecem os fatos ou os ignoram.

O primeiro exemplo ilustrativo foi retirado do tratamento psicolítico de um jovem paciente deprimido, cuja história foi descrita brevemente em meu livro *Realms of the Human Unconscious* (pp. 57-60), sob o nome de Richard.

Em uma de suas sessões com LSD, Richard teve uma experiência muito incomum, envolvendo um domínio astral estranho e misterioso. Tinha uma luminosidade melancólica e estava repleto de seres desencarnados que estavam tentando comunicar-se com ele, de uma maneira muito urgente e insistente. Ele não podia vê-los ou ouvi-los; contudo, sentia sua presença quase tangível e estava recebendo mensagens telepáticas deles. Eu escrevi uma dessas mensagens que era muito específica, e poderia ser submetida a verificação posterior.

Era um pedido para que Richard contatasse um casal na cidade de Kromeriz, na Morávia, e lhes dissesse que seu filho Ladislav estava bem e era bem tratado. A mensagem incluía o nome do casal, o endereço e o número de telefone; todos esses dados eram desconhecidos para mim e para o paciente. Esta experiência era um enigma; parecia ser um entrave alheio na experiência de Richard, completamente sem relação com seus problemas e o resto de seu tratamento.

Depois de alguma hesitação, e com sentimentos confusos, eu finalmente decidi fazer o que certamente me tornaria o alvo das piadas de meus colegas se eles descobrissem. Eu fui para o telefone, disquei o número em Kromeriz e perguntei se poderia falar com Ladislav. Para minha surpresa, a mulher do outro lado da linha começou a chorar. Quando ela se acalmou, me disse com voz trêmula: "Nosso filho não está mais conosco; ele faleceu, nós o perdemos há três semanas".

O segundo exemplo ilustrativo envolve um grande amigo e antigo colega meu, Walter N. Pahnke, que era um membro de nossa equipe de pesquisa psicodélica no Maryland Psychiatric Research Center, em Baltimore. Ele tinha um profundo interesse por parapsicologia, especialmente pelo problema da consciência após a morte, e trabalhou com muitos médiuns famosos, incluindo sua amiga Eileen Garrett, presidente da American Parapsychological Association. Além disso, foi ele quem indicou o programa de LSD para pacientes que estavam morrendo de câncer.

No verão de 1971, Walter foi passar as férias à beira-mar num chalé no Maine, com sua esposa Eva e seus filhos. Um dia ele foi mergulhar sozinho, e não retornou do mar. Uma busca extensa e bem organizada não conseguiu encontrar seu corpo nem qualquer parte de seu equipamento de mergulho. Sob essas circunstâncias, Eva teve muita dificuldade para aceitar e trabalhar sua morte. Sua última lembrança de Walter, quando ele estava saindo do chalé, o mostrava cheio de energia e em perfeita saúde. Para ela, era difícil acreditar que ele não era mais parte de sua vida, e começar um novo capítulo de sua existência, sem a sensação de ter terminado o anterior.

Por ser psicóloga, ela estava qualificada para uma sessão de treinamento dirigida a profissionais de saúde mental, oferecida por um programa especial em nosso instituto. Ela decidiu ter uma experiência psicodélica, com a esperança de conseguir alguns *insights*, e pediu que eu fosse seu acompanhante. Na segunda metade da sessão, ela teve uma visão muito poderosa de Walter, e estabeleceu um diálogo longo e significativo com ele, que lhe deu instruções específicas a respeito de cada um de seus três filhos e liberou-a para começar uma vida nova, livre e não presa a um senso de compromisso com sua memória. Foi uma experiência muito profunda e libertadora.

No momento em que Eva questionava se todo o episódio não havia sido apenas uma criação de sua própria mente, Walter apareceu mais uma vez, com o seguinte pedido: "Eu esqueci uma coisa. Você poderia me fazer um favor e devolver um livro que eu peguei emprestado de um amigo meu? Ele está no meu estúdio, no sótão". E lhe deu o nome do amigo, o nome do livro, a prateleira e a ordem seqüencial do livro na prateleira. Seguindo essas instruções, Eva foi capaz de encontrar e devolver o livro, de cuja existência ela não tinha nenhum conhecimento anterior.

Certamente seria consistente com a tentativa de toda a vida de Walter para encontrar uma prova científica dos fenômenos paranormais, acrescentar uma informação concreta e passível de teste a sua interação com Eva, para dissipar

115

suas dúvidas. Durante sua vida, ele havia feito um pacto com Eilleen Garrett, de que ela tentaria lhe dar uma prova inquestionável da existência do além, após sua morte.

b. Fenômenos Energéticos do Corpo Sutil

Nos estados incomuns de consciência, é possível ver e vivenciar vários campos de energia e fluxos de energia que foram descritos pelas tradições místicas de culturas antigas e não-ocidentais. Essas descrições não fazem nenhum sentido no contexto do modelo médico ocidental, pois não correspondem a nenhuma estrutura anatômica conhecida ou a processos fisiológicos. Contudo, as tradições esotéricas nunca afirmaram que esses fenômenos aconteciam na realidade material; elas sempre os descreveram como relativos ao corpo sutil. Foi uma grande surpresa para mim quando indivíduos ocidentais — mesmo aqueles que desconheciam totalmente esses sistemas esotéricos — vivenciaram e relataram experiências virtualmente idênticas, quando em estados incomuns de consciência.

Uma experiência muito comum, no modo holotrópico, é ver campos de energia de diversas cores em volta das outras pessoas. Estes campos de energia correspondem às descrições tradicionais de auras. Ocasionalmente, isto se associa a *insights* específicos espontâneos a respeito da condição de saúde das pessoas envolvidas. Eu observei pessoalmente este tipo de fenômeno, não apenas nos indivíduos em estados incomuns de consciência, mas também em videntes que podem usar sua capacidade de ver as auras, em sua vida cotidiana, de uma forma confiável. A habilidade extraordinária de um desses videntes, Jack Schwartz, para ler a história médica de seus clientes e diagnosticar doenças atuais, foi repetidamente testada e documentada por pesquisadores médicos com credenciais impressionantes.

Outro grupo de fenômenos interessante está relacionado ao conceito da Serpente de Poder, ou *Kundalini*, que tem um papel importante na tradição espiritual indiana. De acordo com as escolas hindu e tântrica budista, Kundalini é vista como a energia criativa do universo, e é de natureza feminina (Muktananda, 1979, Mookerjee, 1982). Em seu aspecto externo, ela se manifesta no mundo fenomenal. Em seu aspecto interno, permanece adormecida na base da espinha humana. Nesta forma, ela é tradicionalmente representada como uma serpente enrolada. Ao ser ativada pela prática espiritual, pelo contato com um guru, ou espontaneamente, ela ascende na forma de energia ativa, ou Shakti, nos condutos do corpo sutil, chamados *nādīs*, abrindo e iluminando os centros psíquicos, ou *chacras*.

Embora o conceito de Kundalini tenha sua expressão mais elaborada na Índia, existem paralelos significativos em muitas culturas e grupos religiosos — na ioga taoísta, no Zen coreano, no budismo tibetano vajrayana, no sufismo, na tradição maçônica, nos bosquímanos Kung! do deserto africano de Kalahari,

116

nas tribos indígenas norte-americanas, especialmente nos hopi, e em muitos outros. É de interesse especial o fato de que fenômenos similares foram relatados repetidamente também na tradição mística cristã, particularmente no *hesychasm*. O *hesychasm* é uma prática monástica e um modo de vida cristão oriental, que enfatiza a prece que envolve o ser humano total — a alma, a mente e o corpo. O objetivo da chamada "prece de Jesus" é alcançar a quietude divina, ou *hesychia* (Matus, 1984).

As escolas tântricas desenvolveram mapas intrincados dos chacras; descreveram com detalhes as manifestações físicas, emocionais e espirituais do despertar da Kundalini, e preservaram mitologias elaboradas em relação a esse processo. Embora apresente perigos e obstáculos, o processo da ascensão da Kundalini é visto, em geral, como tendo uma tendência potencial para a cura psicossomática, a reestruturação positiva da personalidade e a evolução da consciência. Contudo, por causa de seu poder misterioso, as escrituras tratam esse processo muito seriamente e recomendam a orientação de um professor experiente, para as pessoas que estão envolvidas nele.

A ascensão da Shakti Kundalini, conforme descrita na literatura indiana, pode ser acompanhada por manifestações físicas e psicológicas dramáticas, chamadas *kriyas*. Entre estas manifestações, as mais impressionantes são sensações poderosas de calor e energia correndo espinha acima, associadas a inten-

Figura 8 — Guache do século XIX, do Rajasthan, mostrando os dois aspectos da Kundalini: em sua forma latente, como uma serpente enrolada, e em sua forma ativa ou Shakti, como uma deusa que aparece num altar de fogo (de Ajit Mookerjee: *Kundalini*, Destiny Books, Nova York, 1982, gravura IV, p. 28).

sas emoções de vários tipos, tremores, espasmos, estremecimentos violentos e complexos movimentos de entrelaçamento. É também bastante comum o riso ou choro involuntário, canto de mantras ou canções, falar em outras línguas, emitir ruídos vocais ou sons animais e assumir espontaneamente gestos (*mudras*) ou posturas (*asanas*) iogues.

Embora as descrições da Kundalini sejam conhecidas no Ocidente há um longo tempo, até recentemente elas foram consideradas como um fenômeno exclusivamente oriental. Mesmo Carl Gustav Jung, que mostrou vivo interesse no fenômeno da Kundalini (Jung, 1975), pensava que raramente ou nunca acontecia no Ocidente. Ele e seus colegas exprimiram a opinião de que poderia levar mil anos antes que a Kundalini fosse posta em movimento em nossa cultura pela influência da psicologia profunda. Contudo, o desenvolvimento futuro mostrou que esta estimativa estava errada.

Qualquer que seja o motivo a que isto possa ser atribuído, evolução acelerada, popularidade e expansão rápida de diversas formas de prática espiritual, pressão da perigosa crise global, ou o efeito facilitador das drogas psicodélicas, é bastante claro que sinais inconfundíveis do despertar da Kundalini podem ser observados atualmente em milhares de ocidentais. Gopi Krishna, um estudioso Cachemira conhecido mundialmente, que passou por uma profunda crise de uma abertura espiritual tempestuosa, tentou alertar o público ocidental para o significado e a importância do fenômeno da Kundalini, em seus diversos livros articulados e populares (Krishna et al., 1970). O mérito de chamar a atenção dos círculos profissionais para este fato pertence ao psiquiatra e oftalmologista californiano Lee Sannella (Sannella, 1976).

Eu próprio observei repetidamente, em sessões psicodélicas e em diversos estados sem droga alguma, manifestações que se aproximavam muito das descrições da ascensão da Kundalini, abertura dos *chacras** e fluxo da energia da Kundalini através dos condutos principais, Ida e Pingala, e através da intrincada rede de *nadis*, canais finos e ramificados por onde flui a energia prânica, como foram descritos nos textos tântricos.

Contudo, é importante enfatizar que este tipo de experiências — fenômenos semelhantes à Kundalini, que os textos da literatura tradicional indiana descreveriam como *prânicos* — deve ser distinguido do verdadeiro despertar da Kundalini. O último é um processo que envolve um profundo significado e tem grande poder de transformação, cuja conclusão freqüentemente exige muitos anos. Ao contrário de experiências prânicas isoladas, tal despertar da

---

* Chacras (termo sânscrito para "rodas") são centros hipotéticos de radiação da energia primal (*prāna*), que correspondem aproximadamente a alguns níveis de medula espinhal, e associam-se a orgãos específicos do corpo. A maioria dos sistemas distingue sete chacras: 1. chacra básico (*mulādhāra*), 2. chacra genital (*svādhisthāna*), 3. chacra do plexo solar (*manipūra*), 4. chacra do coração (*anāhata*), 5. chacra da garganta (*viśuddha*), 6. chacra do centro das sobrancelhas (*ajñā*), e 7. chacra coronário (*sahasrara*). O fluxo do prana dá-se através de um conduto central (*suṣumnā*) e dois condutos laterais (*Ida e Pingala*).

Kundalini ocorre muito raramente como resultado de experiências psicodélicas ou de psicoterapia experiencial, e parece ser um fenômeno independente.

Os padrões de fluxo de energia no corpo sutil, descritos na literatura sobre a Kundalini, não parecem ser universais e absolutos. Em diversos exemplos, pessoas que sintonizaram o mundo arquetípico chinês vivenciaram o fluxo de energia numa maneira que seguia exatamente os mapas dos meridianos da me-

Figura 9 — Desenho indiano, a tinta, representando um diagrama iogue de um complexo sistema de canais para a energia psíquica, ou *nadis*, no corpo sutil, que podem ser vivenciados na prática espiritual. Ele mostra claramente que esses condutos energéticos estendem-se além dos limites do corpo físico (Bihar, século XIX, de Ajit Mookerjee, *Yoga Art*, Nova York Graphic Society, Little Brown & Co, 1975, gravura 9, p. 27).

dicina chinesa, e tornaram-se conscientes do significado especial dos pontos de acupuntura. Isto foi seguido por *insights* filosóficos sobre o sistema chinês dos cinco elementos (madeira, fogo, terra, água e metal) que é bastante diferente daquele encontrado na tradição européia. Observei também algumas pessoas que alcançaram uma profunda compreensão experiencial sobre o papel especial do centro abdominal (*hara*) e sobre a dinâmica da energia *ki* subjacente às artes marciais japonesas.

Vários fenômenos energéticos do corpo sutil são extremamente freqüentes nas sessões de respiração holotrópica. Os campos de energia e a corrente de energia podem ser vivenciados em uma forma tangível e podem ser percebidos visualmente, até mesmo com os olhos fechados. A seguinte experiência holotrópica, de um participante em um de nossos *workshops* de cinco dias, tem uma semelhança significativa com as descrições da literatura tântrica.

> Conforme eu continuei a respirar, comecei a sentir um incrível aumento de energia em minha pelve. Havia uma poderosa fonte de luz e calor em minha área sacral, e ela se irradiava em todas as direções. E então esta energia começou a subir na minha coluna vertebral, seguindo uma linha claramente definida. Conforme subia ela ia iluminando fontes adicionais de energia, nos lugares em que os mapas esotéricos localizam os diversos chacras.
>
> Enquanto isto estava acontecendo, eu vivenciava sensações orgásticas e de grande paz. Uma das experiências mais poderosas desta sessão aconteceu quando esta energia alcançou a área do meu coração. Senti um amor tão incrível em relação ao mundo e às pessoas que queria levantar e dar um grande abraço em todos do grupo. Era estranho como eu me sentia próxima de pessoas que encontrei pela primeira vez na noite passada e que eu não conhecia realmente.
>
> Mas eu fiquei na experiência e a energia continuou a fluir para cima. Quando ela alcançou o topo de minha cabeça, explodiu numa auréola fantasticamente bonita que tinha uma tonalidade rosa-alaranjada, como as pinturas do Lótus das Mil Pétalas. Senti a necessidade de flexionar as pernas e juntar as plantas dos pés para criar um curto-circuito de energia. Meu campo energético estava nesse momento estendido muito além dos limites de meu corpo físico; entendi subitamente por que os mapas esotéricos mostram o corpo de energia sutil tão maior que o corpo material; pode-se realmente experienciar isto nesses estados.
>
> A energia estava fluindo para cima, saindo pelo topo de minha cabeça e então retornando para as partes inferiores de meu corpo para participar novamente do fluxo ascendente. Permaneci neste estado por um longo tempo, extraindo muita força e nutrição emocional desta energia.

c. Experiências de Espíritos Animais

Neste tipo de experiência, as pessoas têm a sensação de profunda conexão com vários animais — não em suas formas físicas concretas mas em sua essência arquetípica. Isto pode ocasionalmente ser acionado por um encontro real com um representante de uma espécie particular que é percebido numa forma

Figura 10 — Pinturas canalizadas por Guenn Eoná Nimüe, de Seattle, que tem estado envolvida num processo interno poderoso, nos últimos 44 anos. Durante este tempo, ela teve numerosas experiências de comunicação direta com animais e seus espíritos guardiães, seres elementais que representam várias forças da natureza, visitantes extraterrestres e divindades arquetípicas. Estas pinturas representam os espíritos animais e guardiães do urso, lobo e foca.

---

divina pelo indivíduo num estado incomum de consciência. Este tipo de experiência foi relatado repetidamente por pessoas que haviam tomado psicodélicos junto à natureza selvagem, ou na presença de diversos animais domésticos. As experiências deste tipo ocorrem mais freqüentemente como eventos independentes no mundo interior.

Em muitos casos, os espíritos animais encontrados nos estados incomuns de consciência são percebidos não apenas como de natureza divina, mas também como guias e amigos que oferecem ajuda e orientação espiritual. Isto pode estar associado a *insights* profundos a respeito da função sagrada de diversos animais em algumas culturas, como a vaca na Índia, o gato, o crocodilo e o falcão no Egito, e os abutres entre os persas. Experiências deste tipo podem também proporcionar *insights* únicos a respeito da psicologia das culturas totêmicas e da função dos totens animais. São particularmente freqüentes as referências ao xamanismo e à compreensão do papel dos diferentes animais como espíritos auxiliares do xamã.

O processo interno de uma pessoa ocidental pode ocasionalmente tomar uma forma conhecida por várias culturas xamânicas. Isto envolve seqüências poderosas de morte e renascimento, com descida ao mundo subterrâneo e ascensão aos domínios celestes, no que os antropólogos denominaram "doença xamânica". Outra característica importante desse processo é um forte sentido de conexão especial com a natureza e numerosas experiências de identificação animal e de encontros com espíritos guias em forma animal. O xamanismo é a mais antiga religião da humanidade, atingindo dezenas de milhares de anos no passado. É também um fenômeno praticamente universal. Suas diversas variedades podem ser encontradas na Sibéria e em outras partes da Ásia, nas Américas do Norte e do Sul, Austrália, Oceania, África, e Europa (Eliade, 1964, Harner, 1980, Campbell, 1984). As experiências xamânicas e totêmicas, portanto, conectam o indivíduo com aspectos profundos e primordiais da psique.

Antes de concluir esta seção, gostaria de comparar as experiências de espíritos animais com outros tipos de fenômenos transpessoais que envolvem animais. Todos eles têm características específicas que tornam possível que pessoas experientes os diferenciem uns dos outros. Em geral, é importante distinguir a identificação experiencial com diversos animais que são parte do mundo fenomenal, das representações simbólicas do inconsciente individual, e das imagens arquetípicas da psique.

Indivíduos que trabalham com diversos assuntos biográficos em psicoterapia experiencial freqüentemente relatam visões de diversos animais ou mesmo a identificação com estes. A análise desses fenômenos torna claro que eles são formações complexas com uma estrutura dinâmica que é similar às imagens oníricas freudianas. Neste nível, *as visões* ou *transformações animais autosimbólicas* representam uma mensagem, mais ou menos oculta, sobre a personalidade do indivíduo ou de sua situação de vida, e podem ser facilmente reconhecidas como tal. Uma identificação auto-simbólica com um predador, como um tigre, leão ou pantera negra, pode ser decifrada como uma expressão de intensos sentimentos agressivos do indivíduo. Um forte impulso sexual pode ser simbolizado por um garanhão ou um touro; se este impulso tiver a forma censurável de luxúria absoluta e instintos básicos, poderia ser simbolizado por um porco selvagem ou um javali. A vaidade masculina e o exibicionismo com um toque sexual podem ser ridicularizados por uma identificação autosimbólica com um galo barulhento no galinheiro. De modo semelhante, um porco pode representar autonegligência, sujeira e falhas morais; um macaco pode representar perversão polimórfica e indulgência em prazeres pré-genitais e genitais; uma mula, estupidez e teimosia; e um burro, estupidez.

Em comparação com a transformação auto-simbólica, a verdadeira *identificação animal* é um fenômeno claramente transpessoal que não pode ser derivado de outros conteúdos inconscientes ou interpretado simbolicamente. As mesmas pessoas que anteriormente cooperaram prontamente para decifrar as experiências simbólicas animais se recusarão a abordar as identificações genuínas desta forma. Neste contexto, ouvi repetidamente afirmações como: "Não, você não está entendendo; não há nada a ser analisado aqui, eu era realmente um elefante. Eu sabia como um elefante se sente quando ele está com raiva ou excitado sexualmente, e como é sua sensação quando a água entra em sua tromba. Um elefante não simboliza nada; um elefante é um elefante". As experiências filogenéticas têm todas as características da verdadeira identificação animal, mas estão associadas, além disso, a um sentido de regressão histórica na árvore evolucionária. Um fenômeno interessante, que parece representar uma transição entre a transformação auto-simbólica e a verdadeira identificação animal, é a experiência de ser um lobisomem ou um vampiro. Este fenômeno está claramente relacionado com o folclore da Transilvânia, com as histórias sobre licantropia, e com seu paralelo da Malásia, a tigre-antropia.

Em vez de identificar-se com um membro particular de uma espécie, é também possível experienciar algo como "a alma animal" *de uma espécie*, que parece ser uma experiência composta de todos os seus membros numa perspectiva histórica — todos os ensinamentos da espécie, seus comportamentos instintivos, seus padrões de comunicação intra-espécie, hábitos etc. Este tipo de experiências parece estar intimamente relacionado ao conceito de ressonância mórfica, descrito por Rupert Sheldrake (Sheldrake, 1981) e ao entendimento de Gregory Bateson sobre a mente na natureza (Bateson, 1972, 1979). Isto sugere que este fenômeno pode ser discutido no contexto das ciências naturais.

Os *espíritos animais* e *espíritos guias*, da forma como são vivenciados nos diversos estados incomuns, pertencem ao mundo das formas míticas e arquetípicas, embora estejam claramente relacionados a espécies específicas. Contudo, sua conexão imediata com a natureza os distingue das diversas *divindades em forma animal* que apesar disto não estão intimamente ancoradas na natureza, ou daquelas que combinam elementos humanos e animais. O deus elefante, Ganesha, do panteão hindu, tem muito menos em comum com um elefante indiano real do que, por exemplo, o Espírito do Veado dos índios mexicanos huichol tem com o veado das florestas. Os significados simbólicos relacionados à sua função como uma divindade substituem suas conexões com a espécie dos elefantes.

Isto é ainda mais evidente quando a divindade envolvida é uma *imagem composta de animal e humano*, como a deusa egípcia Thoth, com cabeça de íbis, e o deus Anúbis, com cabeça de chacal, ou o indiano Narasimha, que combina características humanas e leoninas. Essas divindades nem mesmo compartilham da forma completa do animal com que estão conectadas. Um outro grupo interessante de animais aparece no papel de *veículos* para os *seres divinos*. Acham-se aqui, por exemplo, o rato que carrega o deus hindu Ganesha; Nandi, o touro de Xiva; o leão ou tigre que serve ao deus Durga; o pavão que sustenta a consorte de Brahma, Sarasvati, e as divindades lamaístas tibetanas, os garanhões da carruagem solar do deus grego Helios, ou os carneiros da deusa nórdica Fricka.

Um exemplo excelente da experiência de espíritos animais pode ser encontrado no relato de um estado visionário de um xamã dos Jivaro, uma tribo caçadora de cabeças do Equador; esta visão foi induzida pela ingestão de *ayahuasca* (Harner, 1973).

Ele havia bebido e agora cantava suavemente. Gradualmente, linhas e formas fantasmagóricas começaram a aparecer na escuridão, e a música aguda dos *tsentsak*, os espíritos auxiliares, surgiu em sua volta. O poder da bebida os alimentava. Ele chamou e eles vieram. Primeiro, *pangi*, a sucuri, enrolada em sua cabeça, transformada numa coroa de ouro. Então, *wampang*, a borboleta gigante, pairou sobre meu ombro e cantou para ele com suas asas. Serpentes, aranhas, pássaros e morcegos dançaram no ar acima dele. Em seus braços apareceram milhares de olhos, enquanto seus demônios auxiliares emergiam para buscar inimigos na noite.

O som da água corrente enchia seus ouvidos, e ouvindo seu rugido ele sabia que possuía o poder de Tsungi, o primeiro xamã. Agora ele podia ver.

d. Encontros com Guias Espirituais e Seres Supra-humanos

As experiências de encontros com guias, mestres e protetores do mundo espiritual pertencem aos fenômenos mais valiosos e gratificantes do domínio transpessoal. As pessoas percebem esses seres como entidades supra-humanas que existem em planos mais elevados da consciência e em níveis de energia mais elevada. Às vezes, eles aparecem espontaneamente num certo estágio do desenvolvimento espiritual do indivíduo; outras vezes, emergem subitamente durante uma crise interna, respondendo a um chamado urgente por ajuda. Em muitos casos, eles continuam aparecendo para a pessoa, seja em seus próprios termos, seja a pedido de seus protegidos.

Algumas vezes os guias espirituais têm uma forma humana com uma qualidade distintamente numinosa. Outras vezes, aparecem como uma fonte de luz radiante ou um poderoso campo de energia. Muitas pessoas explicam que não têm realmente nenhuma percepção sensorial de seus guias; elas simplesmente sentem a presença deles. Apenas excepcionalmente os guias se comunicam verbalmente com as pessoas. Na maioria dos casos, as mensagens, explicações e instruções são transmitidas por transferência telepática de pensamentos ou por outros meios extra-sensoriais.

A assistência que os guias espirituais oferecem tem muitas formas e graus diferentes. Algumas vezes, eles intervêm em experiências difíceis e perigosas, para o bem da pessoa. Outras vezes, eles a acompanham, no plano interno, através de diversas situações críticas, como Virgílio guiou Dante na *Divina comédia*. Eles dão apoio intelectual, moral e espiritual, ajudam a combater as forças maléficas e destrutivas ou criam escudos protetores de energia positiva. Eles também podem, ocasionalmente, dar diretrizes e sugestões específicas em relação aos problemas da pessoa ou a direção geral de sua vida. Alguns guias espirituais permanecem anônimos e não identificados; outros apresentam-se pelo nome, ou a pessoa é capaz de identificá-los por alguma indicação.

124

Às vezes, indivíduos em estados incomuns de consciência relatam experiências diretas de grandes personagens religiosas, da estatura de Jesus Cristo, Buda, Maomé, Zoroastro, Sri Ramana Maharshi ou Moisés. Usualmente estas são aparições únicas; é incomum que personalidades deste grau sejam consideradas como guias pessoais, exceto num sentido metafórico.

O aspecto mais interessante das experiências que envolvem guias de outros planos é que eles, ocasionalmente, intermediam o acesso à informação que a pessoa não possuía, no sentido convencional, antes do acontecimento. Um bom exemplo é a famosa parapsicóloga Thelma Moss, que, em uma de suas sessões psicodélicas, conectou-se com uma entidade que se apresentou como Benjamim Franklin; ela prefere pensar nele como o arquétipo do Velho Sábio. Durante aproximadamente um ano após essa sessão, ela foi capaz de evocar sua presença num estado meditativo, conversar com ele e pedir-lhe informações e orientação. Num determinado momento, quando ela se achava num impasse em sua pesquisa sobre bioenergias, "Benjamim Franklin" orientou-a a conseguir um livro específico, do pesquisador Becker, onde ela encontrou a informação crítica de que precisava.

Parece apropriado mencionar, neste contexto, um fenômeno que recentemente tem tido popularidade crescente. Trata-se da canalização, termo contemporâneo para o processo em que uma pessoa transmite mensagens de uma fonte externa à sua consciência por meio de escrita automática, fala em transe ou emissão mental. A fonte freqüentemente se identifica como um ser de uma realidade não-física; o grau hierárquico desta entidade pode ir desde uma divindade ou anjo até um ser supra-humano adiantado ou um indivíduo desencarnado.

Exemplos históricos de ensinamentos espirituais canalizados incluem o Alcorão (Maomé) e o Livro dos Mórmons (Smith). Uma entidade que denominava a si mesma como O Tibetano era reconhecida por Alice Bailey como sendo o autor real de grande parte de seus escritos espirituais. Roberto Assagioli considerava a mesma entidade como sendo a fonte de seu sistema psicológico de psicossíntese. Entre os textos modernos mais populares estão *Seth Speaks* (Roberts), *Messages from Michael* [*Mensagens de Michael*] (Yarbro), *Course in Miracles* (Schucman), *New Age Transformation: Revelations* (Spangler), *Starseed Transmissions* (Rafael), *Urantia Book* (anônimo), *Emmanuel's Book* [*Livro de Emanuel*] (Rodegast), e *Ramtha* (Knight). O fenômeno da canalização e suas manifestações específicas na religião, filosofia, arte e ciência serão explorados no próximo e abrangente livro de Arthur Hastings.

e. Visitas a Outros Universos e Encontros com Seus Habitantes

Neste tipo de experiências, os indivíduos envolvem-se em aventuras selvagens em mundos estranhos e diferentes, que têm uma realidade própria, embora não dentro de nosso cosmos. Esses universos parecem existir em outros níveis da realidade ou em outras dimensões, paralelas e coexistentes à nossa. As entidades que os habitam possuem formas físicas bizarras, têm processos metabólicos e fisiológicos completamente diferentes dos nossos, e operam segundo leis incompreensíveis. Muitas delas são obviamente criaturas inteligentes, mas suas características emocionais e mentais não se parecem com nada conhecido dos humanos.

Esses universos alienígenas podem ser muito menores ou infinitamente maiores do que o nosso, e seus habitantes podem ser amigáveis, neutros ou hostis aos visitantes de outras dimensões. Geralmente, as experiências desse tipo são percebidas como perigosas; algumas vezes isso se deve à óbvia hostilidade das criaturas envolvidas, outras vezes à incerteza ao encarar o desconhecido. Em alguns casos, o perigo parece originar-se do fato de o visitante parecer ser tão insignificante no mundo alienígena que ele poderia ser destruído por negligência ou por um acidente infeliz. Quando as pessoas descrevem essas extraordinárias aventuras cósmicas, freqüentemente as comparam às mais engenhosas histórias de ficção científica já escritas.

Eu gostaria de mencionar, neste contexto, experiências com naves alienígenas e discos voadores. Essas experiências têm uma estranha qualidade que as coloca na fronteira pouco nítida entre a realidade física e o mundo arquetípico, de acordo com as descrições das pessoas que os viram, encontraram sua tripulação ou relataram ter sido levadas para um passeio ou ter visitado seu interior. Em alguns casos, os indivíduos que tiveram essas experiências tendem a vê-las como naves extraterrestres reais de outra parte de nosso universo; em outros casos, como visitantes de uma outra dimensão ou como fenômenos intrapsíquicos. Voltarei a este assunto mais adiante, em conexão com as experiências transpessoais de natureza paranormal. (p. 156).

Esses relatos freqüentemente envolvem descrições de exames físicos e operações com o uso de diversos aparelhos misteriosos, comunicação mental entre os alienígenas e suas máquinas inteligentes, lições sobre o pensamento de dimensões mais elevadas e coisas desse tipo. A análise sistemática do conteúdo das experiências de rapto, realizada por Alvin Lawson (Lawson, 1984) mostrou uma quantidade surpreendente de elementos e temas perinatais. Embora isto certamente não seja uma prova de que esses fenômenos são apenas fantasias derivadas da memória do trauma do nascimento, este fato merece uma atenção adicional.

Nos escritos do famoso pesquisador e incansável auto-explorador psicodélico John Lilly, podem ser encontrados exemplos particularmente bons de contatos extraterrestres e visitas a outros universos. Estas experiências parecem ser especialmente ricas e freqüentes em seus estados incomuns de consciência (Lilly, 1972, 1978).

O exemplo a seguir é a experiência de um escritor, com trinta e cinco anos, que tomou dois derivados da anfetamina, no contexto de um grupo exploratório — primeiro 150 miligramas de MDMA (Adam ou *ecstasy*) e quatro horas depois 20 miligramas de 2CB (Adamson, 1986).

11a

11b 11c

Figuras 11 a-e — Uma série de pinturas de Guenn Eoná Nimüe, representando experiências com seres extraterrestres e com seres arquetípicos interestelares. — a. Uma enorme nave-mãe extraterrestre, "Casa de Luz Halcyon". b. HAMALLODKHEANNH, criador da galáxia da Via Láctea ou Grande Pescador do Oceano de Amor, um ser cósmico que tem as histórias do início da criação no centro de seus bancos de memória. c. KAMIKSTEKAL OHLAHANDRA DOOREESHAMH, Senhor da Cruz Ardente, um advogado consular para um grande número de constelações.

11d —. Um ser extraterrestre de um sistema estelar que está além de nossa galáxia; sua pintura foi percebida como sendo enviada por transmissores solares a bordo de uma nave de luz.

11e — Desenho representando duas belas divindades, almas gêmeas, de um quasar, expressando uma para a outra seu amor eterno, desde tempos imemoriais.

Depois de uma hora e meia de viagem, eu enxergava as minhas visões com os olhos fechados ou abertos; e eu estava viajando para outros planetas e dimensões. Havia uma cerimônia religiosa acontecendo em cada domínio. Num plano havia grandes seres semelhantes a louva-a-deus que eram sábios, sepucralmente dignos, e me acolheram com seu ritual. Em outro plano, seres verdes, dourados, azuis e violeta que pareciam insetos pequenos e cristalinos, moviam-se formando e transformando figuras caleidoscópicas, e me enviando mensagens urgentes de apoio mútuo.

Finalmente, surgiu uma dimensão onde tudo eram formas de vida de cristal; todos eram seres de energia incrivelmente belos, tanto na escala micro quanto na megascópica.

f. Experiências de Sequências Mitológicas e de Contos de Fadas

Neste tipo de experiência transpessoal, o mundo dos mitos, lendas e contos de fadas torna-se literalmente vivo. A pessoa pode testemunhar numerosas cenas da mitologia e folclore de qualquer cultura do mundo, e visitar qualquer paisagem mítica. Ela pode também identificar-se vivencialmente com heróis e heroínas míticos, ou com fantásticas criaturas mitológicas. É possível experienciar os trabalhos de Hércules, ou as aventuras de Teseu e Jasão. O indivíduo pode tornar-se o lendário herói polinésio Maui, ou sofrer as provações dos gêmeos no Popol Vuh Maia. Entre as criaturas arquetípicas com que os indivíduos se identificaram em sessões psicodélicas e durante a respiração holotrópica estão Uroboros, Tifon, Centauros, Cérbero, Esfinge, diversos dragões europeus, orientais e pré-colombianos, Branca de Neve, Bela Adormecida, cavaleiros lendários, sereias, fadas, elfos, gnomos, trolls escandinavos, e outros.

Essas seqüências podem emergir como temas transpessoais independentes, ou com uma conexão significativa com os problemas pessoais do indivíduo. Entre os temas que freqüentemente se associam a assuntos biográficos estão os da madrasta má e enteada exausta (Cinderela), irmão bom e irmão mau (Caim e Abel), amor pela mãe e agressão ao pai (Édipo), amor pelo pai e ódio à mãe (Eletra), irmão amoroso colocado em perigo por adultos ruins (João e Maria), conflito entre amor e poder (Alberich), e o grande amor dificultado pelas circunstâncias (Tristão e Isolda). Todos estes temas podem aparecer numa forma cultural específica, ou numa forma arquetípica mais abstrata.

Eu mencionei anteriormente algumas associações específicas entre alguns temas mitológicos e as matrizes perinatais básicas. Para a MPB I, estes temas são as imagens de céus ou paraísos de diversas culturas; para a MPB II, imagens de infernos; de modo semelhante, a MPB III está conectada com experiências que envolvem purgatórios. Além disto, as seqüências da MPB II envolvem freqüentemente cenas mitológicas de danação eterna e figuras de heróis trágicos que incorporam o sofrimento sem redenção — Prometeu, Tântalo, Sísifo, Ixíon, Ahasuerus, o judeu errante, e outros. Os motivos mitológicos característicos das MPB III e IV retratam trabalhos, provações e lutas de heróis que têm uma conclusão positiva — morte de monstros, vitórias sobre o mal, superação da morte, libertação pessoal ou redenção e casamento sagrado.

Por princípio, todos os indivíduos parecem ter acesso experiencial a temas mitológicos de todas as épocas e de todas as culturas. Em muitos casos, pessoas com pouca escolaridade descreveram, detalhadamente, imagens mitológicas complexas e mesmo cenas inteiras da América Central ou do Sul, Polinésia, Mesopotâmia, Índia, Egito, Japão ou outros lugares que, definitivamente, elas não conheciam intelectualmente. Estas observações apóiam claramente o conceito de Carl Gustav Jung do inconsciente coletivo, baseado na emergência nos sonhos, de motivos mitológicos, obscuros e freqüentemente desconhecidos, mesmo no caso de crianças e de pessoas com baixa escolaridade, e baseado também bém nos sintomas apresentados por pacientes psicóticos (Jung, 1959).

Usarei a descrição de uma sessão de respiração holotrópica, conduzida durante um dos nossos seminários vivenciais de cinco dias, para ilustrar esta categoria de experiência transpessoal. A participante é uma mulher de origem japonesa.

No início da sessão, eu experimentei uma profunda tristeza que era tão opressiva que eu não podia chorar. Eu pensei a respeito da possível causa da minha tristeza. Então lembrei que existia uma escuridão sem forma que havia tirado meu bebê de minhas mãos. Eu me sentia impotente contra a escuridão. Quando me lembrei da razão de minha tristeza, senti uma intensa raiva. Eu me sentia poderosa e forte, e a raiva mostrava-se como extensões ardentes de meu corpo. Lutei com a escuridão e peguei minha criança de volta, mas o bebê estava morto. Fiquei triste ao ver o corpo de meu próprio bebê ser queimado por minhas mãos ardentes. O corpo queimado transformou-se em cinzas e espalhou-se pelo chão.

Eu me tornei uma figura muito quieta, semelhante a uma deusa, andando no lugar em que as cinzas haviam caído no chão. Minhas lágrimas nutriram sementes, que brotaram onde as cinzas jaziam. Uma planta cresceu e uma flor desabrochou. No meio da flor, apareceu uma esfera incandescente. A esfera transformou-se num bebê precioso. Nesse momento, eu senti que o círculo havia se fechado. Eu percebi que ele se repetiria infinitamente. Eu senti que havia completado a tarefa.

Aí, senti meu corpo e tive outras três experiências, embora eu não tenha certeza da ordem em que elas aconteceram. 1. Meu lado esquerdo transformou-se em montanhas e eu vivenciei o ciclo geológico da construção e da erosão das montanhas. 2. Meu lado direito transformou-se em uma floresta. 3. Entre as minhas pernas, eu senti o oceano, com o fluxo das marés. Eu senti que o ciclo que eu havia experienciado era infinito; se eu ficasse presa nele, ele continuaria para sempre. Mas eu descobri que havia um caminho direto que ia de cada um dos estágios para o centro, o que me permitiria quebrar o ciclo.

g. *Experiências de Divindades Pacíficas e Iradas Específicas*

Esta categoria está intimamente ligada à anterior e poderia ser considerada um subgrupo especial. As imagens mitológicas incluídas aqui são dotadas de um poder especial e uma numinosidade que lhes dá *status* divino. Elas são também muito específicas e podem ser claramente identificadas como divindades do panteão de diversas culturas. Em alguns casos, as pessoas conhecem as divindades que estão experienciando e podem dar seus nomes e as áreas culturais a qual elas pertencem. Contudo, com freqüência a experiência traz muita informação nova que está muito além·do conhecimento anterior da pessoa envolvida. Outras vezes, as divindades são completamente desconhecidas para o indivíduo, mas ele é capaz de desenhá-las, descrever detalhadamente suas funções e identificar a área cultural geral de onde elas vêm. Esta informação torna possível consultar as fontes adequadas e confirmar sua precisão. Há também situações em que a identidade da divindade vivenciada permanece obscura ou incerta, a despeito dos esforços de pesquisa do cliente e do terapeuta.

A maioria das divindades encontradas nos estados incomuns de consciência pertence a dois grupos, claramente distintos: as divindades benéficas e pacíficas associadas com as forças da luz e do bem; e as divindades iradas e maléficas representando as forças da escuridão e do mal. Contudo esta distinção não

12a — Mentifil, o poderoso regente do Reino dos Gnomos sob a Terra.

12b — Orova, grande guardião de todas as pedras preciosas encontradas na Terra.

12c — Ordaphe, gnomo poderoso, regente dos reinos de ouro, prata e outros minérios encontrados sob a superfície da Terra.

12d — Hadrian da Casa de Ascher, o mais velho do povo dos gnomos.

Figuras 12 a-g — Uma série de pinturas de Guenn Eoná Nimüe, representando o mundo do "Povo Pequeno", seres elementais conectados com diversas forças e aspectos da natureza.

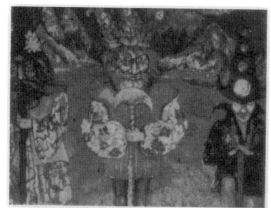

12e — Pintura mostrando a partir da esquerda, TOH-PHUT-ET, guardião de todas as águas neste planeta, para o pequeno povo, KA-MO-PAN-SET, regente da Casa de Orange, para os elfos, e PUTARCH-RHIANNHAN-AKAL, Senhor dos Palhaços e Bufões.

12f — Pintura mostrando o que uma pessoa com visão interna pode ver num "ponto de poder", onde edifícios sagrados eram posicionados, freqüentemente, no passado: aqui há duas serpentes aquáticas unindo suas cabeças, e um dragão com sua companheira guardiã que permanece lá por incontáveis eons.

12g — O Espelho da Terra, um holograma mágico, produzido pelo "Povo Pequeno", quando eles esboçaram a espada Excalibur, do rei Arthur.

é, de forma alguma absoluta; existem divindades que parecem ser intermediárias, e outras que são abrangentes e tem aspectos beatíficos e terríveis.

Um exemplo típico do último grupo são os Dhyani-Buddhas do *Livro tibetano dos mortos* (*Bardo Thotrol* ou *Thödöl*) que primeiro aparecem para o falecido em suas formas radiantes e depois em seus aspectos demoníacos. Para muitas pessoas no caminho espiritual, o primeiro encontro com divindades arquetípicas ocorre no contexto do processo de morte e renascimento. As divindades da escuridão, como Satã, Lúcifer, Hades, Ahriman, Huitzilopochtli, Kali, Lilith, Rangda, Coatlicue ou Moloch, aparecem tipicamente em conexão com as MPB II, III e com a morte do ego. As divindades que simbolizam morte e renascimento (Osíris, Plutão e Perséfone, Atis, Adonis, Quetzalcoatl, Dionisio, Wotan, Balder e Cristo) têm uma relação específica com a MPB III e com a transição para a MPB IV. As divindades pacíficas — a Virgem Maria, Afrodite, Apolo, Ísis, Ahura Mazda, Lakshmi, ou Kuan-yin (Kannon) — aparecem em episódios extáticos relacionados com as MPB IV ou I.

As imagens arquetípicas de divindades específicas podem também ser encontradas, independentemente, no contexto de experiências psicodélicas ou holotrópicas que tenham natureza puramente transpessoal. Elas aparecem, tipicamente, como visões poderosas que a pessoa observa; contudo uma possibilidade importante é a identificação experiencial plena com essas divindades. Além das aparições individuais, diversas divindades também podem participar em complexos dramas cósmicos, tais como a batalha entre as forças de Ahriman e Ahura Mazda, do panteão zoroastriano; a guerra entre os deuses do Olimpo e os Titãs; a queda de Lúcifer e seus anjos; a agitação do oceano pelos deuses e demônios hindus para obter o néctar amrita; e Ragnarok, ou o crepúsculo dos deuses da mitologia nórdica.

As pessoas que vivenciam encontros com diversas divindades iradas ou pacíficas usualmente tem reações emocionais muito poderosas, que vão do arrebatamento estático e paz extrema ao terror metafísico, dor abissal, e sentimentos de insanidade. Contudo, por mais poderosas que essas imagens possam ser, as pessoas que as vivenciam não tem a sensação de confronto com o Ser Supremo, ou a força básica do universo. Esta sensação é exclusiva das experiências de ordem mais elevada que serão descritas adiante.

O exemplo que eu escolhi como ilustração desta categoria de experiências foi extraído de uma sessão com alta dose de LSD. Ele descreve um encontro e identificação com as figuras gêmeas de Cristo e do anti-Cristo.

> A parte mais difícil da experiência foi a identificação com o demônio, com o princípio do mal no universo. Em algum lugar, dentro e ao redor de mim, estava a criatura mais vil e sórdida, agachada e observando tudo. Eu tinha de me transformar nela, me identificar com esta entidade mesquinha. Eu me tornei Hitler, o general da Morte. Estava sentindo ódio puro; tudo que queria fazer era matar, infligir dor, fazer as pessoas sofrerem. Era muito doloroso, mas eu tinha de fazê-lo. Eu não conseguia acreditar que havia tanto ódio em mim. Podia perceber o ódio como

Figura 13 — Pintura representando uma poderosa experiência de uma sessão de respiração holotrópica. Ela envolveu a identificação com uma divindade feminina sensual que aparecia em chamas e representava as forças criativas da natureza. A pessoa contrastou esta experiência com a religião cristã, orientada para a morte, que havia sido uma parte importante de sua criação.

---

algo tangível — como uma substância negra e má, ou como uma energia densa e escura.

Eu senti a presença da existência demoníaca bem junto de Cristo; isto era o anti-Cristo! Ele também era parte da jornada cósmica. Todos os hitlers do mundo, todos os governantes despóticos e tiranos eram manifestações ou personificações deste princípio maléfico. A compreensão mais difícil de atingir era perceber quão perto Cristo e anti-Cristo estavam um do outro. Era muito confuso; como se poderia saber qual era qual? Eu entendi como seria difícil encontrar na Terra o mestre espiritual correto a seguir. Como alguém poderia saber se um líder espiritual específico estava emanando de Cristo ou do anti-Cristo? A bondade e a maldade espirituais eram exatamente os dois lados da mesma moeda. De alguma forma, esta associação paradoxal íntima das duas energias cósmicas opostas explicava acontecimentos humanos aparentemente confusos, como a ascensão do partido nazista na Alemanha, ou os desenvolvimentos problemáticos de alguns cultos religiosos.

Este encontro com o mal arquetípico continuou na sessão seguinte da mesma pessoa com LSD.

Figura 14 — Pintura simbolizando a união do Céu e da Terra, vivenciada numa sessão de respiração holotrópica. A combinação de um pássaro exótico, representando o elemento celestial, e uma serpente, representando a dimensão terrena, é reminiscente da divindade pré-colombiana Quetzalcoatl.

Em outro momento, eu tive uma experiência breve, mas extremamente poderosa que eu nunca poderei esquecer. Eu senti a presença de Lúcifer e então o vi claramente. Ele era uma grande criatura negra, parcialmente humana, parcialmente animal, com um corpo peludo, grandes garras e as asas de um dragão. Ele estava saindo de uma caverna escura, voando através de um céu escuro como piche, no meio da noite, como um gigantesco morcego. Ao olhá-lo a distância, percebi, para minha surpresa, que sua cabeça estava em chamas. O Demônio, o próprio Lúcifer estava sendo transmutado em Luz pela Luz. Eu entendi então por que Lúcifer significa literalmente "aquele que carrega a luz". Ele estava sendo consumido pelo Fogo Purificador, em frente a meus olhos. Eu soube que não teria mais medo do mal ou do próprio Demônio.

h. Experiências de Arquétipos Universais

O termo "arquétipo" foi introduzido na psicologia por Carl Gustav Jung; ele usava essa palavra alternadamente com os termos "imagem primordial" e "dominante do inconsciente coletivo". No sentido mais amplo, um arquétipo pode ser descrito como qualquer padrão e configuração estático, bem como um acontecimento dinâmico na psique, que é transindividual e tem uma qualidade universal (Jung, 1959). Esta definição é muito geral e se aplicaria a muitos fenômenos transpessoais descritos nesta seção. Na literatura junguiana podem ser encontradas descrições de várias ordens de arquétipos (ver Figura 16). Eu tomarei a liberdade de restringir o termo àqueles arquétipos que representam padrões verdadeiramente universais, e não a suas manifestações culturais, variações e modulações específicas.

Alguns desses arquétipos universais representam papéis biológicos, psicológicos, sociais e profissionais generalizados. Exemplos de arquétipos universais definidos biologicamente são Mulher, Homem, Mãe, Pai, Criança, o Judeu, e o Membro da Raça Branca, Negra ou Amarela. Características psicológicas adicionais definiriam então os arquétipos da Mãe Boa, Mãe Terrível, Pai Tirano, Amado, Mártir, Fugitivo, Pária, Avarento, Déspota, Saqueador Malvado, Velho Sábio, Velha Sábia, Asceta, Eremita, e muitos outros. Em alguns desses casos, o arquétipo alcança dimensões mitológicas e tem um poder numinoso especial. Isto é verdadeiro para as imagens da Grande Mãe e da Mãe Terrível, do Grande Hermafrodita ou Homem Cósmico.

Exemplos de arquétipos que representam alguns papéis e tipos profissionais e sociais seriam o Cientista, o Curador, o Governante Iluminado, o Ditador, o Trabalhador, o Revolucionário ou o Capitalista. Estas experiências estão intimamente relacionadas, mas não são idênticas, àquelas experiências de consciência grupal descritas anteriormente. Neste caso a pessoa sentia-se identificada simultaneamente com todos os membros individuais de um grupo particular; as experiências descritas agora representam conceitos personificados dos papéis envolvidos. Estes conceitos são semelhantes às idéias platônicas.

Um exemplo destes dois grupos de fenômenos seria a experiência de consciência grupal de todos os revolucionários do mundo, comparada com a experiência de tornar-se o Revolucionário arquetípico. Imagens arquetípicas deste tipo podem ser lindamente ilustradas por fotos holográficas criadas pela exposição seqüencial de numerosas pessoas de uma mesma categoria sem alterar o ângulo do laser. Numa exibição holográfica realizada há muitos anos em Honolulu, um dos hologramas, com o título *The Child of Hawaii* [A criança do Havaí], consistia num grande número de imagens tridimensionais de crianças havaianas ocupando o mesmo espaço. Era uma surpreendente ilustração do tipo de experiência que eu estou discutindo aqui. Uma simulação menos dramática deste fenômeno pode ser obtida pela exposição múltipla na fotografia convencional, como exemplificado pelas fotografias compostas, de Francis Galton, usadas por Rupert Sheldrake para ilustrar seu conceito de ressonância mórfica (Sheldrake, 1981). Outra categoria especial de arquétipos representa aspectos personificados da personalidade humana; esses são os famosos conceitos de Carl Gustav Jung, Animus, Anima e a Sombra.

136

O exemplo que eu gostaria de usar aqui é uma seqüência experiencial de minha própria sessão com 200 miligramas de MDMA (Adam ou *ecstasy*). Ela combina o arquétipo do Apocalipse com arquétipos personificados de princípios universais.

    Eu comecei por experienciar uma forte ativação na parte inferior de meu corpo. Minha pelve estava vibrando enquanto uma enorme quantidade de energia estava sendo liberada em tremores extáticos. Num determinado momento, essa corrente de energia me arrastou, num frenesi intoxicante, para um redemoinho cósmico de criação e destruição.

Figura 15 — Pintura de Guenn Eoná Nimüe representando a figura arquetípica da Deusa Mãe Terra.

Figura 16 — Diagrama utilizado por Marie-Louise von Franz para ilustrar a estrutura hierárquica do inconsciente. Os pequenos círculos externos (a) representam a consciência do ego dos seres humanos. Os estratos mais profundos (b) representam as esferas do inconsciente pessoal descoberto por Freud. Mais internamente estão os domínios do inconsciente grupal de famílias, grupos, clãs e tribos (c) e ainda mais internamente estão as grandes esferas do inconsciente comum de amplas unidades nacionais que compartilham motivos mitológicos importantes, como os aborígenes australianos ou os índios sul-americanos (d). Finalmente, a área central constitui o reservatório universal de estruturas arquetípicas compartilhadas por toda a humanidade (e); pertencem a este último grupo as idéias arquetípicas do Homem Cósmico Divino, Mãe Terra, Herói, Animal Auxiliar, Malandro ou Mana, que são encontradas em todas as mitologias e sistemas religiosos.

No centro deste monstruoso tufão de forças primordiais estavam quatro figuras hercúleas gigantescas, realizando o que parecia ser a dança do sabre cósmica definitiva. Eles tinham marcantes feições mongólicas, com malares proeminentes, olhos oblíquos e cabeças raspadas decoradas com longas tranças. Brandiam grandes armas que pareciam foices ou cimitarras em L, enquanto rodopiavam numa apaixonada dança frenética; a combinação dos quatro formava uma suástica que rodava rapidamente. Eu me juntei à dança, tornando-me um deles, ou, provavelmente, todos os quatro de uma só vez, deixando minha própria identidade para trás.

Aí a experiência ampliou-se num inimaginável panorama de cenas de destruição. Nessas visões, os desastres naturais, como erupções vulcânicas, terremotos, quedas de meteoros, incêndios florestais, maremotos, combinavam-se com imagens de cidades queimando, conjuntos inteiros de altos edifícios desmoronando, morte em massa e o horror das guerras. Havia quatro imagens arquetípicas de cavaleiros macabros liderando esta onda de aniquilação total, representando o fim do mundo. Eu percebi que eles eram os Quatro Cavaleiros do Apocalipse. As vibrações e os tremores contínuos de minha pelve sincronizaram-se com os movimentos dessa cavalgada agourenta, e eu me tornei um deles.

As descrições feitas podem dar a impressão de que a experiência era desagradável e assustadora. Contudo, possivelmente por causa da natureza geralmente benevolente dos derivados das anfetaminas, o sentimento dominante era de fusão estática com as energias irrefreadas, e de fascinação com os incríveis *insights* filosóficos e espirituais associados a esta sessão. Eu percebi que o conceito do Apocalipse não deveria ser entendido literalmente, como é o caso das interpretações concretas da corrente principal da cristandade.

Embora seja possível que o Apocalipse se manifeste futuramente como um acontecimento histórico em escala planetária, ele é, antes de tudo, um arquétipo. Como tal ele parece refletir o estágio do desenvolvimento da consciência em que o indivíduo reconhece a natureza ilusória do mundo material. Quando o universo revela sua verdadeira essência como um jogo de consciência cósmico, o mundo da matéria é destruído na psique do indivíduo. Esta situação é semelhante à que ocorre em um estágio anterior, no qual a identificação com o arquétipo da crucificação e ressurreição de Cristo põe fim à identificação filosófica com o próprio corpo.

As visões apocalípticas eram entremeadas com imagens arquetípicas de diversas culturas, que simbolizavam a irrealidade do mundo fenomenal. Provavelmente a mais impressionante dessas imagens foi a caverna de Platão. A grande seqüência final dessa sessão foi uma magnífica parada de princípios universais personificados, arquétipos que criavam a ilusão do mundo fenomenal, por meio de um complexo interjogo, o jogo divino que os hindus chamam de *lila*.

Eles eram personagens multiformes, com muitas facetas, níveis e dimensões de significado, que mudavam continuamente suas formas, em uma interpenetração holográfica extremamente intrincada, enquanto eu os estava observando. Cada um deles parecia representar simultaneamente a essência de sua função e todas as manifestações concretas deste elemento no mundo da matéria. Havia Maya, um princípio etéreo e misterioso simbolizando o mundo da ilusão; Anima, corporificando o eterno Feminino; Marte, uma personificação da guerra e da agressão; os Apaixonados, representando todos os romances e dramas sexuais ao longo das épocas; a figura real do Regente; o Eremita retraído; o Malandro enganador; e muitos outros. Conforme passavam pelo palco, eles se inclinavam em minha direção, como se esperassem a apreciação pelo desempenho cósmico na divina peça do universo.

i. Compreensão Intuitiva de Símbolos Universais

Entre as experiências arquetípicas mais interessantes, encontram-se os *insights* a respeito de significados esotéricos. As experiências desta categoria dão base à compreensão de símbolos sugerida por Carl Gustav Jung (Jung, 1971, p. 473). Contrastando com a interpretação que Sigmund Freud fez dos símbolos como representando algo já conhecido mas questionável, Jung via os símbolos como as melhores representações possíveis de algo que pertence a um nível mais elevado de consciência e não pode, em princípio, ser expresso de outra forma. Longe de serem afirmações enigmáticas a respeito de funções biológicas simples, os símbolos universais referem-se a realidades transcendentais complexas. Aquilo que Freud descrevia como símbolos — alusões enigmáticas a elementos do mesmo nível de consciência — pode ser melhor denominado como signos.

Durante os estados incomuns de consciência, visões de diversos símbolos universais podem ter um papel significativo nas experiências de pessoas que anteriormente não tinham interesse em misticismo ou eram intensamente contra qualquer coisa esotérica. Estas visões tendem a trazer uma compreensão intuitiva imediata dos vários níveis de significado desses símbolos e a gerar um profundo interesse pelo caminho espiritual. Os símbolos mais freqüentes que tenho observado em minha pesquisa são a cruz, o círculo enquadrado, a suástica indo-iraniana, tanto em sua forma pacificadora quanto em sua forma agourenta, a antiga ankh egípcia (cruz do Nilo ou *crux ansata*), a flor do lótus, o yin-yang taoísta, o falo sagrado hindu (*Shiva lingam*) e a vulva sagrada (*yoni*), os diamantes e outras pedras preciosas, a roda budista, e a estrela de seis pontas, tanto em sua forma hebraica da estrela-de-davi quanto em sua forma tântrica como o símbolo da união entre as energias masculina e feminina.

As pessoas podem desenvolver uma compreensão precisa de diversos ensinamentos esotéricos complexos como um resultado deste tipo de experiências. Em alguns casos, pessoas que não conheciam a Cabala tiveram experiências descritas no Zohar e Sepher Yetzirah, e obtiveram *insights* surpreendentes a respeito dos símbolos cabalísticos. Outras pessoas foram capazes de descrever o significado e a função de mandalas intrincadas, utilizadas no Vajrayana tibetano e em outros sistemas tântricos. Pessoas que anteriormente haviam ridicularizado a astrologia, a alquimia e as antigas formas de adivinhação, como o I Ching e o Tarô, descobriram subitamente seus significados mais profundos e tiveram um reconhecimento genuíno de sua relevância metafísica. De modo semelhante, esses *insights* iluminadores podem abrir subitamente a mente de indivíduos céticos para os ensinamentos gnósticos, ou para as teorias pitagóricas dos sólidos geométricos e da ordem numérica no universo.

Um exemplo interessante de toda uma série de imagens e *insights* relativos ao símbolo universal da cruz pode ser encontrado no livro *Varieties of Psychodelic Experience* de Robert Masters e Jean Houston (Masters e Houston, 1966, p. 222). Este exemplo foi retirado de uma sessão psicodélica (100 microgramas de LSD-25) de um advogado que havia sido um estudante de teologia e abandonado o seminário por causa de dúvidas religiosas. Esta experiência foi disparada ao olhar para uma cruz ornamentada oferecida ao sujeito pelos experimentadores.

Eu vi Jesus crucificado e Pedro martirizado. Observei os primeiros cristãos morrerem na arena, enquanto outros movimentavam-se rapidamente nas ruas romanas, espalhando a doutrina de Cristo. Eu estava junto quando Constantino assombrou-se com a visão da cruz no céu. Eu vi Roma cair e a Idade Média começar, e observei como pequenas varinhas cruzadas eram vistas como a única esperança em dez mil cabanas miseráveis. Eu observei camponeses esmagando a cruz sob seus pés em algum rito obsceno numa floresta, enquanto em Bizâncio eles a glorificavam em mosaicos de joalheria e em grandes abóbadas de catedrais.

Minha mão tremeu, a cruz bruxuleou e a história tornou-se confusa. Martin Luther andava de braço dado com Billy Graham, seguido por São Tomás de Aquino e os exércitos das Cruzadas. Figuras da Inquisição levantavam dedos ossudos para feiticeiras enlouquecidas e uma grande gota de sangue caiu e congelou-se numa grande cruz coagulada. O papa João XXIII saudava efusivamente uma sorridente Joana d'Arc que queimava, e Savonarola saudava um pregador texano irascível e de rosto avermelhado. Bombardeiros voavam em uma formação em cruz, enquanto São Francisco pregava para os passarinhos.

Mil episódios saíram dos detalhes cintilantes daquela cruz e eu sabia que mais mil estavam aguardando sua vez. Mas então, e eu não sei como ou quando aconteceu, eu estava imerso nela, minha substância — física, mental e espiritual — estava totalmente absorvida na substância da cruz. Minha vida tornou-se os episódios cintilantes da história da cruz, e os cem mil acontecimentos restantes eram aqueles da história de minha própria vida. O menosprezo e a vitória da cruz eram repetidos infinitamente nos detalhes de minha própria vida. Era meu o menosprezo, e era minha a vitória. Eu fui o inquisidor e o santo, condenei falsamente e justifiquei sublimemente. E, como a cruz, eu também tinha de morrer e viver, e morrer, e viver e morrer para viver de novo e de novo. E talvez eu morresse mais uma vez. Mas agora eu sabia (e agora eu sei) que a redenção é algo constante, e a culpa é algo transitório.

j. Inspiração Criativa e Impulso Prometéico

Mesmo um estudo superficial da literatura a respeito de criatividade indica que a verdadeira inspiração artística, científica, filosófica e religiosa é mediada por estados incomuns de consciência e vem de fontes transpessoais. Os mecanismos relacionados à dinâmica do processo criativo parecem dividir-se em três grandes categorias.

A primeira refere-se a situações em que o indivíduo lutou por anos com um problema, e foi incapaz de encontrar a solução. Tipicamente, este período de preparação inclui observações numerosas, estudo de toda a literatura pertinente, e diversas tentativas fracassadas de resolver o problema com a lógica comum. Então, a solução vem num estado incomum de consciência — num sonho, durante um momento de exaustão, como uma alucinação causada por uma doença febril, ou em meditação. Este mecanismo pode ser ilustrado por muitos exemplos famosos.

O químico Friedrich August von Kekulé chegou à solução final para a fórmula do benzeno — a base da química orgânica — num sonho em que ele viu o anel de benzeno como uma pequena serpente Uroboros mordendo sua própria cauda. A forma do experimento crucial para descobrir a transmissão química dos impulsos neuronais ocorreu ao fisiologista Otto Loewi enquanto ele dormia e o levou ao prêmio Nobel. Werner Heisenberg encontrou a solução matemática para o problema da física quântica durante sua estada em Helgoland, quando sua consciência estava alterada por uma severa febre de feno. Em todos esses exemplos, o estado incomum de consciência parece ter interrompido as formas tradicionais de pensamento que impediam a solução e permitido uma nova síntese criativa.

Na segunda categoria, a forma geral de uma idéia ou sistema de pensamento aparece como uma inspiração súbita proveniente do domínio transpessoal, freqüentemente muito antes que o desenvolvimento do campo o justifique. Podem ser necessários anos, décadas ou mesmo séculos para se conseguir evidência suficiente para prová-lo. Exemplos antigos desse mecanismo seriam a teoria atomística de Leukippos e Demócrito, ou a idéia de que a vida evoluiu a partir do oceano, formulada pelo filósofo jônico Anaxágoras. O conceito da distribuição da informação sobre o universo em todas as suas partes, encontrado na antiga teoria jainista dos jivas, ou a idéia da mútua interpenetração de todas as coisas que forma a base do budismo avatamsaka (o *Hwa Yen* chinês e o *Kegon* japonês) parecia bizarro e absurdo antes da descoberta da natureza vibratória do universo e dos princípios holonômicos. Do mesmo modo, os antigos sistemas cosmogenéticos que viam a luz como o princípio criativo no universo receberam recentemente uma confirmação independente inesperada da ciência com a descoberta do papel especial dos fótons entre as partículas subatômicas, e no contexto da teoria de processo formulada por Arthur Young (Young, 1976).

Na terceira categoria estão exemplos do verdadeiro impulso prometéico, em que a inspiração vem na forma de um produto acabado, pronto para ser comunicado aos outros. Nikola Tesla construiu o gerador elétrico, uma invenção que revolucionou a indústria, depois que seu plano completo e um protótipo em funcionamento lhe apareceram muito detalhadamente numa visão. Albert Einstein descobriu os princípios básicos de sua teoria da relatividade num estado incomum de consciência; de acordo com sua descrição, a maioria dos *insights* lhe vinham sob a forma de sensações cinestésicas em seus músculos. Supõe-se que Richard Wagner tinha alucinações com suas músicas enquanto estava compondo, e Wolfgang Amadeus Mozart afirmava que ele freqüentemente encontrava suas sinfonias em sua forma final em sua mente antes de escrevê-las. Os mandamentos da fé muçulmana foram comunicados a Maomé num estado visionário em que ele sentia a presença de Alá e estava num estado de "êxtase que se aproximava da aniquilação".

142

l. Experiência do Demiurgo e Insights *sobre a Criação Cósmica*

Neste tipo de experiência, a pessoa tem a sensação de encontrar o Criador do universo, ou mesmo identificar-se plenamente com ele. Isto pode ser acompanhado por *insights* extraordinários a respeito do processo da criação, seus motivos, mecanismos específicos, propósito e problemas. Neste nível, o Criador usualmente tem muitas características pessoais, embora não necessariamente uma forma antropomórfica. É possível sentir as forças que subjazem e iniciam o processo de criação. Diversas pessoas as identificaram como abundância excessiva de energia geradora, impulso artístico irresistível, curiosidade ilimitada, paixão pela experimentação, sede de conhecimento ou autoconhecimento, busca de experiência, imenso amor que queria ser expresso, ou mesmo fuga da monotonia e do tédio.

Experiências deste tipo podem levar a pessoa a questões sérias a respeito de seu papel no universo. Algumas pessoas se sentem exaltadas ao descobrir que podem se identificar experiencialmente com o Criador e obtêm uma metaperspectiva inteiramente nova em relação a seus problemas cotidianos. Elas descobrem que é difícil sentir-se vítima de circunstâncias adversas no universo, depois de perceberem que, em outro nível, elas são idênticas à força que as criou.

Outras pessoas, ainda, estão fortemente apegadas à sua identidade de todos os dias, e sentem a necessidade de encontrar um objetivo específico para sua existência nesta forma. A idéia de que os seres humanos são atores numa peça cósmica predeterminada pode ser inspiradora ou desencorajadora. Pessoas diferentes tendem a vivenciar cenas diferentes e encontrar suas próprias respostas em relação a isto. Para algumas destas pessoas, o mundo fenomenal é uma ilusão, e o propósito mais elevado é acordar para este fato. Para outros, os humanos têm um papel genuíno a desempenhar como agentes inteligentes ajudando a facilitar a evolução ou a remover do esquema universal os elementos que são indesejáveis mais os produtos colaterais inevitáveis da criação.

O Demiurgo pode ser visto como a força suprema da existência, comparável ao conceito de Deus nas diversas religiões. Contudo, em alguns casos, ele é um dos criadores de muitos universos, ou o criador de muitos universos. Algumas pessoas relataram até mesmo experiências em que havia uma *díade* masculino-feminina de criadores, semelhante às cosmologias de algumas culturas não-ocidentais, ou uma situação em que este universo foi criado no processo de um jogo que envolvia diversas entidades superiores.

O relato que eu usarei aqui como ilustração deste tipo de experiência vem de uma sessão psicodélica com uma dose elevada de LSD-25.

O que aconteceu a seguir foi uma tremenda expansão da consciência. Eu estava no espaço interestelar, observando galáxias após galáxias sendo criadas bem na frente de meus olhos. Eu senti que estava me movendo mais rápido do que a luz. Havia galáxias passando por mim, uma após a outra. Eu estava me aproxi

143

mando de uma explosão de energia central de onde tudo no universo parecia se originar. Era a Fonte de tudo que havia sido criado. Conforme eu chegava mais perto dessa área, sentia o calor incandescente que emanava dela. Era uma fornalha gigantesca, a fornalha do universo.

A sensação de calor estava aumentando até proporções inimagináveis, e o mesmo acontecia com a intensidade da luz. Eu reconheci que o incêndio que estava experienciando era o incêndio do Fogo Purificador. Conforme cheguei mais perto, senti que minha identidade estava mudando: eu ia deixando de ser uma manifestação dessa energia para me tornar a energia em si. Parecia que momentaneamente eu havia entrado no próprio cerne desta Fornalha Universal de criação cósmica. A experiência era extática e cheia de uma sensação do Poder Infinito.

Entendi subitamente o princípio subjacente à organização do cosmos. Era a Consciência Universal atuando numa série infinita de dramas, na forma em que podemos ver representada no palco de um teatro ou nos filmes. Nessa peça, ela joga um jogo de perder-se com o objetivo de encontrar-se novamente. Esta Consciência Universal mergulharia na separação, rejeição, dor, mal, agonia e escuridão para experienciar a infinita alegria de redescobrir seu estado original de paz e segurança. Sua verdadeira identidade é a unidade indivisível, além da negatividade e todo tipo de dualidade. Ela teve de criar a ilusão de espaço, matéria e tempo, e também as categorias do mal, escuridão, dor e destruição para criar a jornada.

Continuei a pensar sobre a analogia dos filmes; ela parecia particularmente adequada para uma metáfora do processo da criação. O que eu estava vivenciando em minhas sessões psicodélicas era como virar as costas às diversas imagens projetadas na tela e olhar diretamente para a luz do projetor.

Uma única fonte de luz criando um número infinito de imagens e cenas projetadas na tela! Era possível seguir o raio de luz até o interior do projetor. Era desse vazio que a luz provinha. O filme seria então um equivalente dos arquétipos, determinando o tipo de experiências criadas pela projeção, como um *continuum* tetradimensional espaço-temporal.

m. Experiência da Consciência Cósmica

As pessoas que vivenciam a identificação com a Consciência Cósmica têm a sensação de abarcar a totalidade da existência e alcançar a Realidade subjacente a todas as realidades. Elas sentem, além de qualquer sombra de dúvida, que estão conectadas com o princípio supremo e definitivo do Ser. Este princípio é o único mistério real; uma vez que sua existência seja aceita, tudo mais pode ser explicado e entendido. As ilusões da matéria, espaço e tempo, bem como um número infinito de outras formas e níveis de realidade, foram completamente transcendidos e reduzidos a este único princípio misterioso como sua fonte e denominador comum.

Esta experiência é ilimitada, insondável e inefável. A comunicação verbal e a estrutura simbólica de nossa linguagem parecem ser meios ridiculamente inadequados para capturá-la e comunicar suas qualidades. Nosso mundo fenomenal e tudo o que vivenciamos nos estados comuns de consciência dissolvem-se na luz dessa percepção suprema como se fossem aspectos limitados,

144

ilusórios e idiossincráticos desta Realidade única. Este princípio está claramente além de qualquer compreensão racional, mas mesmo uma curta exposição experiencial a ele satisfaz a todos os anseios intelectuais e filosóficos do indivíduo. Todas as questões que foram formuladas parecem ser respondidas, ou não há necessidade de formular nenhuma questão.

A forma mais próxima de descrever a natureza desta experiência é fazê-lo em termos de conceito de *saccidānanda* que aparece nas escrituras filosóficas e religiosas indianas. Esta palavra sânscrita composta consiste em três raízes diferentes: *sat*, que significa existência ou ser; *chit*, usualmente traduzida como consciência ou conhecimento; e *ānanda*, que significa êxtase. A Consciência Cósmica sem forma, sem dimensões e intangível pode ser descrita como Existência Infinita, Consciência e Conhecimento Infinitos, Êxtase Infinito. Contudo quaisquer palavras referem-se primariamente aos fenômenos e processos da realidade material e são, portanto, apenas tentativas limitadas para comunicar a essência desse princípio transcendental.

A única forma que temos para expressá-la é colocar as primeiras letras das palavras em maiúsculas, uma prática que é encontrada nos escritos de pacientes psicóticos que tentam desesperadamente comunicar seu mundo inefável. As pessoas que tiveram experiências desse tipo comentaram freqüentemente o fato de que a linguagem poética, embora ainda muito imperfeita, parece ser um instrumento mais apropriado e adequado para este objetivo. A arte imortal de escritores transcendentais como Hildegard von Bingen, Rumi, Kabir, Mirabai, Omar Khayyam, Kahlil Gibran, Rabindranath Thakur, ou Sri Aurobindo merece ser mencionada neste contexto.

A seguinte experiência, de uma sessão com 150 miligramas de Ketalar (quetamina), combina elementos de consciência cósmica, identificação com outras pessoas e o domínio celestial arquetípico ou Paraíso.

> Eu tive a sensação da presença de muitos de meus amigos com quem compartilho um sistema de valores, e uma certa direção ou propósito de vida. Eu não os estava vendo, mas de alguma forma os estava percebendo em sua totalidade através de um complexo processo de identificação de áreas de concordâncias e diferenças entre nós, tentando eliminar pontos de atrito por um procedimento quase alquímico de neutralização.
>
> Num certo momento, parecia que nós havíamos nos unido e nos tornado uma rede completamente unificada, uma entidade com um propósito claro e sem contradições internas. E então esse organismo transformou-se no que eu chamei de "nave espacial na consciência". Nós começamos a fazer um movimento que combinava os elementos de um vôo espacial com uma representação altamente abstrata da evolução da consciência.
>
> Em minhas sessões psicodélicas anteriores, eu havia experienciado e aceitado filosoficamente a imagem hindu do universo como *lila*, ou Peça Divina. Nessa espécie de jogo cósmico de esconde-esconde, tudo já é conhecido e já aconteceu, em algum nível. A única tarefa, para o indivíduo, é levantar o véu da ignorância e superá-la. O que eu estava vivenciando agora era novo e muito excitante. Parecia

que a verdadeira evolução era uma possibilidade real e que cada um de nós poderia ter uma parte importante nela. Esta evolução levaria a dimensões que eu não percebia em minha vida cotidiana e que não havia descortinado em meus estados incomuns de consciência anteriores.

O movimento estava se tornando cada vez mais rápido até que alcançou o que parecia ser um limite absoluto, algo como aquilo que a velocidade da luz é no universo einsteiniano. Nós todos sentíamos que era possível ultrapassar este limite, mas que o resultado seria absolutamente imprevisível e potencialmente perigoso. Num espírito altamente intrépido, que caracteriza o grupo de pessoas envolvidas, nós decidimos ir em frente e encarar o Desconhecido.

Quando o limite foi ultrapassado, a experiência mudou de dimensões, numa forma que é difícil descrever. Em vez de um movimento no espaço, parecia haver uma imensa extensão da consciência. O tempo parou e nós entramos num estado que identifiquei como a consciência do âmbar. A manifestação externa deste estado, em que o tempo está congelado, é o fato de que as formas de vida, como plantas e insetos, estão preservadas em âmbar num estado imutável por milhões de anos, e o próprio âmbar é uma resina proveniente de uma substância orgânica mineralizada.

Nós passamos por um processo de purificação pelo qual toda referência à vida orgânica foi eliminada da experiência. Eu percebi que o estado de consciência em que me encontrava era o do diamante. Parecia muito importante o fato de o diamante ser puro carbono, um elemento em que toda a vida se baseia, e ser criado em condições de temperaturas e pressões extremas. Era como se o diamante contivesse toda a informação sobre a vida e a natureza numa forma absolutamente pura e condensada, como o computador definitivo.

Todas as outras propriedades físicas do diamante pareciam estar apontando para seu significado metafísico — beleza, transparência, brilho, permanência, imutabilidade e a capacidade de trazer para fora da luz branca um rico espectro de cores. Eu senti que entendia por que o budismo tibetano é chamado de Vajrayana; a única forma em que eu podia descrever este estado de êxtase cósmico supremo era referir-me a ele como "consciência do diamante". Parecia estar aqui toda a energia criativa e toda a inteligência do universo, como consciência pura que existia além do espaço e do tempo. Era totalmente abstrato, embora contivesse todas as formas e segredos da criação.

Eu estava flutuando nesta energia, como um ponto de consciência sem dimensões, totalmente dissolvido, embora mantivesse algum sentido de identidade separada. Eu tinha consciência da presença dos amigos que fizeram a jornada comigo; eles não tinham forma, mas estavam distintamente presentes. Nós todos sentíamos que havíamos alcançado o estado de plenitude suprema; havíamos alcançado a fonte e o destino final, tão perto do Paraíso quanto eu poderia imaginar.

n. O Vazio Supracósmico e Metacósmico

A experiência do Vazio é a mais enigmática e paradoxal de todas as experiências transpessoais. É a identificação vivencial com o Vazio, o Nada, e o Silêncio primordiais, que parecem ser a origem final de toda existência. Embora seja a fonte de tudo, não pode ser derivado de nada; é o Supremo não-criado e inefável. Os termos supracósmico e metacósmico, usados por indivíduos intelectuais para descrever esta experiência, referem-se ao fato de que este Vazio parece ser, ao mesmo tempo, supra-ordinal subjacente ao cosmos fenomenal, da forma como o conhecemos.

O Vazio está além do tempo e do espaço, além de qualquer forma, e além de polaridades, como luz e escuridão, bem e mal, estabilidade e movimento, e êxtase e agonia. Embora não exista nada concreto neste estado, nada do que é parte da existência parece estar faltando. Este vazio, portanto, num certo sentido, está "grávido" com toda a existência, pois contém tudo em forma potencial. Esta experiência tem uma certa semelhança com a experiência do espaço interestelar e com o conceito do vazio dinâmico, conhecido na física quântica relativística, embora esteja num nível metafísico muito mais elevado do que qualquer um deles.

A experiência do Vazio também transcende nossos conceitos comuns de causalidade. As pessoas que tiveram esta experiência aceitam como auto-evidente o fato de que diversas formas de mundos fenomenais podem emergir para a existência, a partir desse vazio, sem nenhuma causa óbvia. A possibilidade de que algo se origine do nada, ou de que algo desapareça sem deixar traços, não parece absurda, como pareceria para a consciência cotidiana. A idéia de que algo aconteça sem um precedente tangível, uma causa suficiente, ou um impulso inicial, simplesmente não é questionada nesse nível de experiência. Algumas passagens paradoxais e enigmáticas dos textos budistas que igualam forma e vazio, e vazio e forma, subitamente parecem claras como cristal. O Vazio é um vazio "grávido" de formas, e as muitas formas nos diversos níveis da existência são essencialmente vazias.

Experiências Transpessoais de Natureza Paranormal

Os fenômenos transpessoais de natureza paranormal têm características peculiares. Por um lado, eles são, claramente, acontecimentos intrapsíquicos subjetivos; por outro lado, eles estão significativamente conectados com mudanças físicas específicas no mundo da realidade consensual. O último aspecto pode ser observado, compartilhado, e até mesmo medido pelos outros. O termo *paranormal* que eu estou usando sugere que esses fenômenos são estranhos híbridos que pertencem à zona fronteiriça entre a consciência e a matéria. Carl Gustav Jung usou o termo *paranormal* em relação a algumas propriedades dos arquétipos e a acontecimentos sincrônicos que envolviam a psique e elementos do mundo material (Jung, 1964). Tomei a liberdade de estendê-lo a outros tipos de fenômenos discutidos nesta seção.

As descrições de todos os fenômenos transpessoais discutidos anteriormente são baseadas em experiência própria. Eu os observei repetidamente em sessões psicodélicas de meus clientes, e durante *workshops* que incluíam respiração holotrópica. Além disso, vivenciei a maior parte deles pessoalmente, nos meus próprios estados incomuns de consciência. Comparativamente, tive apenas uma experiência limitada com os fenômenos paranormais descritos nesta seção, com exceção de sincronicidades — uma ocorrência comum no trabalho de todos os pesquisadores dos estados incomuns de consciência. Contudo sinto intensamente que os eventos paranormais deveriam pelo menos ser mencionados brevemente neste contexto, a despeito de sua natureza altamente controvertida. Há diversas razões para incluí-los numa discussão ampla de experiências transpessoais.

A primeira razão é que os fenômenos paranormais foram descritos na literatura mística de diversas culturas de todas as épocas, com consistência suficiente para merecer atenção séria. Eles são tipicamente discutidos em conexão com muitos outros tipos de experiências transpessoais, cuja existência foi confirmada pela moderna pesquisa da consciência. Além disso, na psicologia junguiana, na psiquiatria experimental e na parapsicologia contemporânea existe evidência direta para alguns dos fenômenos paranormais. E, finalmente, o ambiente científico está gradualmente tornando-se mais aberto para um estudo imparcial deste domínio.

O obstáculo principal para a pesquisa séria das manifestações paranormais tem sido uma compreensão mecanicista da consciência e de sua relação com a matéria, que é característica da ciência newtoniano-cartesiana. A afirmação autoritária de que a consciência é um produto acidental da matéria e um epifenômeno de processos fisiológicos no cérebro torna a existência de eventos paranormais impossível e absurda por princípio. O desenvolvimento moderno em diversas disciplinas científicas, incluindo a física quântica-relativística, a teoria de informação e de sistemas, a biologia, a tanatologia, a neurofisiologia e a pesquisa psicodélica, sugere que a mente e possivelmente a consciência são propriedades inerentes à natureza e ao cosmos. No contexto do paradigma científico emergente, a existência de diversos fenômenos paranormais parece possível e, num certo sentido, plausível. A tarefa futura para a pesquisa séria continua sendo o exame científico imparcial das afirmações e relatos, e a reformulação moderna das teorias subjacentes.

Alguns aspectos dos acontecimentos paranormais podem ser discutidos em termos psicológicos; outros, em termos estritamente físicos. A proporção desses dois componentes varia de um tipo de experiência paranormal para outro, e também varia entre acontecimentos diferentes de uma mesma categoria. Mesmo em relação a um mesmo evento ele freqüentemente pode ser influenciado pelas circunstâncias e pelo ponto de vista das pessoas envolvidas. Em muitos casos, os eventos paranormais são suficientemente multiformes para permitir tanto a interpretação psicológica quanto a física, dependendo da abordagem do pesquisador. As surpreendentes e freqüentes falhas de equipamentos eletrônicos que ocorrem em momentos críticos de experimentos parapsicológicos, coincidências estranhas que interferem com a gravação, que seria

148

a evidência mais convincente, ou a ambigüidade de várias informações na investigação dos fenômenos OVNI podem ser mencionados como exemplos disto. Há fortes indicações de que este esquivamento poderia ser uma característica inerente dos eventos paranormais, e não uma razão para questionar sua existência e validade.

Os fenômenos paranormais podem ser divididos em três grandes categorias. A primeira delas inclui sincronicidades incomuns, ligando diversos tipos de experiências transpessoais a eventos físicos no mundo fenomenal. Neste caso, a consciência interage em uma forma peculiar com o mundo da matéria para criar *gestalts* significativas. Contudo não é necessário assumir que a consciência intervenha ativamente na realidade material e produza mudanças físicas. Os acontecimentos materiais, em si mesmos, estão firmemente baseados no mundo newtoniano; eles seguem o princípio de causa e efeito, e não estão em conflito com as leis naturais aceitas tradicionalmente.

Na segunda categoria estão acontecimentos paranormais, em que processos psicológicos parecem influenciar a realidade física e mudar as leis que a ciência mecanicista vê como obrigatórias. Contudo, esses eventos ocorrem em uma forma natural e não como resultado de uma intenção consciente específica. As pessoas podem criar deliberadamente um contexto para sua ocorrência, como no caso de acontecimentos paranormais que ocorrem durante diversas atividades esportivas dirigidas para um objetivo, ou durante sessões espíritas (mediunidade física), mas elas não desejam conscientemente que os eventos ocorram. Exemplos adicionais de experiências paranormais deste tipo são estigmas, *Poltergeist*, experiências de "discos voadores"(OVNIS) e luminosidade do corpo de santos e mestres espirituais.

Finalmente, a terceira categoria contém casos de psicocinese intencional, ou intervenção específica e deliberada, no mundo físico, por meios psicológicos. Encontram-se aqui as muitas formas de cura espiritual, rituais de culturas aborígenes com o objetivo de fazer chover ou com outras razões pragmáticas, diversas formas de magia, controle voluntário de funções autônomas, poderes sobrenaturais (*siddhis*) dos iogues, fenômenos de transe, movimento de objetos pela vontade, hipnose a distância, experimentos de laboratório com psicocinese e outros.

1. Vínculos Sincrônicos entre Consciência e Matéria

O princípio da sincronicidade foi descrito primeiramente por Carl Gustav Jung como uma alternativa significativa à causalidade linear que domina o pensamento da ciência newtoniano-cartesiana. Segundo ele, a sincronicidade é um princípio conector acausal que se refere a coincidências significativas de acontecimentos separados no tempo e/ou espaço (Jung, 1960). A sincronicidade pode ter muitas formas diferentes; algumas delas conectam indivíduos e eventos em locais diferentes, outras efetuam esta conexão através do tempo. Neste contexto, focalizarei a forma mais interessante de sincronicidade — aquela que conecta eventos intrapsíquicos de um indivíduo em particular, como sonhos, visões espontâneas, estados meditativos, fenômenos psicodélicos, ou experiências de quase-morte, com acontecimentos físicos em sua própria vida.

Eventos sincrônicos deste tipo podem estar associados com todas as formas de experiências transpessoais e, ocasionalmente, com diversos aspectos do processo perinatal. Um dos exemplos do próprio Jung é a famosa história de um raro espécime de besouro dourado que bateu no peitoril da janela de seu escritório, no exato momento em que ele estava discutindo o simbolismo do escaravelho egípcio no sonho de um paciente, que era particularmente resistente a qualquer noção do domínio transpessoal (Jung, 1961). Eu já descrevi os eventos sincrônicos particularmente importantes que freqüentemente estão envolvidos no reviver memórias de vidas passadas. Outro exemplo típico é a freqüente ocorrência de situações perigosas e acidentes nas vidas das pessoas que, em sua exploração interna, chegaram perto da morte do ego — mesmo aqueles acidentes causados por outras pessoas ou por fatores externos independentes. Quando essas pessoas encaram a morte do ego em seu processo interno e vivenciam o renascimento, tais situações tendem a desaparecer tão magicamente quanto aconteceram.

De modo semelhante, quando um indivíduo tem uma poderosa experiência de tipo xamânico que envolve um espírito guia animal, este animal pode aparecer subitamente na vida dessa pessoa, sob várias formas, com uma freqüência muito além de qualquer probabilidade razoável. No momento da confrontação interna com as imagens arquetípicas do Animus, Anima, Velho Sábio ou Mãe Terrível Divina, exemplos ideais dessas figuras emergirão na vida cotidiana do indivíduo envolvido. Muitas pessoas experimentaram o fato de que, ao se envolverem altruisticamente num projeto que foi inspirado pelos domínios transpessoais da psique, sincronicidades incríveis tendem a ocorrer e tornam seu trabalho surpreendentemente fácil.

É importante saber que sincronicidades extraordinárias podem aparecer na vida de pessoas que se envolvem na exploração experiencial do domínio transpessoal. A psiquiatria tradicional não distingue entre as verdadeiras sincronicidades e a interpretação psicótica do mundo. Qualquer afirmação de coincidências extraordinárias na narrativa do paciente será automaticamente rotulada como ilusões de referência, e considerada como um sintoma de doença mental. Contudo, um pesquisador de mente aberta descobrirá que no caso das verdadeiras sincronicidades qualquer pessoa que tenha acesso aos fatos terá de admitir que as coincidências envolvidas estão além de quaisquer probabilidades estatísticas.

Jung tinha consciência do fato de que o fenômeno da sincronicidade era incompatível com o pensamento tradicional em ciência. Ele se interessou muito pelos desenvolvimentos na física quântico-relativística e na visão de mundo

150

alternativa que ela sugeria. Foi Albert Einstein quem, durante uma visita pessoal, encorajou Jung a prosseguir com sua idéia da sincronicidade, pois a considerava plenamente compatível com o novo pensamento na física (Jung, 1973). Jung também estabeleceu uma amizade com Wolfgang Pauli, um dos fundamentadores da física quântica; o ensaio de Jung sobre sincronicidade foi, durante anos, tradicionalmente publicado em conjunto com o trabalho de Pauli sobre o papel dos arquétipos no pensamento do astrônomo Johanness Kepler (Pauli, 1955). Os fenômenos sincrônicos na psicologia transpessoal parecem ter alguma semelhança com os problemas da física quântica relativos ao teorema de Bell (Bell, 1966, Capra, 1982).

Eu vi muitos exemplos de sincronicidades admiráveis em meu trabalho com terapia psicodélica e holotrópica, e também em torno do falecido Swami Muktananda, mestre da linhagem de Siddha Yoga. Contudo, gostaria de usar aqui como ilustração uma história extraordinária contada pelo famoso mitologista Joseph Campbell, num seminário a que eu e minha esposa Christina assistimos no Instituto Esalen. Ele usou esta história para responder a uma pergunta de um dos participantes sobre Jung e as conexões não-causais no universo:

> Eu contarei a vocês um exemplo de sincronicidade na minha própria vida. Nós estávamos vivendo na cidade de Nova York, no décimo quarto andar de um prédio de apartamentos na Waverly Place com Sexta Avenida. A última coisa que você esperaria ver em Nova York seria um louva-a-deus. O louva-a-deus tem o papel do herói no folclore dos bosquímanos. Eu estava lendo a mitologia dos bosquímanos — toda a respeito do louva-a-deus. A sala em que eu estava lendo tinha duas janelas; uma delas dava para a Sexta Avenida, e a outra para o rio Hudson. Era por esta janela que eu olhava o tempo todo: eu não creio que tenha aberto a janela da Sexta Avenida por mais de duas vezes durante os quarenta anos em que vivemos ali.
>
> Eu estava lendo sobre o louva-a-deus — o herói — e subitamente senti o impulso de abrir a janela que dava para a Sexta Avenida. Eu a abri, olhei para a direita e havia um louva-a-deus subindo no prédio. Ele estava lá, justo no parapeito da minha janela! Ele era grande assim [mostrando o tamanho]; ele olhou para mim, e sua cabeça parecia a cabeça de um bosquímano. Isto me deu arrepios! Vocês poderiam dizer que isto foi uma coincidência, mas quais são as probabilidades de que algo como isto aconteça por acaso?

2. Acontecimentos Paranormais Espontâneos

a. Atos Físicos Supernormais

Na literatura espiritual e mística de todas as épocas, podem-se encontrar numerosas descrições de mudanças fisiológicas espetaculares no corpo ou de realizações aparentemente impossíveis efetuadas por pessoas em diversos estados mentais extraordinários. As mudanças somáticas vão desde estigmas que aparecem durante arrebatamentos extáticos, para os quais se poderia tentar encontrar algumas explicações tradicionais, até situações tão extremas como luminosidade do corpo de vários santos, ou relatos ocasionais de combustão espontânea de todo o corpo.

De modo similar, muitos dos eventos que ocorrem no contexto de diversas artes marciais podem parecer supernormais. Alguns deles acontecem numa forma espontânea e natural, outros envolvem concentração e intenção e, portanto, pertencem à próxima categoria. Em seu livro *Psychic Side of Sports*, Michael Murphy e Rhea White (Murphy e White, 1978) coletaram histórias que evidenciavam feitos atléticos fascinantes, que beiravam o impossível, e sugeriram a participação de mecanismos paranormais. Murphy e sua equipe estão também conduzindo uma pesquisa histórica extensa de todas as manifestações extraordinárias envolvendo mente e corpo, documentadas no decorrer das épocas, no chamado Projeto de Transformação Corporal, juntamente com o Instituto Esalen, em Big Sur, Califórnia.

b. Fenômenos Espíritas e Mediunidade Física

Um outro grupo de fenômenos que pertencem a esta categoria tem sido tradicionalmente estudado por parapsicólogos. Um grande número de pessoas teve experiências estranhas em numerosos castelos, casas e outros locais "mal-assombrados". Pessoas diferentes, que não haviam tido conhecimento anterior do fenômeno, tiveram freqüentemente experiências muito semelhantes, ou até mesmo iguais. Em alguns casos, as mesmas coisas foram percebidas simultaneamente por várias testemunhas; em outros casos, as experiências estiveram associadas a algumas mudanças detectáveis objetivamente. Um exemplo moderno deste fenômeno é o episódio que Carl Gustav Jung descreveu em sua autobiografia (Jung, 1961). Num determinado momento de sua vida, ele sentia presenças de espíritos em sua casa e ouvia suas vozes. Estas experiências foram compartilhadas e confirmadas por outros membros de sua família. Ele concordou em escrever as comunicações dos espíritos, e produziu seu famoso *Septem Sermones Ad Mortuos* [*Sete Sermões aos Mortos*], um texto gnóstico, assinado com o nome Basilides (Jung, 1982).

De modo semelhante, em algumas sessões espíritas, que envolveram o que J. B. Rhine chamou mediunidade física, os participantes compartilharam algumas experiências, como batidas no chão e nas paredes, toques de mãos invisíveis, vozes falando de lugar nenhum, som de instrumentos musicais e correntes de ar frio. Em alguns casos, isto era combinado com aparições de pessoas falecidas, ou vozes destas pessoas ouvidas independentemente ou por um médium. Em casos extremos, afirmava-se que isto envolvia telecinese e materializações — levitação de objetos e pessoas, projeção de objetos pelo ar, manifestação de formações ectoplásmicas e aparição não explicada de escritos ou objetos (também denominados *"apports"*).

Mesmo médiuns famosos como Eusapia Palladino foram ocasionalmente descobertos trapaceando, e fraude e conhecimento sério formam um amálgama estranho na história da parapsicologia. Mesmo assim, é difícil imaginar que tanta atenção seria dada a um campo se não houvesse fenômenos reais a serem observados. De qualquer forma, podemos concluir seguramente que em nenhuma outra área de estudo o testemunho inequívoco de tantos observadores do mais alto calibre foi descartado como estupidez. Alguns pesquisadores com credenciais muito elevadas compartilharam esse destino, como o médico e fisiologista vencedor do prêmio Nobel Charles Richet, e *Sir* Oliver Lodge, um membro da Royal Society na Inglaterra.

c. Psicocinese Espontânea Recorrente (Poltergeist)

A psicocinese espontânea recorrente (RSPK), para a qual os parapsicólogos adotaram o termo alemão *Poltergeist* (literalmente, o espírito que bate), inclui uma surpreendente variedade de acontecimentos: movimentos e destruição de objetos domésticos, arremesso de lama e pedras, produção de vários sons (pancadas, explosões, arranhões, assobios, canto ou fala) e mesmo teleportação-concentração misteriosa de diversos objetos dentro ou fora de salas ou armários trancados. Muitos casos de *Poltergeist* têm sido estudados pelos pesquisadores contemporâneos, enquanto a mediunidade física em suas formas extremas parece quase desaparecida nos tempos modernos.

A mais extensa série moderna de investigações sobre o fenômeno de *Poltergeist (Spuck)* foi conduzida na Alemanha Ocidental, sob a meticulosa orientação científica do famoso pesquisador em parapsicologia Hans Bender. Durante os últimos trinta e cinco anos, a equipe do Instituto para o Estudo das Fronteiras da Psicologia e Psico-higiene em Freiburg (Freiburg Institut Fuer Grenzgebiete der Psychologie und Psychohygiene) examinou sessenta e cinco casos e acumulou evidências admiráveis desse fenômeno. Alguns desses casos foram relatados nos livros de Hans Bender, juntamente com outros materiais fascinantes da parapsicologia, sobre telepatia, sonhos pré-cognitivos, curvatura psicocinética de metais, material oculto relativo à guerra, e OVNIS (Bender, 1984ab, 1985). O caso moderno mais famoso de *Poltergeist* na Califórnia foi o ocorrido em Oakland, estudado por Arthur Hastings (Hastings, 1978). Parece haver uma concordância geral de que os fenômenos *Poltergeist* estão relacionados a sentimentos instintivos reprimidos de uma pessoa específica (usualmente adolescente ou com deficiência mental).

Eu gostaria de ilustrar esta categoria com um caso relatado por Hans Bender (Bender, 1984b). Ele é de interesse especial porque pelo menos quarenta pessoas testemunharam diretamente os fenômenos envolvidos ou suas conseqüências. Entre estas pessoas havia técnicos altamente qualificados, médicos, físicos, psicólogos e policiais. O caso foi amplamente divulgado pela televisão e pelos jornais.

No fim de novembro de 1967, uma enigmática série de eventos ocorreu no escritório de advocacia Adam, na cidade bávara de Rosenheim. Lâmpadas fluorescentes, presas a um teto 2,5 m acima do solo, eram repetidamente desligadas. Os eletricistas descobriram que elas estavam sendo rodadas 90 graus a partir de sua posição original. Houve relatos sobre barulhos altos, desconexão espontânea de interruptores e desaparecimento do fluido na máquina copiadora. Os quatro telefones (Siemens) freqüentemente tocavam ao mesmo tempo, as conversas telefônicas eram interrompidas e as ligações perdidas. O equipamento estava registrando chamadas inexistentes, e a conta de telefone chegou a níveis sem precedentes. A todos esses eventos somou-se mais tarde o movimento espontâneo de quadros, incluindo rotações de 360 graus. Diversas lâmpadas fluorescentes caíram do teto, colocando as pessoas em perigo. Os técnicos que foram chamados para ajudar trocaram as lâmpadas fluorescentes por lâmpadas comuns. Mas as lâmpadas começaram a balançar e a explodir. Os equipamentos de medida e gravação instalados especialmente detectaram descargas de mais de 50 A durante as quais os interruptores não interrompiam o circuito. Hans Bender chamou dois especialistas do Institute for Plasma Physics em Munique-Garching, que realizaram medidas oscilográficas complexas. Os distúrbios elétricos continuaram, embora tivessem eliminado todas as possíveis causas físicas. Os distúrbios eram tão sérios que o escritório de advocacia Adam abriu um processo na polícia criminal contra "Desconhecido" (*"Unbekannt"*).

Hans Bender foi capaz de seguir esses fenômenos até uma jovem de dezenove anos, Annemarie Shc. Ele concluiu que o "campo afetivo" necessário era criado por seu forte interesse emocional por seu patrão, uma situação específica no escritório e o extraordinário interesse público no caso. Todos os fenômenos pararam imediatamente quando Annemarie foi transferida para outro emprego. Vale a pena mencionar um dos resultados da análise dos físicos. Eles concluíram que para conseguir registrar chamadas telefônicas sem o movimento mecânico de discagem seria necessária uma inteligência que tivesse conhecimento técnico preciso e fosse capaz de estimar intervalos de tempo da dimensão de milésimos de segundo.

d. Objetos Voadores Não-Identificados

O último fenômeno desta categoria que eu gostaria de discutir é o dos OVNIS (objetos voadores não-identificados), popularmente conhecidos como "discos voadores". Já descrevi, anteriormente, que as experiências subjetivas de visão de naves espaciais físicas ou metafísicas, contato com suas tripulações ou equipamentos, ou mesmo encontros pessoais com os alienígenas, são freqüentes nos estados incomuns de consciência. Neste contexto, vou limitar a discussão àqueles casos em que os relatos subjetivos estão associados com alguma evidência física. Há razões para acreditar que as conclusões retiradas dos projetos *Grudge* e *Blue Book* da Força Aérea americana foram politicamente motivadas.

Isto também parece verdadeiro em relação a uma comissão especial da Universidade do Colorado que atribuiu virtualmente todas as evidências físicas a causas naturais — balões, meteoros, pássaros, reflexões de luz e outros. Como no caso dos fenômenos parapsicológicos, muitos dos relatos de OVNIS foram feitos por pessoas que eram emocionalmente estáveis, bem-educadas e treinadas, inteligentes e articuladas. Há boas razões para supor que os fenômenos OVNI são eventos paranormais, nos quais as manifestações psicológicas e físicas podem estar combinadas em diversas proporções. Esta característica tornaria muito difícil estudá-los no contexto da ciência mecanicista com sua dicotomia rígida: material ou psicológico. Uma discussão detalhada do material histórico e moderno sobre OVNIS, que está repleto de muitas controvérsias, estaria claramente além do âmbito desta discussão. Indicarei aos leitores interessados o fascinante livro de Carl Gustav Jung *Flying Saucers: A Modern Myth of Things Seen in the Skies* (Jung, 1964) e os escritos de Jacques Vallée, que dedicou muitos anos de sua vida ao estudo intenso e sistemático dos fenômenos OVNI (Vallée, 1965).

3. Psicocinese Intencional

A psicocinese intencional pode ser definida como a habilidade de influenciar o ambiente material sem a intervenção física do corpo (músculos e glândulas), simplesmente ao desejar que os acontecimentos ocorram ou ao realizar atos que não têm uma relação comum de causa-e-efeito com o resultado.

a. Magia Cerimonial

Muitas culturas antigas e não-ocidentais realizaram cerimônias elaboradas para fazer chover, ter boa colheita, conseguir sucesso na caça ou outra vantagem prática. Os quatro oráculos no budismo tibetano, que tem suas raízes na antiga tradição Bon, têm a reputação de serem capazes de controlar o estado atmosférico. Exemplos de muitas outras formas de magia foram descritas na literatura mística e oculta ao longo das épocas. Os fenômenos deste tipo merecem séria atenção dos cientistas de mente aberta. Por mais bizarro que tudo isto possa parecer para uma mente moderna, criada na tradição da ciência materialista, há boas razões para acreditar que essas atividades pertencem à categoria paranormal, e estão freqüentemente associadas a acontecimentos correspondentes no mundo físico. É inconcebível que procedimentos como rituais de cura e cerimônias de chuva possam ter sido conduzidos repetidamente por séculos, sem resultados. Seria difícil para um xamã manter sua imagem e reputação contra tal série de fracassos. Nós mesmos testemunhamos uma forte chuva que durou várias horas, e ocorreu após uma cerimônia realizada pelo centenário xamã don José Matsuwa, dos índios mexicanos Huichol, durante um período de dois anos de seca catastrófica na Califórnia. A cultura tibetana é conhecida por suas realizações no estudo da psique e consciência humana. A reputação dos oráculos tibetanos tem de estar baseada pelo menos numa série de admiráveis sincronicidades e não pode ser atribuída simplesmente à superstição e auto-ilusão de um povo primitivo.

b. Cura e Feitiçaria

A literatura histórica e antropológica contém muitos relatos sobre diversas formas de cura espiritual e feitiçaria realizadas por indivíduos especiais ou por grupos inteiros, e sobre rituais complexos realizados para esse objetivo. Estudos conduzidos por antropólogos médicos mostraram que os resultados terapêuticos de procedimentos e cerimônias de cura de sistemas como *santeria, palerismo* ou *umbanda*, em grupos de imigrantes latino-americanos, são, em muitos casos, superiores àqueles alcançados pela psiquiatria ou medicina ocidentais. Ainda é necessário esclarecer se isto se aplica somente a problemas emocionais e psicossomáticos, ou se estende a algumas categorias de problemas médicos. A pesquisa de substâncias psicodélicas mostrou que muitos xamãs têm à sua disposição instrumentos muito mais efetivos do que as técnicas verbais dos psicoterapeutas ocidentais. Pesquisadores intelectuais, com boas credenciais acadêmicas, como Walter Pahnke, Andrija Puharich ou Stanley Krippner, ficaram profundamente impressionados com os fenômenos que envolviam o trabalho do cirurgião médium espírita Arigó, no Brasil, ou de Tony Agpoa e outros, nas Filipinas.

c. Siddhis

A literatura sobre os iogues indianos contém incontáveis relatos sobre suas surpreendentes habilidades ao controlar diversas funções autônomas do corpo: eles podem estancar sangramentos, parar o coração, viver sem comida e até mesmo sem oxigênio. Muitas desses afirmações, consideradas por muito tempo como contos de fadas absurdos pela comunidade científica, têm sido confirmadas pela ciência moderna. A exploração sistemática desses fenômenos levou ao desenvolvimento das técnicas de *biofeedback* que tornam possível que pessoas comuns alcancem controle voluntário sobre as batidas do coração, pressão sanguínea, temperatura corporal e outras funções autônomas. Os relatos sobre a prática tibetana conhecida como *tummo*, que leva, num curto período de tempo, a um aumento surpreendente de vários graus na temperatura corporal, foram confirmados por um estudo médico de Benson e Epstein, realizado com a permissão e ajuda do Dalai Lama (Benson et al., 1982).

Enquanto a maioria das práticas iogues já descritas pode ser considerada dentro do modelo médico ocidental, outros poderes supernormais, ou *siddhis*, que se afirma poder ser realizados por alguns indivíduos durante a prática espiritual iogue, contradizem claramente o ponto de vista científico ocidental. Neste caso encontram-se os relatos sobre a levitação do corpo, a habilidade de projetar-se para um lugar distante, bilocalização (a existência física em dois lugares ao mesmo tempo), a capacidade de materializar e desmaterializar vários objetos ou até mesmo o próprio corpo. A existência desses fenômenos ainda deve ser confirmada ou refutada pela pesquisa futura. Contudo, à luz dos novos paradigmas científicos, eles não parecem tão absurdos e, em princípio, impossíveis como seriam no contexto da ciência mecanicista.

Outro fenômeno que pertence à categoria paranormal é a admirável habilidade que indivíduos em transe têm para realizar coisas que parecem fisicamente impossíveis, como rolar sobre vidro quebrado ou subir escadas com degraus feitos de espadas. Muitas destas surpreendentes realizações em transe estão ainda ocorrendo em várias partes do mundo. Uma destas realizações aparentemente impossíveis — caminhar sobre o fogo, da Indonésia — foi trazida recentemente para a Califórnia e tornou-se rapidamente uma moda, envolvendo dezenas de milhares de pessoas. É claro que nossa cultura rejeitou prematuramente a possibilidade de que muitos acontecimentos desse tipo pudessem realmente ocorrer, fosse ou não possível explicar naturalmente como uma pessoa anda sobre brasas ardentes a uma temperatura de 1400 °F (760 °C) sem se queimar.

d. Psicocinese em laboratório

Parapsicólogos modernos descreveram muitas observações importantes que envolviam diversas atividades psicocinéticas e realizaram uma pesquisa sistemática deste fenômeno em laboratório, com alguns resultados admiráveis. A metodologia deles desenvolveu-se de um simples experimento de jogo de dados até esquemas sofisticados com o uso da randomização baseada na emissão de elétrons na decomposição radioativa, aparelhos eletrônicos e computadores modernos. Eles estudaram a psicocinese com alvos em movimento (PKMT), como dados jogados por máquinas especiais, relógios elétricos, o fluxo de líquidos e a emanação de elétrons. Foram feitos avanços significativos na área do estudo da psicocinese com alvos estáticos mais difíceis (PK-ST). Os experimentos parapsicológicos com alvos vivos (PK-LT) envolveram estudos controlados de cura em animais, crescimento de plantas e atividade de enzimas.

Alguns outros estudos realizados nos Estados Unidos, na União Soviética e em outros lugares focalizaram a observação sistemática de indivíduos capazes de mover objetos sem tocá-los, de projetar imagens mentais em filme fotográfico, de influenciar outros pela hipnose a distância, e de curvar metais pela psicocinese. Eu os estou mencionando aqui sem tirar conclusões; estas ficam a cargo dos pesquisadores e especialistas deste campo. Os leitores interessados encontrarão mais informação nos escritos de Charles Tart (Tart, 1975a, 1977), Stanley Krippner (Krippner, 1977, 1980), Jules Eisenbud

(Eisenbud, 1967), Russell Targ e Harold Puthoff (Targ e Puthoff, 1978, Targ e Harary, 1984), e Hans Bender (Bender, 1984ab, 1985).

DESAFIOS FILOSÓFICOS DAS EXPERIÊNCIAS TRANSPESSOAIS

As experiências transpessoais têm muitas características estranhas que abalam as afirmações mais fundamentais da ciência materialista e da visão de mundo mecanicista. Os pesquisadores que estudaram seriamente e/ou vivenciaram estes fenômenos fascinantes percebem que as tentativas da psiquiatria tradicional para descartá-los como produtos irrelevantes da imaginação ou como alucinações erráticas geradas por processos patológicos no cérebro são superficiais e inadequadas. Qualquer estudo imparcial dos domínios transpessoais da psique tem de chegar à conclusão de que as observações envolvidas representam um desafio crítico para o paradigma newtoniano-cartesiano da ciência ocidental.

Embora as experiências transpessoais ocorram no processo de auto-exploração individual profunda, não é possível interpretá-las simplesmente como fenômenos intrapsíquicos, no sentido convencional. Por um lado, elas formam um contínuo experiencial ininterrupto com as experiências biográfico-rememorativas e perinatais. Por outro lado, parecem tocar diretamente, sem a mediação de órgãos sensoriais, em fontes de informação que estão claramente fora do alcance definido convencionalmente para uma pessoa.

Os relatos de pessoas que experienciaram episódios de existência embrionária, o momento da concepção e elementos de consciência celular de tecidos e órgãos, estão repletos de *insights* médicos precisos a respeito dos aspectos anatômicos, fisiológicos e bioquímicos dos processos envolvidos. De modo semelhante, as experiências ancestrais, raciais e de memórias coletivas, no sentido junguiano, e as lembranças de vidas passadas, freqüentemente trazem detalhes específicos a respeito da arquitetura, costumes, armas, arte, estrutura social e práticas religiosas das culturas e períodos envolvidos, ou até mesmo de acontecimentos históricos concretos. Pessoas que vivenciaram seqüências filogenéticas ou identificação com outras formas de vida existentes não só os consideram inusualmente convincentes e autênticos, mas também adquirem, neste processo, *insights* extraordinários a respeito da psicologia animal, etologia, hábitos específicos ou ciclos reprodutivos incomuns. Em alguns casos, isto era acompanhado por inervações musculares arcaicas, não características dos humanos, ou mesmo por *performances* complexas como a realização de uma dança nupcial.

As pessoas que vivenciam episódios de identificação com a consciência das plantas ou partes de plantas relatam, algumas vezes, *insights* admiráveis a respeito de processos botânicos como a germinação das sementes, fotossíntese nas folhas, o papel das auxinas no crescimento das plantas, a troca de água e minerais no sistema de raízes, ou a polinização. É igualmente comum uma sensação convincente de identificação da consciência com a matéria inanimada ou processos inorgânicos — a água dos oceanos, fogo, relâmpago, atividade vulcânica, tornados, ouro, diamante, granito e até mesmo estrelas, galáxias, átomos e moléculas. Mesmo essas experiências podem, algumas vezes, mediar informação precisa sobre diversos aspectos da natureza.

Há uma interessante subcategoria dos fenômenos transpessoais que freqüentemente pode ser validada e até mesmo pesquisada experimentalmente. Incluem-se aqui telepatia, diagnóstico mediúnico, clarividência, precognição, psicometria, experiências fora do corpo, clarividência de locais distantes, e outros exemplos de percepção extra-sensorial. Este é o único grupo de fenômenos transpessoais que ocasionalmente tem sido discutido em círculos acadêmicos, embora infelizmente sob um forte preconceito negativo. Os problemas associados com os fenômenos transpessoais de natureza paranormal são de especial interesse teórico.

A partir de uma perspectiva mais ampla, não há razão para colocar os chamados fenômenos paranormais numa categoria especial. O claro limite entre a psicologia e a parapsicologia desaparece, ou se torna bastante arbitrário, quando a existência do domínio transpessoal é reconhecida e validada, pois muitos outros tipos de experiências transpessoais envolvem tipicamente o acesso a informações novas a respeito do universo através de canais extra-sensoriais.

O desafio filosófico associado com as observações descritas anteriormente — por enorme que seja em si mesmo — é ainda ampliado pelo fato de que nos estados incomuns de consciência as experiências transpessoais refletem corretamente o mundo material como pertencendo ao mesmo contínuo — e intimamente interligado com — de outros conteúdos que, segundo o ponto de vista ocidental, não fazem parte da realidade objetiva. Podemos mencionar neste contexto os arquétipos junguianos — o mundo das divindades, demônios, semideuses, super-heróis e seqüências complexas de contos de fadas, mitos e lendas. Mesmo essas experiências podem trazer uma informação nova e precisa sobre simbolismo religioso, folclore e estruturas míticas de diversas culturas anteriormente desconhecidas do indivíduo.

A existência e a natureza das experiências transpessoais violam algumas das premissas mais básicas da ciência mecanicista. Estas experiências implicam noções aparentemente tão absurdas como a relatividade e a natureza arbitrária de todos os limites físicos; conexões não-locais no universo; comunicação por meios e canais desconhecidos; memória sem um substrato material; não-linearidade do tempo; ou consciência associada com todos os organismos vivos (incluindo animais primitivos, plantas, organismos unicelulares e vírus) e mesmo com matéria inorgânica.

Muitas experiências transpessoais envolvem acontecimentos do microcosmo e do macrocosmo — domínios que não podem ser alcançados diretamente pelos sentidos humanos — ou acontecimentos de períodos que precedem historicamente a origem do sistema solar, a formação do planeta Terra, a aparição dos organismos vivos, o desenvolvimento do sistema nervoso central, e a aparição do *Homo sapiens*. Isto implica claramente que, de uma forma ainda inexplicada, cada ser humano contém a informação sobre todo o universo ou toda a existência, tem potencialmente acesso vivencial a todas as suas partes, e, num certo sentido, é a rede cósmica inteira, tanto quanto é apenas uma parte infinitesimal dela, uma entidade biológica separada e insignificante.

As experiências transpessoais têm uma posição especial na cartografia da psique humana. Os níveis rememorativo-analítico e o inconsciente individual são de natureza claramente biográfica. A dinâmica perinatal parece representar uma intersecção ou fronteira entre o pessoal e o transpessoal. Isto se reflete em sua profunda associação com o nascimento e a morte — o início e o fim da existência humana individual. Os fenômenos que, no momento, estão além de nossa compreensão. Tudo que podemos dizer é que no processo de desdobramento perinatal parece ocorrer um estranho retorno qualitativo e, por meio dele, a auto-exploração profunda do inconsciente individual torna-se um processo de aventuras experienciais no universo, que envolve o que pode ser melhor descrito como consciência cósmica ou mente superconsciente.

Embora a natureza das experiências transpessoais seja clara e fundamentalmente incompatível com a ciência mecanicista, ela pode ser integrada ao que denominamos o paradigma emergente aos desenvolvimentos revolucionários em diversas disciplinas científicas. Entre as disciplinas e conceitos que contribuíram significativamente para esta drástica mudança na visão de mundo científica encontram-se a física quântica-relativística (Capra 1975,1982), a astrofísica (Davies, 1983), a cibernética e a teoria de sistemas e de informação (Bateson, 1972 e 1979, Maturana e Varela, 1980, Varela, 1979), a teoria da ressonância mórfica de Sheldrake (Sheldrake, 1981), o estudo de Prigogine sobre as estruturas dissipativas e a ordem por flutuação (Prigogine e Stengers, 1984), a teoria do holomovimento de David Bohm (Bohm, 1980), o modelo holográfico do cérebro de Karl Pribram (Pribram, 1971, 1977) e a teoria de processo de Arthur Young (Young, 1976).

A cartografia expandida, descrita acima, é de importância crítica para qualquer abordagem séria de fenômenos como estados psicodélicos, xamanismo, religião, misticismo, ritos de passagem, mitologia, parapsicologia, tanatologia e psicose. Não é apenas um assunto de interesse acadêmico; ele tem implicações profundas e revolucionárias para a compreensão da psicopatologia, e oferece novas possibilidades terapêuticas sequer imaginadas pela psiquiatria tradicional (Grof, 1985).

II
Novas Perspectivas em Psicoterapia e Exploração Interior

A estratégia holotrópica de psicoterapia representa uma alternativa importante e efetiva às abordagens tradicionais da psicologia profunda, que enfatizam o intercâmbio verbal entre o terapeuta e o cliente. O nome holotrópico significa, literalmente, buscando a totalidade ou movendo-se para o todo (do grego *holos* = todo e *trepein* = movendo-se em direção a). O pressuposto filosófico básico desta estratégia é que uma pessoa média de nossa cultura opera numa forma que está muito abaixo de seu potencial e capacidade reais. Este empobrecimento deve-se ao fato de o indivíduo identificar-se apenas com um aspecto de seu ser, o corpo físico e o ego. Esta identificação falsa leva a um modo de vida inautêntico, não-saudável e frustrante, e contribui para o desenvolvimento de desordens emocionais e psicossomáticas de origem psicológica.

O desenvolvimento de sintomas incômodos que não têm nenhuma base orgânica pode ser visto como um indicador de que o indivíduo opera com base em premissas falsas e atingiu um ponto no qual se tornou óbvio que o antigo modo de ser no mundo não funciona mais e é impossível mantê-lo. Isto pode ocorrer numa área limitada da vida — como o casamento e a vida sexual, a orientação profissional ou a busca de diversas ambições pessoais — ou pode alcançar simultaneamente a totalidade da vida da pessoa. A extensão e a profundidade deste colapso correlacionam-se aproximadamente com o desenvolvimento de fenômenos neuróticos ou psicóticos. A situação resultante representa uma crise, ou mesmo uma emergência, mas também uma grande oportunidade.

Os sintomas emergentes refletem o esforço do organismo para livrar-se dos antigos estresses e das marcas traumáticas, e simplificar seu funcionamento. Este desenvolvimento é, ao mesmo tempo, um processo de descoberta da própria e verdadeira identidade e também das dimensões do próprio ser que conectam o indivíduo com todo o cosmos e que são proporcionais a toda a existência. Sob condições favoráveis e com bom apoio, este processo pode resultar numa solução radical para problemas, em cura psicossomática, e em evolução da consciência. Deve portanto ser encarado como uma atividade de cura espontânea do organismo, com um potencial benéfico, que deveria ser incentivada e não suprimida. Esta compreensão da natureza da psicopatologia representa a crença básica da terapia holotrópica.

O objetivo principal das técnicas de psicoterapia experiencial é ativar o inconsciente, desbloquear a energia presa nos sintomas emocionais e psicossomáticos e converter o equilíbrio estático desta energia numa corrente de experiência. A terapia holotrópica favorece uma ativação tão poderosa do inconsciente que resulta num estado incomum de consciência. Este princípio é relativamente novo na psicoterapia ocidental mas tem sido usado por séculos ou milênios, no contexto de procedimentos xamânicos, cerimônias de cura aborígenes, ritos de passagens, encontros de diversas seitas extáticas, e antigos mistérios de morte e renascimento.

O modelo personalista e biograficamente orientado da atual psiquiatria acadêmica é claramente insuficiente e inadequado para as psicoterapias que utilizam técnicas tão poderosas de alteração da mente. Durante este tipo de trabalho vivencial, torna-se óbvio, freqüentemente na primeira sessão, que as raízes da psicopatologia estão muito além dos acontecimentos da primeira infância e além do inconsciente individual. O trabalho terapêutico vivencial dos sintomas — profundas conexões com domínios claramente transbiográficos da psique, como os elementos do profundo encontro com a morte e com o nascimento, característicos do nível perinatal, e todo um espectro de fatores de natureza transpessoal.

Por essa razão, o uso de modelos biográficos estreitos em combinação com técnicas vivenciais funciona necessariamente como uma camisa-de-força conceitual, e é inibidor e contraproducente. O tratamento verdadeiramente efetivo não pode se limitar ao trabalho com os assuntos biográficos. O modelo da psique usado nas abordagens terapêuticas baseadas nos princípios holotrópicos tem de ser, portanto, ampliado além do nível biográfico do inconsciente individual para incluir os domínios perinatal e transpessoal.

Princípios de Terapia Holotrópica

Podemos resumir agora os princípios básicos da terapia holotrópica. Sua contribuição principal é o reconhecimento do potencial curativo, transformador e evolucionário dos estados incomuns de consciência. A terapia holotrópica usa técnicas para ativar a psique e induzir os estados incomuns de consciência, pois nesses estados a psique humana parece mostrar uma atividade curativa espontânea. Isto tende a mudar o equilíbrio dinâmico subjacente aos sintomas, transformando-os num fluxo de experiências incomuns, e consumindo-os neste processo. A função do facilitador ou terapeuta (o termo é usado aqui em seu sentido grego original de assistir à cura) é, portanto, apoiar o processo experiencial com plena confiança em sua natureza curativa, sem tentar mudá-lo.

É importante que o terapeuta apóie o desdobramento experiencial, mesmo que não o entenda no momento. Algumas experiências transformadoras poderosas podem não ter nenhum conteúdo específico. Elas consistem em seqüências de intenso crescendo de emoções ou de tensões físicas, e profunda liberação e relaxamento subseqüentes. Com freqüência, os *insights* e conteúdos específicos emergem mais tarde no processo, ou mesmo nas sessões seguintes. Em alguns casos, a resolução ocorre no nível biográfico, em outros, em conexão com o material perinatal ou com diversos temas transpessoais. Ocasionalmente, curas emocionais ou psicossomáticas dramáticas e transformação da personalidade com efeitos duradouros estão associadas a experiências que escapam à compreensão racional. Descreverei uma dessas situações, que ocorreu em nosso seminário experiencial no Esalen Institute. Exemplos adicionais de mecanismos terapêuticos incomuns são descritos adiante neste livro (p. 228 e ss.).

Gladys, que participou de um de nossos *workshops* de cinco dias, havia sofrido por muitos anos, antes de assistir ao seminário, de sérios ataques de depressão acompanhados por intensa ansiedade. Comumente, eles começavam todos os dias às quatro da manhã e duravam várias horas. Era muito difícil para ela mobilizar os seus recursos para encarar o novo dia.

Na sessão de respiração holotrópica, Gladys respondeu com uma extraordinária ativação da energia física, mas, a despeito de um intenso trabalho corporal no final da atividade, ela não alcançou uma resolução satisfatória. Esta é uma situação muito rara, quando um esforço sistemático é realizado para facilitar a integração da sessão. Na manhã seguinte, sua depressão apareceu como de costume, mas era consideravelmente mais forte. Ao ver sua condição, decidimos mudar nosso programa para a sessão da manhã e fazer, sem demora, um trabalho experiencial com ela.

Nós pedimos que ela se deitasse no centro do grupo, respirasse profundamente, se rendesse ao fluxo da música que estávamos tocando, e aceitasse qualquer experiência que pudesse emergir sob essas circunstâncias. Durante aproximadamente cinqüenta minutos, Gladys experienciou tremores violentos, emitiu sons altos, parecia lutar contra inimigos invisíveis e mostrou outros sinais de forte excitação psicomotora. Retrospectivamente, ela relatou que esta parte de sua experiência relacionava-se com o reviver do nascimento.

Mais adiante na sessão, seus gritos tornaram-se mais articulados e começaram a parecer palavras de uma linguagem desconhecida. Nós a encorajamos a deixar que os sons saíssem em qualquer forma que pudessem tomar, sem censurá-los ou julgá-los, mesmo que eles não fizessem sentido para ela. Gradualmente seus movimentos tornaram-se extremamente estilizados e enfáticos, e ela cantou uma poderosa seqüência repetitiva, que soava como um tipo de prece. O impacto deste acontecimento no grupo foi extremamente forte. Sem entender as palavras, ou saber o que acontecia internamente com Gladys, a maioria dos participantes sentiu-se profundamente tocada e começou a chorar. Quando Gladys completou o seu canto, ela se acalmou e entrou num estado de paz e arrebatamento extático, no qual permaneceu por mais de uma hora, inteiramente imóvel. Depois, ao relatar retrospectivamente sua experiência, descreveu que havia sentido um impulso irresistível para fazer o que fez. Ela não entendia o que havia acontecido e não tinha nenhuma idéia de que idioma havia usado em seu canto.

Um psicanalista argentino que participava do grupo reconheceu que Gladys havia cantado no idioma sefardita, que ele conhecia. Esta linguagem, também denominada ladino, é um híbrido judeu-espanhol, que consiste de espanhol medieval e hebraico. Gladys não era judia, e nem mesmo falava o espanhol moderno. Ela nunca havia ouvido falar sobre ladino e nem sabia que ele existia e o que era.

A tradução literal do canto, que teve um efeito tão poderoso no grupo era: "Eu estou sofrendo e sempre sofrerei. Eu estou chorando e sempre chorarei. Eu estou orando e sempre orarei". Este episódio e a influência profunda que teve sobre Gladys permaneceram um mistério para ela e também para nós.

A técnica mais poderosa para induzir estados incomuns de consciência e ativar a psique é, sem sombra de dúvida, o uso de substâncias psicodélicas. Contudo esta é uma abordagem radical que envolve riscos potencialmente sérios: exige, portanto, precauções especiais, habilidade e observância de um conjunto estrito de regras. Neste contexto, não discutirei os princípios da terapia psicodélica e indicarei aos leitores interessados no assunto as minhas publicações anteriores, dedicadas especificamente a este assunto (Grof, 1977, 1980 e 1985). Parece mais útil e apropriado focalizar as técnicas não-farmacológicas que estão facilmente disponíveis a todos os que as quiserem experimentar e não estão associadas a questões complexas de cunho político, administrativo e legal. As pessoas para quem os paralelos com a terapia psicodélica forem de especial importância, encontrarão um breve resumo das principais plantas e substâncias psicodélicas, e de seu uso ritual e terapêutico no Apêndice deste livro.

Durante os últimos dez anos, minha esposa Christina e eu desenvolvemos uma poderosa abordagem sem drogas que nós denominamos integração holonômica ou terapia holotrópica. Conforme discutido anteriormente, a estratégia holotrópica em terapia, no sentido mais amplo, é característica de muitas abordagens diferentes, incluindo diversos procedimentos xamânicos, cerimônias aborígenes de cura, a dança em transe dos bosquímanos Kung! e de outros grupos, ritos de passagem, terapia psicodélica, algumas formas de hipnose e outras psicoterapias experienciais, e várias práticas espirituais. Contudo gostaria de reservar a expressão terapia holotrópica para nosso procedimento de tratamento, que combina respiração controlada, música e outras formas de

164

tecnologia sonora, e trabalho corporal focalizado. No texto a seguir, descreverei este processo, discutindo seus diversos elementos.

EFEITOS TERAPÊUTICOS DA RESPIRAÇÃO INTENSA (PNEUMOCATARSE)

Sabe-se há séculos que é possível induzir profundas mudanças de consciência por meio de técnicas que envolvem a respiração. Os procedimentos que foram usados com este objetivo por várias culturas antigas e não-ocidentais cobrem uma ampla variedade: desde interferências drásticas na respiração até os exercícios sutis e sofisticados das diversas tradições espirituais. Desse modo, a forma original do batismo como era praticado pelos essênios envolvia a submersão forçada do iniciado na água, o que levava tipicamente a pessoa próximo da morte por sufocação. Este procedimento drástico induzia, portanto, uma experiência convincente de morte e renascimento, muito distante da forma moderna do batismo que envolve o borrifar de água e a repetição de uma fórmula verbal. Em alguns outros grupos, o neófito ficava quase em choque por fumaça, estrangulamento ou por compressão das artérias carótidas. Mudanças profundas na consciência podem ser induzidas por ambos os extremos na taxa de respiração — hiperventilação e retenção prolongada da respiração — ou por uma combinação de ambos. Métodos sofisticados e avançados deste tipo podem ser encontrados na antiga ciência indiana de respiração, ou *pranayama*.

Técnicas específicas que envolvem respiração intensa ou a retenção da respiração fazem parte também de diversos exercícios de Kundalini ioga, Siddha ioga, do Vajrayana tibetano, de práticas sufi, budismo birmanês e meditação taoísta, e de muitos outros. Técnicas mais sutis, que enfatizam uma consciência especial em relação à respiração mais do que mudanças na dinâmica respiratória, têm um lugar de destaque no Soto Zen Budismo, e em algumas práticas taoístas e cristãs. Indiretamente, o ritmo respiratório será influenciado profundamente por alguns procedimentos rituais como o "canto do macaco" balinês ou *Ketjak*, a música de garganta esquimó Inuit, e o canto de *kirtans, bhajans* ou cânticos sufi.

Nós próprios experimentamos, durante nossos seminários com duração de um mês no Esalen Institute, em Big Sur, Califórnia, diversas técnicas que envolviam respiração: algumas vinham das tradições espirituais, outras vinham das psicoterapias experienciais da psicologia humanista. Entre todos esses métodos, optamos pelo simples aumento da taxa de respiração. Concluímos que uma técnica respiratória específica é menos importante do que o fato de que o cliente esteja respirando mais rápido e mais efetivamente que o usual, e com plena concentração e consciência do processo interno. A estratégia geral da terapia holotrópica é confiar na sabedoria intrínseca do corpo. Desta forma, os clientes são encorajados a ouvir os sinais internos de seu organismo, e não a seguir qualquer esquema conceitual específico.

Fomos capazes de confirmar repetidamente a observação feita por Wilhelm Reich de que as resistências psicológicas usam o mecanismo de restringir a respiração. A respiração tem uma posição especial entre as funções fisiológicas do corpo. É uma função autônoma, mas pode também ser influenciada pela vontade. O aumento da taxa respiratória e o aprofundamento da respiração afrouxam tipicamente as defesas psicológicas e permitem a liberação e a emergência de material inconsciente (e superconsciente). É difícil acreditar no poder e eficácia desta técnica, apenas com base em afirmações teóricas, a menos que se tenha testemunhado ou experienciado pessoalmente este processo.

A natureza e o desenrolar das sessões experienciais utilizando o método da hiperventilação variam consideravelmente de uma pessoa para outra e podem ser descritos apenas em termos gerais e estatísticos. Em alguns casos, a hiperventilação contínua leva a um crescente relaxamento, a um senso de expansão e bem-estar e a visões de luz. A pessoa pode fluir com sentimentos de amor e conexões místicas com outras pessoas, com a natureza, com todo o cosmos e com Deus. Este tipo de experiência é extremamente curativo, e o indivíduo deveria ser encorajado a permitir que elas se desenvolvessem; isto deve ser discutido durante o período de preparação.

É surpreendente quantas pessoas nas culturas ocidentais, por causa de uma forte ética protestante ou por outras razões, têm grande dificuldade para aceitar experiências extáticas, a menos que elas venham após sofrimento e trabalho duro, ou mesmo assim. Elas podem sentir intensamente que não merecem estas experiências, e responder a elas com culpa. Se isto foi esclarecido e a pessoa aceita a experiência, a sessão pode transcorrer do início ao fim sem a menor intervenção do terapeuta e ser extremamente benéfica e produtiva. A probabilidade de um andamento tão suave tende a aumentar com o número de sessões holotrópicas.

Contudo, na maioria dos casos, a hiperventilação acarreta primeiro seqüências experienciais mais ou menos dramáticas sob a forma de emoções e manifestações psicossomáticas intensas. Antes de discutir o uso da respiração para propósitos terapêuticos, parece apropriado e necessário discutir brevemente algumas concepções errôneas sobre a hiperventilação que parecem estar profundamente instaladas no modelo médico ocidental. Esta discussão é necessária particularmente para os leitores com conhecimentos médicos. Os manuais de fisiologia da respiração descrevem a chamada síndrome de hiperventilação — uma resposta fisiológica alegadamente padrão e obrigatória à respiração rápida. Incluem-se aqui os particularmente famosos espasmos carpopedais — contrações tetânicas das mãos e pés.

Os sintomas da síndrome de hiperventilação são usualmente vistos num contexto patológico e são explicados em termos de mudanças bioquímicas na composição do sangue, como um aumento de alcalinidade e uma diminuição da ionização do cálcio. É bem conhecido que alguns pacientes psiquiátricos ten-

166

dem a desenvolver episódios espontâneos de hiperventilação, com dramáticas manifestações emocionais e psicossomáticas; isto é particularmente comum em pacientes histéricos. A atitude usual diante desses episódios é combatê-los com a administração de tranqüilizantes, de cálcio intravenoso, e um saco de papel colocado sobre a face para impedir a diminuição do dióxido de carbono pulmonar.

Nós conduzimos até agora sessões de respiração com milhares de pessoas e descobrimos que esta compreensão dos efeitos da hiperventilação é incorreta. Existem muitas pessoas para as quais mesmo uma hiperventilação intensa, mantida por um longo período de tempo, não leva à clássica síndrome de hiperventilação, mas sim a um relaxamento progressivo, a intensas sensações sexuais, ou mesmo a experiências místicas. Outras pessoas desenvolvem tensões em diversas partes de seus corpos, mas em padrões muito diferentes dos espasmos carpopedais. Além disso, a continuação da hiperventilação não leva a um aumento progressivo das tensões, mas à sua culminação seguida por um profundo relaxamento. Esta seqüência tem um padrão que tipicamente se parece com um orgasmo sexual.

Além disso, com a repetição das sessões holotrópicas há uma tendência geral para uma diminuição progressiva na quantidade de tensões musculares e emoções difíceis. O que parece acontecer neste processo é que o organismo tende a responder à situação bioquímica alterada, trazendo à superfície, em padrões mais ou menos estereotipados, diversas tensões antigas e profundamente instaladas, e livrando-se delas pela descarga periférica. Esta eliminação ou redução das energias contidas, durante as sessões holotrópicas, pode ocorrer de duas maneiras diferentes.

A primeira delas é a forma de catarse ou ab-reação, que envolve tremores, contrações, movimentos corporais dramáticos, tosse, náusea, vômito, grito e outros tipos de expressão vocal, ou aumento da atividade do sistema nervoso autônomo. Este é um mecanismo bem conhecido na psiquiatria tradicional desde a época em que Sigmund Freud e Joseph Breuer (Freud e Breuer, 1936) publicaram seus estudos sobre a histeria. Foi usado na psiquiatria tradicional, particularmente no tratamento de neuroses emocionais traumáticas, e é muito comum nas novas psicoterapias experienciais, como o trabalho neo-reichiano, a prática gestáltica e a terapia primal. É um mecanismo terapêutico efetivo e um meio para a redução de tensões emocionais e psicossomáticas, quando não se limita ao nível biográfico e pode alcançar os domínios perinatal e transpessoal.

O segundo mecanismo representa um princípio novo da psiquiatria e da psicoterapia e parece ser, de muitas formas, ainda mais efetivo e interessante. As tensões profundas atingem a superfície sob a forma de contrações duradouras e espasmos prolongados. Ao manter esta tensão muscular contínua por longos períodos de tempo, o organismo está consumindo uma enorme quantidade de energia contida e, ao conseguir se livrar dessas tensões, estará simplificando seu funcionamento.

Estes dois mecanismos têm seus paralelos na fisiologia esportiva, na qual é muito conhecido o fato de que é possível trabalhar e treinar os músculos de duas formas diferentes — a isotônica e a isométrica. Como o nome sugere, durante os exercícios isotônicos a tensão dos músculos modifica-se, mas seu comprimento permanece o mesmo por todo o tempo. Um bom exemplo de atividade isotônica é o boxe, enquanto o levantamento de peso é claramente isométrico. A despeito de suas diferenças superficiais, estes dois mecanismos têm muito em comum, e na terapia holotrópica eles se complementam de forma muito efetiva.

Um resultado típico de uma boa sessão holotrópica é uma profunda liberação emocional e um relaxamento físico; muitas pessoas relatam que se sentem mais relaxadas do que jamais se sentiram em sua vida. A hiperventilação contínua representa, portanto, um método efetivo e extremamente poderoso de redução do estresse, e leva à cura emocional e psicossomática. Os episódios espontâneos de hiperventilação em pacientes psiquiátricos podem ser vistos, portanto, como tentativas de autocura. Esta também é a compreensão que se encontra na literatura espiritual. Na Siddha ioga e na Kundalini ioga, a hiperventilação intencional (*bastrika*) é usada como uma das técnicas de meditação, e episódios de respiração rápida freqüentemente ocorrem de forma espontânea como uma das manifestações da Shakti (ou energia da Kundalini ativada) e são chamados de *kriyas*. Estas observações sugerem que os episódios espontâneos de respiração rápida que ocorrem em pacientes psiquiátricos deveriam ser apoiados e não suprimidos.

A natureza e o desenrolar das sessões holotrópicas variam consideravelmente de pessoa para pessoa e, também na mesma pessoa, de sessão para sessão. Como mencionei anteriormente, para algumas pessoas a experiência pode ir do começo ao fim sem nenhuma dificuldade emocional ou psicossomática. Na maioria dos casos, contudo, a hiperventilação provoca, no início, seqüências experienciais mais ou menos dramáticas. Depois de um intervalo que varia de pessoa para pessoa, o indivíduo começa a experienciar emoções fortes e a desenvolver padrões estereotipados de contração muscular.

As qualidades emocionais observadas neste contexto podem cobrir um amplo espectro; as mais comuns são raiva e agressão, ansiedade, tristeza e depressão, sentimentos de fracasso e inferioridade, culpa e aversão. As manifestações físicas incluem, além das tensões musculares, dores de cabeça e dores em diversas outras partes do corpo, mudez, náusea e vômito, sufocação, hipersalivação, transpiração, sensações sexuais e diversos movimentos motores.

Algumas pessoas permanecem inteiramente quietas e quase imóveis; elas podem estar tendo experiências profundas, embora dêem a impressão a quem os observa de que nada está acontecendo ou de que estão dormindo. Outras são agitadas e mostram uma intensa atividade motora. Elas experienciam tremores violentos e complexos movimentos de entrelaçamento, rolam, assumem

17a

17b

Figuras 17 a-d — Quatro pinturas de sessões de respiração holotrópica da mesma pessoa. Elas representam uma poderosa experiência de morte e renascimento, identificação experiencial com as figuras arquetípicas de Xiva Nataraja (Senhor da Dança) e da Grande Deusa Mãe, e uma sensação de unidade com o pôr-do-sol na costa do Pacífico, em Big Sur.

17c

17d

posições fetais, comportam-se como bebês lutando no canal de parto, ou parecem e agem como recém-nascidos. Movimentos de rastejar, nadar, cavar e trepar são também bastante comuns. As manifestações acústicas deste processo podem ser muito ricas, e incluem suspirar, gemer, chorar, gritar, falar como criança, falar de forma inarticulada, cantar espontaneamente, falar em outras línguas, e um amplo espectro de sons animais.

Algumas vezes os movimentos e os gestos podem ser extremamente refinados, complexos, diferenciados e muito específicos. Encontram-se neste caso, por exemplo, estranhos movimentos animais imitando serpentes, pássaros ou felinos, associados aos sons correspondentes. Algumas vezes as pessoas assumem espontaneamente diversas posturas e gestos iogues (*asanas* e *mudras*), com os quais não estão familiarizados intelectualmente. Às vezes, os movimentos automáticos e/ou sons podem tomar a forma de danças rituais ou outras *performances* de diversas culturas — cura xamânica, danças javanesas, o "canto do macaco" balinês, movimentos simbólicos das escolas de dança indiana Kathakali ou Manipuri, a música de garganta esquimó Inuit, canto multivocal ou de sobretons tibetano ou mongol, ou o Kabuki japonês.

As tensões físicas, durante a respiração, tendem a desenvolver-se em algumas áreas específicas do corpo. Longe de serem simples reações fisiológicas à hiperventilação, elas têm uma complexa estrutura psicossomática. Variam muito de uma pessoa para outra, e usualmente têm um significado psicológico específico para os indivíduos envolvidos. Algumas vezes representam uma versão intensificada das tensões e dores que a pessoa conhece de sua vida cotidiana, como um problema crônico ou como sintomas que aparecem em algum momentos especiais, como períodos de intenso estresse físico ou emocional, fadiga extrema, falta de sono, enfraquecimento por uma doença, e uso de álcool ou maconha. Outras vezes, elas podem ser reconhecidas como reativação de antigas dificuldades que o indivíduo teve na infância, puberdade, ou durante severo estresse emocional.

Na maioria dos casos é possível identificar as fontes específicas biográficas, perinatais ou transpessoais das diversas formas de desconforto psicossomático que ocorrem durante a respiração holotrópica, ou, pelo menos, descobrir seu significado psicológico geral. A seguir, descreverei as áreas típicas em que as tensões físicas tendem a ocorrer durante as sessões de respiração, e discutirei suas conexões psicológicas mais comuns. É importante enfatizar que a descrição é de natureza estatística; ela resume todas as principais manifestações que são observadas num grande grupo de pessoas, e durante um elevado número de sessões. Numa sessão específica, uma pessoa terá apenas uma seleção personalizada destas manifestações, e algumas vezes uma seleção muito limitada.

Quando os espasmos ocorrem nas mãos e nos pés (os espasmos carpopedais da medicina tradicional), eles usualmente refletem um profundo conflito entre fortes impulsos para algumas ações específicas e tendências de inibição

171

opostas e igualmente fortes. Isto cria, portanto, um equilíbrio dinâmico que envolve a ativação simultânea dos músculos extensores e flexores, com uma intensidade semelhante. As pessoas que experienciam estes espasmos relatam freqüentemente que percebem uma história de toda uma vida (ou mesmo mais de uma vida) de agressão reprimida, impulsos contidos de contatar outras pessoas, ou tendências sexuais não expressas. Algumas vezes, tensões dolorosas deste tipo podem representar uma expressão criativa bloqueada como um impulso de pintar, descrever, dançar, tocar um instrumento musical, ser artífice ou curar com o uso das mãos.

É comum obter, neste contexto, *insights* profundos sobre a natureza do conflito subjacente às tensões e sobre suas raízes biográficas, perinatais ou transpessoais. Tipicamente, neste processo, a tensão atinge um auge seguido por uma profunda liberação. Quando isto acontece, o indivíduo sente que o bloqueio energético foi removido e que a energia pode agora fluir livremente através das mãos. Temos visto repetidamente, ao longo dos anos, que uma sensação subjetiva de desbloqueio é seguida por uma extraordinária liberação do impulso reprimido subjacente aos espasmos. As pessoas envolvidas com freqüência descobrem formas de expressão criativa e mostram realizações admiráveis em pintura, dança, redação, trabalhos manuais ou em atividades de cura.

A liberação do bloqueio energético nas mãos tem implicações médicas importantes. Comumente, uma área energeticamente bloqueada tem um suprimento de sangue insuficiente. As pessoas que desenvolvem tensões intensas em suas extremidades durante a respiração holotrópica são, em geral, aquelas que em sua vida cotidiana sofrem de circulação pobre e reclamam de mãos e pés frios. A abertura do bloqueio energético pode resultar numa melhora dramática e permanente da circulação. Em diversas ocasiões, vimos exemplos deste tipo em pessoas que tinham problemas extremos de circulação, diagnosticados medicamente como a doença de Raynaud.

Outra importante fonte de tensões musculares são as memórias de antigos ferimentos físicos, ocorridos durante operações ou acidentes. No momento desses acontecimentos dolorosos, o indivíduo teve de suprimir, em geral por um longo tempo, qualquer resposta emocional e física à dor. Durante o processo de cura, os traumas foram automaticamente corrigidos, mas os componentes emocionais não foram elaborados e integrados adequadamente. As memórias de tais situações representam *gestalts* psicológicas incompletas de importância considerável. Elas podem contribuir significativamente para futuros problemas psicológicos, e, reciprocamente, o trabalho experiencial sobre elas pode resultar em cura emocional e psicossomática.

As tensões nas pernas e nos pés têm uma estrutura dinâmica similar àquelas nos braços e mãos, mas são bem menos complexas. Isto reflete o fato de que as pernas e os pés são muito menos especializados que os braços e mãos, e de que o seu papel na vida humana é muito mais simples. Muitos dos problemas estão relacionados ao uso das pernas e pés como instrumentos de agressão, principalmente no início da vida. As tensões e espasmos nas coxas e nádegas freqüentemente estão associadas a defesas sexuais, medos e inibições, particularmente nas mulheres. Um termo anatômico arcaico para um dos músculos adutores das coxas era "guardião da virgindade" — *musculus custos virginitatis*. Grande parte da tensão nas pernas pode estar também associada a uma história de trauma físico.

Num nível mais profundo, os conflitos dinâmicos subjacentes às tensões nos braços, pernas, e em muitas outras partes do corpo estão relacionados às circunstâncias hidráulicas do nascimento biológico. No nascimento, o organismo do bebê fica preso, com freqüência, por muitas horas numa situação que envolve ansiedade vital extrema, dor e sufocação. Isto gera uma quantidade enorme de estímulos nervosos, para os quais não há saída periférica, pois a criança não tem acesso à respiração, e não pode gritar, mover-se ou fugir. A energia bloqueada que é, portanto, acumulada no organismo, envolve igualmente os músculos flexores e extensores. Quando este conflito dinâmico emerge, para uma descarga tardia, manifesta-se como espasmos intensos e freqüentemente dolorosos. Em alguns casos, as raízes profundas das tensões nos braços e pernas podem ser seguidas até o domínio experiencial transpessoal, particularmente até diversas memórias de vidas passadas.

É interessante que muitas tensões nas outras partes do corpo ocorram nas áreas em que os sistemas tântricos localizam os centros da energia psíquica no corpo sutil, os denominados chacras. (Para mais detalhes, ver a descrição à p. 118.) Isto não é particularmente surpreendente, tendo em vista a semelhança entre a técnica da terapia holotrópica e os exercícios usados na tradição tântrica, que colocaram grande ênfase na respiração.

O bloqueio energético na área da cabeça — o centro coronário, Lotus de Mil Pétalas, ou *sahasrāra chakra* — irá se manifestar tipicamente como uma dolorosa experiência de compressão, descrita freqüentemente como uma fita de aço apertada esmagando a cabeça. Isto é particularmente comum em pessoas que têm um histórico de dores de cabeça por pressão, tensão, "em faixa" ou enxaqueca. A conexão mais freqüente e bastante óbvia associa este problema à memória do nascimento biológico, quando a frágil cabeça do feto foi presa contra a abertura pélvica pela enorme pressão das contrações uterinas. Ocasionalmente, pode haver associações com memórias de ferimentos na cabeça sofridos nesta vida ou experienciados no contexto de uma memória de vida passada.

O bloqueio na área das sobrancelhas, ou *ajnā chakra*, manifesta-se durante a respiração na forma de intensas tensões ou mesmo dores em volta dos olhos, associadas algumas vezes a vibrações das pálpebras. Isto ocorre especialmente nas sessões de pessoas que têm problemas visuais em sua vida cotidiana. Algumas dessas dificuldades — como algumas formas de miopia — podem ser causadas por tensões crônicas dos músculos oculares. Quando essas tensões são descarregadas na terapia, este fato pode resultar em correção duradoura do problema. Contudo, este resultado só pode ser esperado se a pessoa envolvida estiver nas primeiras décadas de vida, e as mudanças ainda não tiverem se tornado orgânicas e portanto irreversíveis.

O material biográfico subjacente a este tipo de problemas usualmente envolve situações da primeira infância, na qual o indivíduo foi forçado a ver coisas que não queria ou não estava preparado para ver, ou que o assustaram profundamente. Uma situação clássica deste tipo seria uma infância com um pai alcoolista, com os problemas cotidianos e cenas embaraçosas; ou as famosas "cenas primais" freudianas, em que a criança testemunhou relações sexuais dos adultos. Da mesma forma que nas outras partes do corpo, uma fonte importante de energias bloqueadas na área dos olhos é o trauma do nascimento. Embora com menor freqüência, pode haver memórias de ferimentos nos olhos, particularmente os associados com memórias de vidas passadas.

A área do centro da garganta, ou *viṣuddha chakra*, é um local de bloqueios importantes para muitas pessoas, e o trabalho com esses bloqueios apresenta problemas especiais que serão discutidos mais adiante. Durante as sessões de respiração, estes bloqueios se manifestarão sob a forma de tensões nos músculos ao redor da boca, particularmente os músculos da mastigação, fechamento dos maxilares, constrição da garganta e sensações subjetivas de sufocação. O material biográfico mais freqüentemente associado a este problema envolve memórias traumáticas de situações que ameaçaram o suprimento de oxigênio. Pertencem a essa categoria a pneumonia infantil, coqueluche, difteria, quase afogamento, aspiração de um objeto estranho ou ataques associados com estrangulamento, pelos pais ou substitutos, irmãos mais velhos, companheiros ou outras pessoas.

Conflitos associados à extrema agressão oral também podem contribuir significativamente para problemas nesta área. Eles podem estar associados à privação emocional e frustração oral devido à alimentação insatisfatória, ou associados a intervenções cirúrgicas dolorosas na área da boca, faringe e laringe. A dor da dentição, intervenções de um dentista sem sensibilidade, aplicação de soluções fortes de líquidos desinfetantes e a extração cirúrgica das amígdalas podem ser mencionadas como exemplos importantes.

Contudo, na maior parte das vezes a agressão oral, o fechamento dos maxilares e a sufocação podem ser relacionados ao nascimento biológico e às suas diversas vicissitudes e complicações, ou à entubação e outras intervenções que se seguem imediatamente a ele. Outra fonte freqüente de problemas na área da garganta são diversas experiências de vidas passadas que envolvem asfixia, estrangulamento ou enforcamento. Num nível mais sutil, pode-se encontrar conflitos importantes ligados à expressão verbal da agressão. No extremo, a raiva oral reprimida pode levar à gagueira.

A seguir vem o centro do coração, ou *anāhata chakra*, que é tradicionalmente relacionado a sentimentos de amor, compaixão e nascimento espiritual.

174

A pessoa que tem um bloqueio significativo nesta área irá experienciar, durante a sessão de respiração, uma forte constrição em volta do peito, algumas vezes até com desconforto cardíaco. Parece que uma faixa de aço está sendo apertada em volta do tórax. Este problema liga-se freqüentemente a memórias de situações que causaram obstrução no livre fluxo emocional entre o indivíduo e outras pessoas. Para alguns indivíduos isto pode envolver primariamente a dificuldade em dar emocionalmente aos outros ou expressar suas emoções; para outros, uma inabilidade em receber, ou mesmo impedimentos tanto em dar quanto em receber.

Quando este bloqueio é liberado depois da intensificação temporária, a pessoa sente-se subitamente invadida por amor e luz, e tem uma sensação de graça e de liberação emocional. Ela pode se sentir inundada por sentimentos calorosos e profunda apreciação pelas outras pessoas, até mesmo por estranhos (ver o relato sobre a sessão holotrópica respiração na p. 120). Isto é acompanhado de uma sensação de fluxo emocional e energético livres, e de uma sensação de imediaticidade e de pertencer. A mesma conexão profunda pode ser experienciada em relação a animais, a toda a natureza, e a todo o cosmos. Algumas pessoas dizem, neste contexto, que é como se tivessem vivido até esse momento numa redoma de vidro ou atrás de um filme intangível que as separasse do mundo. Esta experiência de abertura do chacra do coração pode ser extremamente curativa, e tem uma influência profunda na vida do indivíduo. Usualmente há uma importante dimensão numinosa, e a experiência é descrita como uma vivência mística ou espiritual.

O bloqueio do centro do plexo solar, ou *manipūra chakra*, se manifestará durante a sessão de respiração como tensões, espasmos e dores em volta da área umbilical. Isto se relaciona tipicamente com ambição, auto-afirmação, competição e problemas específicos relativos à auto-imagem e à auto-estima. Estes problemas envolvem oscilações entre um sentimento de inferioridade, inadequação e desamparo infantil, por um lado; e fantasias de compensação grandiosas, ambições irrealistas, e manifestações autocráticas e machistas, por outro lado. Esta combinação de um sentimento de inferioridade e desejo de poder é o foco da psicologia individual de Alfred Adler. Pode haver conexões significativas com acontecimentos biográficos em que a segurança, a satisfação e a sobrevivência do indivíduo tenham sido seriamente ameaçadas. Contudo a fonte mais comum desses problemas pode ser encontrada no trauma do nascimento biológico, particularmente em situações que envolveram dano ao cordão umbilical, como compressão, esticamento excessivo, ou seu corte no momento da separação da mãe. Conexões desta área com memórias traumáticas de vidas passadas são também bastante freqüentes.

O centro sexual, ou *svādiṣṭhāna chakra*, está localizado abaixo do umbigo. Os bloqueios nesta área levarão, durante as sessões de respiração, a uma intensa excitação sexual e a diversos espasmos e dores genitais e pélvicos. Conforme pode ser deduzido do nome deste *chacra*, os pontos principais associados com bloqueios nesta área são de natureza sexual. Eles podem envolver memórias psicossexuais traumáticas da vida do indivíduo que permanecem subjacentes a problemas como incapacidade para desenvolver ou manter uma ereção, insuficiência orgástica ou frigidez, satiríase, ninfomania, tendências sadomasoquistas, e, no caso das mulheres, também dolorosas cólicas menstruais. Há também, contudo, vínculos profundos e típicos com o nascimento biológico (a faceta sexual da MPB III) e com temas arquetípicos ou de vidas passadas.

E finalmente o centro básico, ou *mulādhāra chakra*, que tem, acima de tudo, distintas conexões anais. O trabalho com os bloqueios nesta área se associa a espasmos e dores anais, ou preocupações a respeito da perda do controle sobre o esfíncter anal (flatulência ou mesmo defecação). O material biográfico típico que tende a emergir neste contexto envolve uma história de cólicas infantis, enemas dolorosos, e um severo treino de toalete. Este bloqueio ocorre com freqüência maior em indivíduos que são obsessivo-compulsivos, têm tendências homossexuais latentes ou manifestas, ou têm um sistema de defesas rígido e um excessivo medo da perda de controle. Associações adicionais envolvem diarréia espástica ou constipação, cólon irritável, colite ulcerosa e, num nível mais sutil, sérias dificuldades em lidar com dinheiro.

Além das tensões nos braços, mãos, pernas, pés, e nas áreas dos chacras relacionadas acima, podem ocorrer espasmos e bloqueios adicionais no pescoço, no estômago, nos músculos longos, na coluna vertebral, na parte debaixo das costas, e nas nádegas. Estes bloqueios podem tanto emergir independentemente quanto em combinação com os bloqueios nos chacras do indivíduo. Estes bloqueios estão associados a diversos assuntos e temas de natureza biográfica, perinatal e transpessoal.

Numa sessão de respiração típica, as tensões e bloqueios serão ampliados e manifestos. A continuação da respiração tende a levá-los a um ponto de culminação, resolução e liberação. Isto é verdadeiro, independentemente da natureza e da localização do problema, com uma única possível exceção — o chacra da garganta. Neste caso pode acontecer de a intensificação do problema levar a uma constrição real da garganta e isto interferir com a continuação da respiração. Neste caso, o cliente será encorajado a mudar para uma técnica ab-reativa que libere a garganta e torne possível a continuação da sessão. Basicamente isto significa fazer mais do que já está tentando acontecer; pode ser vocalização, tosse, vomitar, tremer, ou fazer caretas. Pede-se que o cliente amplifique essas manifestações e continue com este processo até que a respiração esteja livre. Então, o cliente pode retornar à hiperventilação como instrumento principal. Se a respiração por si mesma não resultar em resolução completa, o terapeuta usa uma técnica ab-reativa com princípios similares àqueles descritos para o trabalho com o bloqueio respiratório. As intervenções no período de término das sessões serão descritas adiante (p. 185).

176

O POTENCIAL CURATIVO DA MÚSICA

Na terapia holotrópica o uso de hiperventilação para induzir os estados incomuns de consciência com objetivos curativos é combinado com música evocativa. Da mesma forma que a respiração, a música e outras formas de tecnologia sonora têm sido usadas há milênios como poderosos instrumentos de alteração da mente. Desde tempos imemoriais, batidas monótonas de tambor e canto têm sido os principais instrumentos de xamãs em muitas partes do mundo. Muitas culturas não-ocidentais desenvolveram independentemente ritmos de tambor que, conforme demonstrado em laboratório, têm efeitos admiráveis sobre a atividade fisiológica do cérebro, do modo como esta se reflete nas mudanças das ondas cerebrais (Neher, 1961, 1962). Os arquivos da antropologia cultural contêm incontáveis exemplos de estados extraordinários de transe induzidos por música instrumental, canto e dança.

Em muitas culturas, a tecnologia sonora foi usada especificamente para objetivos de cura, no contexto de cerimônias complexas. Os rituais de cura Navajo, conduzidos por cantores treinados, têm uma complexidade surpreendente, comparada à dos *scripts* das óperas de Wagner. A dança em transe dos bosquímanos Kung!, do deserto africano de Kalahari, tem um enorme poder curativo, conforme foi documentado em diversos estudos antropológicos e filmes (Lee e DeVore, 1976, Katz, 1976). O potencial terapêutico dos rituais religiosos sincretísmicos, do Caribe e da América do Sul, como a santeria cubana ou a umbanda brasileira, é reconhecido por muitos profissionais desses países, com educação ocidental. Em nossa própria tradição ocorrem admiráveis exemplos de cura emocional e psicossomática nos encontros de seitas extáticas cristãs que usam dança em transe, canto e música, tais como os batistas negros do Sul, os revivalistas, os pentecostais e os manipuladores de serpentes virginianos ou o Povo do Espírito Santo.

Muitas grandes tradições espirituais desenvolveram tecnologia sonora que não apenas induz um estado geral de transe, mas um efeito mais específico na consciência. Incluem-se aqui o canto multivocal tibetano, as canções e cantos sagrados de diversas ordens sufi, os *bhajans* e *kirtans* hindus e, particularmente, a antiga arte da *nada* iogue, ou o caminho da união pelo som. Os ensinamentos indianos postulam uma conexão específica entre algumas freqüências sonoras e cada um dos chacras. É possível influenciar o estado de consciência de uma forma previsível e desejada, com o uso sistemático deste conhecimento. Estes são apenas alguns exemplos do uso extenso da música com objetivos rituais, curativos e espirituais. Aqueles que se interessam em obter mais informação sobre os efeitos da música sobre a psique humana poderão encontrá-la em livros específicos sobre o assunto (Hamel, 1976, Berendt, 1985).

Nós utilizamos a música sistematicamente no programa de terapia psicodélica no Maryland Psychiatric Research Center, em Baltimore, Maryland, e aprendemos muito a respeito de seu potencial extraordinário para a psicoterapia. A boa música parece ter um valor especial nos estados incomuns de consciência, nos quais ela tem diversas funções. A música ajuda a mobilizar as emoções antigas e a torná-las disponíveis para serem expressas; intensifica e aprofunda o processo e dá um contexto significativo para a experiência. O fluxo contínuo da música cria uma onda que ajuda a pessoa a mover-se através das experiências difíceis e impasses, a superar as defesas psicológicas, a submeter-se e a deixar acontecer o processo.

O uso habilidoso de seleções musicais pode também facilitar a emergência de conteúdos específicos, como agressão, dor física ou emocional, sensações sensuais e sexuais, luta pelo nascimento, arrebatamento extático, ou a atmosfera oceânica do útero. No trabalho com um grupo, a música dinâmica e alta tem uma função adicional, ou seja, atenuar os ruídos feitos pelos participantes nos diversos estágios do processo e integrá-los numa forma artística unificada. Helen Bonny, musicoterapeuta e membro de nossa equipe no Maryland Psychiatric Research Center, foi uma das primeiras pessoas a reconhecer o enorme potencial terapêutico da música, e desenvolveu, como resultado de suas experiências na pesquisa psicodélica, uma técnica independente de tratamento sem uso de drogas, a Imaginação Dirigida com Música (Bonny e Savary, 1973).

Para usar a música como um catalisador para a auto-exploração profunda e o trabalho experiencial, é necessário aprender uma nova maneira de ouvir música e relacionar-se com ela, diferente do usual em nossa cultura. No Ocidente, nós usamos a música, freqüentemente, como um pano de fundo acústico, que tem relevância: por exemplo, a música moderna em festas ou a música ambiente em áreas de compras e locais de trabalho. Uma outra atitude bastante característica de platéias mais sofisticadas é o estilo disciplinado e intelectualizado que domina a atmosfera das salas de concerto tradicionais. O modo dinâmico e elementar de usar a música que se encontra em concertos de *rock* é mais próximo do uso da música na terapia holotrópica, mas é extrovertido e lhe falta um elemento importante — a introspecção focalizada contínua.

Na terapia holotrópica e psicodélica é essencial abandonar-se completamente ao fluxo da música, deixar que ela ressoe em todo o corpo e responder a ela de um modo espontâneo e elementar. Isto inclui manifestações que seriam impensáveis numa sala de concerto, na qual até mesmo lágrimas silenciosas ou tosse seriam uma fonte de embaraço. Na terapia holotrópica, a pessoa deve dar plena expressão a tudo que for desencadeado pela música — choro ou riso, caretas, tremores, diversas contorções corporais, movimentos pélvicos sensuais, e qualquer outra manifestação emocional, vocal ou motora.

É particularmente importante deixar em suspenso qualquer atividade intelectual em relação à música que está sendo tocada, como tentar adivinhar quem poderia ser o compositor ou qual a sua cultura de origem, explorar sua semelhança com outra música que a pessoa conheça, julgar o desempenho da orquestra, tentar identificar o seu tom, ou criticar a qualidade técnica da gravação ou do equipamento sonoro da sala. Deve-se permitir que a música atue na psique e no corpo num modo completamente espontâneo e elementar. Usada desta maneira, a música se torna um meio poderoso para induzir e apoiar estados incomuns de consciência. A música usada com este objetivo deve ser de qualidade técnica elevada, e deve ter volume suficiente para dar suporte à experiência. Quando esta tecnologia sonora de alteração da mente é usada integradamente com a técnica da respiração intensa já descrita, os dois elementos parecem potencializar-se mutuamente. A combinação dos dois é um instrumento terapêutico e exploratório de poder admirável.

Quando a música é usada na terapia psicodélica, na qual o momento experiencial é dado pela droga, a regra básica é escolher a música de forma que ela apóie a experiência e seja tão completamente congruente com aquela quanto possível. Portanto, por exemplo, ao trabalhar com LSD, o terapeuta deveria usar inicialmente alguma música que tivesse uma qualidade fluente e de abertura e que crescesse lentamente conforme os efeitos da droga vão aumentando. Na parte central da sessão, a música deveria ser poderosa, impulsionadora, e de oscilação relativamente pequena em termos de intensidade. Entre a terceira e quarta hora, o terapeuta deveria mudar para um tipo de música de "ruptura", pois é nesse momento que a maioria das pessoas vivencia uma culminação e resolução súbitas. Conforme a experiência vai se acalmando, a música deveria tornar-se cada vez mais fluente, pacífica e meditativa.

Além disto, quando o terapeuta tem consciência do conteúdo específico da experiência, ele deve apoiá-la com uma escolha apropriada da música. Quando os comentários da pessoa e os movimentos corporais indicarem que a experiência tem uma forte ênfase sexual, a música deveria ser sensual e erótica. Exemplos deste tipo de música poderiam ser *Scheherazade*, de Rimsky-Korsakov; a parte de Vênus em *Tannhaeuser*, de Wagner; e a morte de Isolda em *Tristão e Isolda*; ou a cena de amor em *Romeu e Julieta* de Prokofiev. De modo semelhante, episódios vivenciais agressivos indicam a escolha de música dinâmica, como seqüências de tambores poderosos, e vozes primitivas de rituais aborígenes ou procedimentos xamânicos, "Marte" em *Planetas* de Holst, ou seleções orquestrais dramáticas das óperas de Wagner.

Episódios de êxtase oceânico, sentimentos de união com o cosmos ou uma sensação de amor poderoso irão exigir a escolha de música que corresponda a essas emoções e estados de consciência. Algumas vezes é possível ser até mais específico. Se a pessoa relata seqüências vivenciais de culturas específicas, tais como uma memória de vida passada na Rússia, Índia ou Japão, o terapeuta deveria escolher música que caracterizasse essa cultura, ou pelo menos uma música que tivesse uma sonoridade semelhante.

Em alguns momentos, a gravação de sons naturais pode ser muito efetiva. Incluem-se, neste caso, os sons intra-abdominais de uma mulher grávida (*"Lullaby from the Womb"*), canto das baleias corcundas, vozes de lobos, zumbidos de insetos, como o cricrilar dos grilos ou o zumbido das abelhas, canto de passarinhos, barulho de riachos e rios, os ritmos das ondas aproximando-se das praias, ou os sons astronômicos que retratam as emissões dos pulsares.

Quando se usam psicodélicos diferentes do LSD, a escolha e duração da música deve ser, naturalmente, ajustada à qualidade específica do efeito da droga, o início e a duração de sua ação, e a curva dinâmica da experiência. Portanto, o início dos efeitos dos derivados da tryptamina que têm de ser inalados ou injetados, como o DMT ou o DPT, é quase instantâneo e sua duração é menor. Os derivados das anfetaminas (MDA, MMDA, 2-CB ou *exstasy*) requerem música mais suave e fluente. O anestésico dissociativo quetamina, além de produzir uma experiência de duração muito curta (aproximadamente uma hora), exige um tipo de música particularmente lenta e expansiva.

Os princípios do uso da música na respiração holotrópica são muito semelhantes àqueles que descrevi para o tratamento psicodélico. A principal diferença é que, neste caso, o estado incomum de consciência é o resultado de um esforço deliberado da pessoa, e não o efeito químico de uma droga. Sua continuação também depende da manutenção da hiperventilação e do impacto da música, e não é automática. Nós descobrimos que é útil começar com música evocativa e impulsionadora para ajudar o início do estado incomum de consciência. Na maior parte da sessão holotrópica, a música deve ser também, em geral, mais poderosa e enfática do que na terapia psicodélica.

No que se refere à escolha específica da música, esboçarei apenas os princípios gerais e darei algumas sugestões baseadas em nossa experiência. Cada terapeuta ou equipe terapêutica desenvolve, com o passar do tempo, sua própria lista de peças favoritas para os diversos estágios das sessões e para algumas situações específicas. A regra básica é responder sensivelmente à fase, intensidade e conteúdo da experiência em vez de tentar impor um padrão específico a esta. Isto tem coerência com a filosofia geral da terapia holotrópica, e particularmente com o profundo respeito pela sabedoria do inconsciente coletivo, e pela autonomia e espontaneidade do processo curativo.

Em geral, deve-se preferir música de alta qualidade artística que não seja muito conhecida, e tenha pouco conteúdo concreto. Deve-se evitar tocar canções e outras peças vocais em que o conteúdo verbal traga uma mensagem específica ou sugira um tema definido. Quando composições vocais são usadas, elas devem estar em um idioma que não seja conhecido dos participantes, de modo que a voz humana seja percebida como um estímulo inespecífico. Pela mesma razão é preferível evitar peças com que os clientes tenham associações intelectuais específicas.

Desta forma, as marchas nupciais do *Lohengrin* de Wagner ou do *Sonho de uma noite de verão* de Mendelssohn-Bartholdy sugerem imediatamente uma atmosfera nupcial para a maioria dos ocidentais. A abertura da *Carmem* de Bizet evocará a imagem da arena, do toreador e das touradas. De modo semelhante, missas famosas ou discursos ativarão as memórias relacionadas à igreja cristã e à criação religiosa. Embora deva-se, geralmente, evitar programar a

180

experiência, as conotações específicas de algumas peças musicais podem ser muito úteis quando o terapeuta desejar apoiar deliberadamente um tema de um tipo particular que esteja emergindo espontaneamente.

As associações às diversas peças musicais variarão naturalmente, não apenas de indivíduo para indivíduo, mas também de cultura para cultura, e de país para país. Por exemplo para europeus de meia-idade ou idosos, os *Prelúdios* de Lizst tendem a ativar lembranças da Segunda Guerra Mundial, pois essa peça era usada pelos nazistas como uma introdução às notícias diárias transmitidas pelos alto-falantes nas ruas de todas as principais cidades ocupadas pelos alemães. Em nosso *workshop* experiencial em Bombaim, notamos uma resposta emocional surpreendente por parte de um grande número de pessoas ao canto indiano *Ragupati Raja Ram*. Na discussão que se seguiu à sessão, descobrimos que havíamos, sem saber, escolhido uma música que havia sido transmitida sem parar, por toda a Índia, por vários dias após o assassinato de Gandhi.

A principal objeção ao uso da música nas sessões holotrópicas e psicodélicas é que a escolha desta tem uma forte influência estruturadora sobre a experiência, mesmo se evitarmos a programação antecipada e tentarmos ajustar a música à natureza da experiência. Isto é particularmente verdadeiro quando a terapia holotrópica é usada no contexto de um grupo grande. Neste caso, o melhor que o terapeuta pode fazer é observar a situação na sala e usar princípios estatísticos — ajudar a escolha de acordo com o que pareça ser a atmosfera dominante na sala. É inevitável que a escolha da música seja menos que ótima para alguns membros do grupo.

Contudo o risco de programação associado com música específica não é tão sério como poderia parecer. O potencial para manipular e controlar a experiência de uma pessoa num estado incomum de consciência tem seus limites definidos. Se a pessoa estiver num ponto emocional extremamente difícil, qualquer música, por mais inspiradora e animadora que seja, será distorcida e soará como um hino fúnebre. De modo semelhante, durante uma profunda experiência extática, a pessoa aceitará entusiasticamente qualquer peça de música, achará que ela combina com sua vivência e a perceberá como interessante de algum ponto de vista. Apenas na porção média entre estes dois extremos a escolha da música poderá realmente dar forma à experiência.

Mesmo assim, embora a música possa sugerir uma certa atmosfera geral ou tom emocional, o indivíduo a elaborará de uma maneira muito pessoal. Esta situação é semelhante à que descreverei adiante em relação à possibilidade de programar a sessão pela preparação e pelas instruções verbais que a precedem. Aquilo que a pessoa faz com a informação ainda será um reflexo de seus próprios bancos de memória e de sua dinâmica inconsciente. Isto se torna claro quando comparamos a ampla variedade de reações à mesma música dentro de um grande grupo de pessoas. Qualquer que seja o papel da música na estruturação das experiências individuais, elas podem ser curativas e transformadoras para as pessoas envolvidas, e podem ter um profundo significado pessoal para cada uma delas.

181

Ao longo dos anos desenvolvemos nossa própria coleção de fitas que parecem funcionar bem para a maioria das pessoas. As peças que consideramos muito úteis nos estágios iniciais das sessões holotrópicas são *Time-Wind* e seleções do álbum *X* do compositor alemão Klaus Schultze, *Shakti* de John McLaughlin, e *Isle of the Dead* de Sergei Rachmaninov. Nós também fizemos experiências com fitas especializadas, em que toda a música de uma sessão holotrópica foi retirada de uma área temática (p. ex. uma fita xamânica ou uma fita sufi). Neste caso usamos na fase inicial o tambor xamânico de Michael Harner, uma gravação de sufis paquistaneses, ou uma fita sufi chamada *Islamic Mystical Brotherhood*.

Para a parte mediana das sessões holotrópicas são particularmente efetivas algumas composições do compositor americano de origem escocês-armênia Alan Hovhanness (*All Men Are Brothers, The Mysterious Mountain, And God Created the Great Whales*), "Mars" de *Planetas* de Holst, *Poem of Ecstasy* de Alexander Scriabin, peças selecionadas do balé *Romeu e Julieta* de Sergei Prokofiev ("Montequios e Capuletos", "Túmulo de Romeu e Julieta"), a primeira sinfonia de Samuel Barber e seu famoso *Adagio for Strings*, e composições dos artistas contemporâneos Vangelis Papathanassiou e Georg Deuter. Entre as poucas peças étnicas que podem ser usadas neste momento estão o *Canto do macaco balinês* ou *Ketjak*, partes dos dervixes *Dhikr of the Halveti-Jerrahi*, e gravações autênticas de *tam-tams* africanos (*Drums of Passion*).

Nos estágios finais das sessões holotrópicas, conforme as pessoas estão se aquietando, a escolha da música gradualmente muda para peças menos dramáticas, mais lentas, e finalmente atemporais e meditativas. Nossas seleções favoritas para os períodos finais das sessões incluem *Harold in Italy* de Hector Berlioz, *Canon in D* de Pachelbel, *Renaissance of the Celtic Harp* de Alan Stivell, os álbuns *Inside the Taj Mahal* e *Inside the Great Pyramid* de Paul Horn, *Big Sur Tapestry* de Charles Lloyd, a música americana sufi *Habibbiyya*, música de flauta dos Andes (*Urubamba*), o *shakuhachi* japonês, *Music for Zen Meditation* e *Music for Yogic Meditation* de Tony Scott, canto multivocal tibetano, diversos *ragas* indianos, *bhajans* e *kirtans* (particularmente *Om Namah Shivaya* e outras gravações do grupo de Ganeshpuri), e a música de Steven Halpern, Georgia Kelly, Paul Winter e Brian Eno.

No trabalho sistemático com a terapia holotrópica é bom iniciar com seleções mais conservadoras e depois passar para a poderosa tecnologia sonora de alteração da mente, especialmente as peças musicais que foram especificamente desenvolvidas em diversas culturas e tradições espirituais para alterar a consciência e para propósitos de cura. O potencial terapêutico da música é bastante surpreendente e este campo está aberto para explorações futuras. Marilyn Ferguson dedicou um número inteiro de seu *Brain/Mind Bulletin* ao que ela chamou "música medicinal" — pesquisa científica sistemática dos efeitos estéticos, emocionais, psicológicos, fisiológicos e bioquímicos da música (Ferguson, 1985).

Entre as possibilidades que deveriam ser exploradas sistematicamente na terapia holotrópica encontra-se o uso de "ruído branco", estimulação acústica randômica produzida por um gerador sonoro. Há alguns anos eu fiz um trabalho preliminar com o "ruído branco" em sessões psicodélicas e o considerei muito interessante. O uso de "ruído branco" elimina a possibilidade de programar a experiência através da música, pois ele consiste em seqüências rápidas de estímulos acústicos que não têm nenhum padrão específico. Nas sessões psicodélicas, a maioria das pessoas transformará ilusoriamente esses sons monótonos em música. Esta música é percebida como combinando perfeitamente com a experiência — a psique do indivíduo. Deve ainda ser pesquisado se isto também é verdadeiro no caso das sessões holotrópicas.

Outro caminho interessante para a pesquisa futura é o estudo dos efeitos de freqüências sonoras específicas sobre a psique e o corpo. Este trabalho é uma versão moderna do sistema conhecido na Índia como *nada* yoga, ou ioga do som. Seu pressuposto básico é a existência de uma profunda conexão entre as vibrações das diversas freqüências e a atividade nos centros da energia psíquica, os *chacras*. É concebível que será possível no futuro incorporar algumas das descobertas desta área à terapia holotrópica. Contudo, as perspectivas mais promissoras para os desenvolvimentos futuros da terapia holotrópica encontram-se no campo do som holofônico, que vem se desenvolvendo rapidamente. As possibilidades nesta área são tão excitantes e de alcance tão grande, que merecem maior elaboração.

O inventor da tecnologia de som holofônico é o pesquisador ítalo-argentino Hugo Zucarelli. Ainda não temos toda a informação necessária para compreender plenamente suas importantes descobertas por causa de considerações relativas a patentes. Na discussão a seguir, usarei os dados de conferências dele a que assisti, dados de nossas discussões pessoais, e de minha experiência com o som holofônico durante um seminário com duração de três dias em Millbrae, Califórnia, de que minha esposa Christina e eu participamos.

No início de sua vida, Zucarelli teve uma profunda experiência pessoal na qual quase foi morto por um carro. O que salvou sua vida foi sua habilidade de localizar com precisão o som do veículo que se aproximava, sem chegar a vê-lo realmente. Mais tarde, ele se tornou fascinado pelos problemas associados com a capacidade de localizar sons, demonstrada por diversos animais em sua percepção auditiva. Pelo estudo e análise cuidadosos dos mecanismos pelos quais as diversas espécies chegam à identificação precisa das fontes sonoras, ele chegou à conclusão de que os modelos de audição existentes não podem explicar características importantes da percepção acústica humana.

A explicação tradicional da habilidade de localizar sons baseia-se na comparação da intensidade do som que entra nos ouvidos direito e esquerdo. Estudando a evolução deste mecanismo, Zucarelli descobriu que organismos cuja cabeça está firmemente conectada ao corpo, como o crocodilo, tendem a mover todo o corpo para localizar sons. Nas espécies em que os movimentos da cabeça podem ser independentes dos do corpo, como os pássaros, o organismo os usará no processo de localizar o som. Na maioria dos mamíferos, a cabeça pode permanecer imóvel e seus movimentos são substituídos pelo posicionamento dos lóbulos das orelhas.

O fato de os humanos poderem localizar a fonte dos sons sem movimentos da cabeça ou posicionamento dos lóbulos das orelhas sugere claramente que a comparação da entrada acústica entre os ouvidos direito e esquerdo não é o único mecanismo responsável pelas habilidades humanas nesta área. Além disso, mesmo os indivíduos que perderam a capacidade auditiva de um único lado podem ainda localizar os sons. Com base nos dados acima, Zucarelli concluiu que para explicar adequadamente todas as características da audição espacial nos humanos tem-se que admitir que a percepção acústica humana usa princípios holográficos. Isto requer a aceitação do fato de que, ao contrário do que diz o modelo da medicina tradicional, o ouvido humano tem de funcionar não apenas como um receptor mas também como um transmissor.

Reproduzindo eletronicamente este mecanismo, Zucarelli desenvolveu a tecnologia holofônica. As gravações holofônicas têm uma capacidade fantástica de reproduzir a realidade acústica com todas as suas características espaciais em tal extensão que, sem o controle visual constante, é virtualmente impossível distinguir a percepção de fenômenos gravados da percepção de acontecimentos reais no mundo tridimensional. Além disso, ouvir gravações holofônicas de acontecimentos que estimulariam outros sentidos tende a induzir cinestesias — percepções correspondentes em outras áreas sensoriais.

Exemplos surpreendentes de tais cinestesias podem ser vivenciados ao ouvir a fita experimental de Zucarelli. O som de tesouras abrindo e fechando perto do couro cabeludo pode provocar uma sensação realista de estar realmente cortando o cabelo. O zumbido de um secador de cabelos elétrico pode produzir sensações de uma corrente de ar quente soprando através do cabelo. Ouvir uma pessoa riscando um fósforo pode ser acompanhado pela visão da luz e/ou do cheiro específico do enxofre queimado. Ao ouvir o som de um saco de papel perto dos ouvidos, tem-se uma sensação convincente de que alguém está colocando um saco de compras sobre nossa cabeça. E a voz de uma mulher murmurando dentro de nossos ouvidos nos fará sentir sua respiração.

A descoberta dos princípios holofônicos e da tecnologia holofônica tem grande relevância para muitos campos da ciência e para muitas áreas da vida humana. Pode revolucionar a compreensão da fisiologia e da patologia da audição, e ter implicações nem sonhadas para a psiquiatria, a psicologia e a psicoterapia. Neste ponto podemos apenas fantasiar sobre as amplas possibilidades de implicações teóricas para a religião e a filosofia, e sobre as aplicações práticas nos meios de comunicação, entretenimento, arte e muitos outros domínios. As possibilidades para o uso do som holofônico, no contexto da terapia holotrópica, são extremamente intrigantes e promissoras. Seriam de interesse particular as gravações holofônicas de peças musicais destinadas especificamente a induzir ou comunicar um estado incomum de consciência — música balinesa de dança em transe, rituais xamânicos, música e cantos sufi, música e tambores de cerimônias de peiote Huichol ou americana nativa, canções dos *ayahuasqueros* peruanos, e outras.

TRABALHO CORPORAL FOCALIZADO

O último componente da terapia holotrópica, o trabalho corporal focalizado, é utilizado apenas quando necessário. Há muitas sessões com um desenrolar suave em que nenhuma intervenção é necessária. Em algumas dessas sessões, a hiperventilação não evoca nenhuma emoção difícil ou manifestação física desagradável, e leva a um relaxamento progressivo e a sentimentos de natureza extática. Em outras sessões, o desconforto emocional e psicossomático é ativado, mas a continuação da respiração leva quase que automaticamente a uma boa resolução e a uma boa integração da sessão.

Há apenas poucas situações em que o trabalho corporal focalizado é necessário nas fases iniciais das sessões holotrópicas. A mais importante foi mencionada anteriormente; é uma situação em que o bloqueio principal está na área da garganta e alcança um nível tal que interfere com a continuação da respiração. Ocasionalmente, o trabalho corporal ab-reativo tem de ser usado quando a intensidade da reação — espasmos, dor física ou ansiedade — é tal que a pessoa não seria capaz ou não estaria disposta a continuar a menos que o desconforto fosse reduzido. Em casos raros é útil usar esta abordagem quando a pessoa apresenta problemas sérios para o acompanhante ou para os demais participantes do grupo por estar agitada demais ou envolvida profundamente demais na experiência.

Contudo, a indicação principal para o uso do trabalho corporal focalizado é uma situação durante o período final da sessão (usualmente depois de aproximadamente uma hora e meia a duas horas), para aqueles indivíduos em que a respiração e a música não trouxeram uma resolução completa. Neste momento, o facilitador deve confirmar com a pessoa se há algum desconforto residual e qual sua natureza. É desejável que se trabalhe com esses problemas, pois isso traz uma resolução mais clara e uma maior integração para a sessão; mas este trabalho não é de forma alguma obrigatório. Nós sempre perguntamos às pessoas se elas desejam fazê-lo, ou se desejam deixar a situação como está. Em qualquer caso, os sintomas residuais tendem a desaparecer com o tempo.

O princípio básico do trabalho corporal focalizado, no período final das sessões holotrópicas, é exteriorizar as diversas formas de desconforto físico associadas ao desconforto emocional, levando-se em conta as pistas presentes no corpo do cliente. Qualquer que seja a natureza e a localização do problema, pede-se à pessoa que acentue o sintoma. Por exemplo, se o problema é uma dor de cabeça ou dor no pescoço, esta pode freqüentemente ser intensificada ao se assumir uma postura focalizada na cabeça, ao se fazer uma careta, ou ao tensionar os músculos

Figuras 18 a-b — Representações pictóricas de uma identificação experiencial que se alternava entre uma aranha venenosa (a) e uma máscara aborígene (b). Esta experiência ocorreu durante o trabalho ab-reativo no estágio final de uma sessão holotrópica. Estas experiências resultaram num alívio dramático em geral, e especialmente da tensão facial.

do pescoço. O desconforto pélvico pode ser exagerado ao levantar a pelve e tensionar os músculos abdominais (a postura da ponte da hatha yoga) ou ao tentar manter as pernas unidas enquanto os joelhos estão sendo empurrados para fora. De modo similar, quando há muita energia ou cãibras nas mãos, isto pode ser voluntariamente acentuado, e a tensão ampliada ainda mais por uma intervenção externa, como o puxão firme da "luta de mãos mexicanas". O mesmo princípio geral pode ser aplicado a qualquer outra área do corpo.

Enquanto o problema apresentado está sendo acentuado e a tensão na área está sendo mantida, o resto do corpo é incentivado a expressar qualquer coisa que tenda a fazer espontaneamente. É importante que o cliente (ou o terapeuta) não tente julgar o que está acontecendo ou mudá-lo. Contudo, pode ser útil realizar algumas intervenções que cooperam com o processo, o aprofundam e o intensificam. Incluem-se aqui, por exemplo, massagem ou pressão nas áreas que estão tensas ou doloridas, ou oferta de resistências específicas que ampliem as tensões existentes, tais como as que mencionei anteriormente em conexão com as manobras para liberar as tensões na pelve ou nas mãos.

Entre as reações que podem ocorrer espontaneamente sob estas circunstâncias encontram-se tremores violentos, fazer caretas, tossir, sentir náuseas, vomitar, mover-se de diversas formas, e uma ampla diversidade de sons que incluem gritar, falar como bebê, vozes animais, falar em idiomas desconhecidos para o cliente, canto xamânico, e muitos outros. Esta atividade deve ser

Figura 19 — Uma pintura que expressa uma identificação autêntica com um grande gato, vivenciada durante o trabalho corporal focalizado, na fase final de uma sessão holotrópica. A mão na parte superior da pintura pertence ao facilitador que estava, aplicando pressão na testa da pessoa naquele momento.

encorajada e mantida até que o desconforto emocional e psicossomático desapareça e a pessoa se sinta relaxada e confortável.

Outro aspecto importante do trabalho corporal na terapia holotrópica é o uso de contato físico de apoio. Esta é naturalmente uma questão controvertida do ponto de vista da psiquiatria acadêmica, da psicologia e da psicanálise, em que há um forte tabu contra o contato físico. Contudo, esta abordagem terapêutica tem-se tornado natural e rotineira em muitos grupos que praticam diversas formas de psicoterapia experiencial. Embora o uso de apoio físico possa parecer questionável e inaceitável para um terapeuta tradicional com treinamento psicanalítico, é um instrumento poderoso e efetivo, particularmente no trabalho com indivíduos com uma história de severa privação emocional na infância.

Para entender a importância do contato físico como um instrumento terapêutico, temos de examinar a natureza das experiências traumáticas e das medidas que podem remediá-las. Os traumas que têm um papel importante na história do desenvolvimento do indivíduo e na dinâmica da psicopatologia dividem-se em duas grandes categorias. Parafraseando a terminologia do direito, podemos dizer que alguns traumas acontecem por ação e outros por omissão. Estes dois grupos são muito diferentes em sua natureza básica e requerem medidas terapêuticas diferentes.

Na primeira categoria encontram-se as lembranças de situações que infligiram severa dor física no indivíduo, ou evocaram fortes emoções negativas, como medo, confusão, vergonha, desespero, desgosto e outras. Incluem-se aqui memórias de abuso físico, ferimentos ou intervenções médicas dolorosas, desconforto associado com doenças infantis, abuso sexual ou acontecimentos ameaçadores. Memórias traumáticas desse tipo podem ser comparadas a corpos estranhos na psique; elas podem ser expelidas pelo trabalho emocional expressivo e de ab-reação.

A segunda categoria de traumas envolve situações em que a criança, em diversos períodos de sua vida, teve necessidades legítimas de segurança e satisfação que não foram supridas pelos pais ou substitutos. As necessidades anaclíticas (do grego *anaklinein* = depender de) têm importância especial. Incluem-se aqui a necessidade de contato alimentador simbiótico com a mãe, aleitamento satisfatório, colo, embalo e carinho. Quando essas necessidades não foram satisfeitas, deixam um vácuo na psique. O indivíduo pode expressar a raiva e a frustração por ter sido privado delas, mas não pode preencher o espaço vazio. A única possibilidade, aqui, é oferecer a satisfação dessas necessidades quando o cliente estiver regredido ao nível do trauma original.

O uso do contato físico na terapia exige uma atitude ética impecável e a observação de regras éticas básicas. Deve estar claro que a oferta de contato físico — ou sua solicitação — deve ser uma resposta à situação terapêutica e não deve envolver nenhum outro motivo. Isto não se refere apenas às necessidades sexuais adultas que, obviamente, são as primeiras a serem consideradas. Nós tivemos, ao longo dos anos, em nossos *workshops*, diversas mulheres com fortes necessidades maternais não satisfeitas, que impuseram insensível e inadequadamente seus cuidados maternais a pessoas com quem estavam trabalhando. Elas tentaram embalar e dar colo em momentos em que isto era absolutamente contrário à natureza da experiência, que era, por exemplo, reviver uma memória de vida passada como um grande chefe africano, um guerreiro viking durante uma conquista marítima, ou um soldado romano numa expedição militar.

A questão do contato físico deve ser discutida e esclarecida com o cliente antes da sessão. É importante perceber que as atitudes em relação ao contato físico têm uma variação muito ampla. Para algumas pessoas, o contato físico é uma coisa absolutamente natural; para outras, está associado a conflitos e problemas sérios. Em nossos *workshops*, sempre encorajamos os participantes e acompanhantes a discutir este assunto antes de começar a trabalhar juntos, para chegar a um entendimento claro, e fazer um "contrato" de como procederão em relação a isto.

A escolha da forma de contato físico e seu momento envolvem um forte elemento de intuição, e é difícil estabelecer regras estritas e objetivas para isto. Contudo, é possível esboçar algumas orientações gerais. O facilitador deve considerar o uso do contato físico quando o cliente está clara e profundamente regredido, e parece desamparado e vulnerável. Situações típicas desta espécie seriam o reviver de episódios que envolvam privação emocional na infância, ou o período que se segue ao reviver do nascimento biológico. A melhor atitude parece ser oferecer primeiro exploratoriamente um contato físico limitado, como tocar a mão ou a testa do cliente. Se este for avidamente aceito, pode-se oferecer mais; podendo alcançar o ponto de pleno contato corporal.

Em nosso trabalho, o problema do contato físico é significativamente simplificado pelo fato de quase sempre trabalharmos num contexto grupal. As razões e as regras para o uso de apoio íntimo são claramente explicadas e são aceitas pelo grupo como parte do procedimento. As áreas do corpo que são tocadas são determinadas pelo processo interno do participante, e não pela escolha do acompanhante. Além disso, tudo que acontece neste aspecto, acontece publicamente e sob a supervisão coletiva do grupo. Esta é uma situação que difere consideravelmente do contexto do atendimento individual na prática de consultório. A viabilidade desta abordagem para a terapia individual deverá ser averiguada caso a caso.

Nós descobrimos que usar a terapia holotrópica no contexto de um grupo acrescenta dimensões inteiramente novas ao processo terapêutico. A vantagem mais óbvia é o fator econômico. Com a assistência de dois facilitadores capacitados, mais de vinte pessoas podem ter experiências significativamente curativas e transformadoras, no período de tempo de apenas três sessões de psicanálise clássica.

Além disso, as sessões num contexto grupal são geralmente muito mais poderosas do que o trabalho holotrópico individual. Elas tendem a criar o que pode ser descrito como um forte campo de energia catalisadora, que tem uma influência facilitadora no processo terapêutico. Um aspecto interessante do trabalho holotrópico coletivo é a ocorrência de muitos eventos sincrônicos, no sentido de Carl Gustav Jung (Jung, 1960), entre os participantes e facilitadores, entre os participantes, bem como entre todos os participantes e diversos aspectos do mundo externo.

Contudo, há ainda uma outra vantagem do trabalho em grupo, que é o profundo efeito que ele tem em muitos acompanhantes. A forma usual que empregamos é tal que cada participante no grupo escolhe um par com quem ele deseja trabalhar. Nas sessões, os participantes funcionam alternadamente como respiradores e acompanhantes ou facilitadores. Não é incomum que a experiência de ser um acompanhante tenha um profundo e significativo impacto na pessoa envolvida. O privilégio de dar assistência a outro ser humano, numa experiência que é profundamente pessoal e íntima, é um acontecimento cujo poder não devemos subestimar.

A maneira como os pares se escolhem é psicologicamente significativa e pode também envolver fatores sincrônicos. Não é incomum que o processo das duas pessoas tenha elementos de complementaridade ou antagonismo incomuns; estes elementos podem ter um significado especial e proporcionar uma oportunidade extraordinária de aprendizagem emocional. Se as sessões holotrópicas continuarem numa base sistemática, as pessoas têm a opção de mudar de par, se não considerarem gratificante o trabalho conjunto, ou se desenvolveram uma afinidade especial com outra pessoa no grupo.

O PROCEDIMENTO DA TERAPIA HOLOTRÓPICA

Depois de haver descrito os elementos básicos da terapia holotrópica — o uso de hiperventilação, música e trabalho corporal — discutirei agora o procedimento terapêutico conforme nós o praticamos. Os princípios da terapia holotrópica são muito simples. Durante a preparação que precede as sessões vivenciais, os clientes tomam contato com a cartografia ampliada da psique, que inclui o nível biográfico-rememorativo, os elementos do processo de morte e renascimento, e o espectro de experiências transpessoais. Deixa-se muito claro que qualquer uma dessas experiências é absolutamente natural, e que elas ocorrem sob essas circunstâncias em qualquer grupo de pessoas escolhidas de modo randômico.

Nas abordagens verbais de psicoterapia, a resistência toma a forma de defesas emocionais ou psicossomáticas, como foi claramente demonstrado por Wilhelm Reich (Reich, 1949) com seu conceito de couraça de caráter. As novas técnicas experienciais podem efetivamente superar os bloqueios emocionais e psicossomáticos de modo que eles deixam de ser um problema. Surpreendentemente, a barreira mais importante de defesa no trabalho com estas terapias modernas, de acordo com nossa experiência, é de natureza intelectual ou filosófica. Estas técnicas podem dar acesso a áreas de experiência para as quais a nossa cultura não tem um quadro de referência conceitual adequado. Apesar do fato de que experiências como seqüências perinatais e fenômenos transpessoais possam ser curativas e transformadoras, um ocidental desinformado tende a lutar contra elas e a bloqueá-las porque elas parecem ser estranhas, bizarras, ou mesmo indicadoras de severa psicopatologia.

Por este motivo, a preparação cognitiva, que inclui uma discussão de uma nova cartografia abrangente da psique, é uma parte muito importante do procedimento holotrópico. Em alguns de nossos *workshops* anteriores, participantes com treinamento científico tradicional ocasionalmente levantaram a objeção de que a preparação poderia estar incluindo "doutrinação" e poderia realmente ter induzido, por sugestão, as experiências nas sessões. Com base em minha experiência, considero que o perigo de tal "doutrinação" é mínimo. Vi repetidamente, nos anos iniciais de minha pesquisa psicodélica, que meus pacientes se moviam espontaneamente e sem nenhuma programação para os domínios perinatal e transpessoal — muito antes que eu houvesse desenvolvido a cartografia do inconsciente que agora discutimos antes de sessões psicodélicas ou holotrópicas.

Nós também vimos muitos exemplos em que experiências perinatais e transpessoais aconteceram em sessões psicodélicas não supervisionadas ou em sessões psicodélicas e holotrópicas que foram realizadas por outras pessoas com preparação inadequada ou sem nenhuma preparação. Não há, portanto, nenhuma dúvida de que elas representem manifestações genuínas da psique que não requerem nenhuma programação. É também importante perceber que, durante a preparação, os clientes ouvem a respeito de praticamente todo o espectro de experiências humanas possíveis. Desde que sua experiência real na sessão holotrópica representa apenas um pequeno fragmento muito selecionado daquilo que foi discutido, esta escolha tem de ter determinantes pessoais significativos. Enquanto o perigo da "doutrinação" parece mínimo, entrar na sessão sem a informação e cuidados necessários pode representar um obstáculo e desvantagem sérios, tendo em vista nossa forte programação cultural contra tais experiências.

Outra parte importante da preparação enfoca os aspectos técnicos do processo. Pede-se que os clientes passem toda a sessão numa posição deitada, com os olhos fechados; com a atenção focalizada nos processos emocionais e psicossomáticos induzidos pela respiração e pela música; e submetam-se a esses processos com plena confiança e sem julgamento. Neste contexto, é recomendável evitar o uso intencional de técnicas ab-reativas ou qualquer outra tentativa de mudar e influenciar a experiência. A atitude geral deve ser similar a algumas técnicas de meditação budista — simplesmente observar as experiências emergentes, registrá-las e deixá-las ir.

A preparação inclui também a discussão de algumas regras importantes do procedimento e os princípios do trabalho corporal, que eu descrevi com certo detalhe anteriormente. Quando a preparação cobriu adequadamente todos os pontos mencionados acima, o terapeuta pode planejar a sessão experiencial.

Uma exigência importante e um pré-requisito necessário para a terapia holotrópica é um local adequado. A sala tem de ser suficientemente ampla para que metade dos participantes se deite, com bastante espaço entre eles. Deve estar numa localização suficientemente isolada de influências externas perturbadoras de qualquer espécie, e, por sua vez, permitir ruídos altos, sem limitações. Isto envolve a possibilidade de usar um elevado volume de música e dar aos participantes a liberdade de plena expressão vocal, se necessário.

O chão deve ser acolchoado ou coberto com colchonetes, e uma quantidade suficiente de travesseiros e almofadas deve estar facilmente disponível. Parece ser melhor realizar as sessões numa sala semi-escurecida ou usar vendas nos olhos dos participantes. Muitas pessoas consideram que a luz brilhante na sala as perturba e interfere com sua experiência. Uma quantidade suficiente de lenços de papel e sacos de plástico para as pessoas que podem sentir náusea e vomitar é indispensável numa sala para terapia holotrópica.

Os clientes devem vir para a sessão vestidos com roupas simples e confortáveis. É importante retirar tudo que possa interferir com a respiração, e com o processo interno. Isto inclui óculos e lentes de contato, dentaduras, brincos pesados, pulseiras e gargantilhas, broches, cintos e relógios. A terapia

191

holotrópica tem também contra-indicações importantes que devem ser consideradas antes que a pessoa comece as sessões experienciais. Existem outras condições que não constituem contra-indicações, mas exigem precauções especiais. Estas devem ser discutidas antes que esta forma de auto-exploração possa começar.

A terapia holotrópica pode envolver experiências dramáticas, acompanhadas por intensos esforços emocionais e físicos. É obrigatório afastar todos os indivíduos com sérios problemas cardiovasculares, para os quais esta situação poderia ser perigosa. Isto inclui pessoas com um histórico de ataques cardíacos, cirurgia cardíaca, hemorragia cerebral, hipertensão maligna, arterioesclerose, ou aneurisma arterial. Pela mesma razão, seria precário realizar sessões com pessoas que tenham sido operadas ou feridas há pouco tempo, e cujos cortes cirúrgicos não tenham cicatrizado adequadamente.

Outra contra-indicação importante é a gravidez, principalmente nos estágios mais avançados. A placenta é uma das áreas do corpo em que a hiperventilação pode causar vasoconstrição; isto resulta em suprimento de sangue reduzido para o feto. Além disso, mulheres que estejam revivendo seu nascimento em sessões psicodélicas ou em terapia holotrópica freqüentemente experienciam simultaneamente contrações poderosas no útero e uma sensação convincente de estar parindo. Como um resultado disto, elas podem oscilar entre empurrar determinadamente com suas cabeças, como um feto, e usar pressão abdominal com suas pernas, numa posição ginecológica, como uma parturiente. Vimos repetidamente em nossos *workshops* mulheres que iniciaram sua menstruação no meio do ciclo, como resultado deste tipo de sessões holotrópicas poderosas. O suprimento de sangue limitado, em combinação com contrações uterinas intensas, poderia colocar a gravidez em perigo e provocar um aborto.

Uma condição que se inclui entre as contra-indicações relativas é a epilepsia. Na medicina, a hiperventilação é utilizada para aumentar as ondas cerebrais epilépticas, com objetivo de diagnóstico. Teoricamente, a respiração rápida poderia, portanto, provocar um ataque numa pessoa com um histórico de epilepsia. Nós tivemos em nossos *workshops*, ao longo dos anos, seis pessoas que sofriam de epilepsia e todas decidiram realizar a respiração, pois se o acompanhante protegesse a língua da pessoa em casos de ataque epiléptico, o perigo seria mínimo para uma pessoa que estivesse deitada.

O maior perigo associado à epilepsia é o risco de acidentes que acontecem quando o ataque ocorre numa pessoa que está nadando, dirigindo, ou num lugar alto e sem proteção. Na maioria dos casos, as conseqüências do ataque são mais perigosas do que o ataque em si mesmo. Numa pessoa que esteja deitada num colchonete, os riscos seriam mínimos se a língua fosse protegida com uma toalha. Contudo, nenhuma das seis pessoas epilépticas em nossos seminários experienciou um ataque durante as sessões de respiração. Várias delas relataram que a experiência levou a uma redução substancial de sua tensão organísmica. Elas discutiram a possibilidade de que este processo funcionasse realmente como uma medida preventiva, ao manter a tensão abaixo do nível que seria necessário para uma descarga epiléptica explosiva. No entanto, um histórico de epilepsia exige cuidados, principalmente por causa de uma outra complicação possível, embora improvável, chamada estado epiléptico. Este é uma seqüência ininterrupta de ataques, que é séria e pode ser difícil de interromper sem intervenção médica especializada, e sem uma farmácia bem equipada.

As condições restantes que representam contra-indicações ou exigem precauções especiais são óbvias mesmo sem conhecimentos médicos profundos; elas podem ser entendidas facilmente pelo senso comum. A participação nas sessões coloca exigências físicas e emocionais para o organismo. Pessoas enfraquecidas e exaustas por doenças sérias de qualquer natureza deveriam portanto ser excluídas da participação. As doenças infecciosas merecem uma menção especial neste contexto, pois a tosse, a saliva e o vômito que estão entre as formas mais comuns de contágio no trabalho vivencial podem representar um risco real para os acompanhantes.

Muitas pessoas, durante as sessões de respiração, realizam intensos movimentos corporais, que algumas vezes chegam a ser extremos. Portanto, precauções especiais devem ser tomadas com relação a pessoas que sofrem de deslocamento habitual de joelhos ou ombros, ou que tenham fragilidade óssea patológica, nas quais esta situação poderia levar a ferimentos ou a complicações. Se o problema não for suficientemente sério para impedir a participação da pessoa, o acompanhante deverá conhecê-lo e proteger o cliente de movimentos ou posições que sejam arriscados.

No que se refere a contra-indicações emocionais, uma história de psicopatologia séria e hospitalização psiquiátrica exige considerações especiais. A terapia holotrópica pode ser muito eficaz em pessoas com profundos problemas emocionais, inclusive alguns estados psicóticos. De um ponto de vista prático, há dois elementos importantes a considerar — a intensidade dos sintomas e a força do ego. Sintomas emocionais e psicossomáticos dramáticos indicam que um material inconsciente importante, com forte carga emocional, está próximo da superfície. Isto por si só não significa um prognóstico difícil para a terapia holotrópica. Ao contrário, nós vimos muitos exemplos em que resultados surpreendentes foram alcançados, nesses casos, em poucas sessões holotrópicas. Isto ocorre em indivíduos com psicotraumas severos isolados, e personalidades relativamente estáveis.

Um fator mais importante, em relação ao prognóstico, é a força do ego. O trabalho experiencial é geralmente mais difícil e demora mais em clientes que não têm suficiente base na realidade consensual, mostram uma estrutura da personalidade instável e precária, e têm dificuldade em estabelecer limites claros entre o seu processo interno e o mundo externo. Esta situação reflete uma falta de contato alimentador simbiótico ("seio bom" e "útero bom") no início de sua vida. Nestes casos, o trabalho expressivo e de descoberta dos traumas emocionais deve ser suplementado pelo uso sistemático de contato corporal alimentador num estado regredido. Esta parece ser a única forma de preencher o vazio emocional criado pela privação inicial. Gradualmente, as experiências nutridoras deste tipo tornam-se internalizadas e constituem a fonte da força interior e da estabilidade do cliente.

Este trabalho experiencial com indivíduos severamente perturbados exige uma estrutura residencial especial, com pessoal treinado, em que o apoio contínuo esteja disponível vinte e quatro horas por dia; e não deveria ser realizado num esquema ambulatorial. Pessoas com dificuldades emocionais menos extremas, tais como psiconeuroses e distúrbios psicossomáticos, podem participar de sessões regulares, individuais ou grupais, de terapia holotrópica coordenadas por facilitadores experientes. Neste caso é de importância especial alcançar a melhor completude e integração possíveis em cada sessão, fazendo trabalho corporal sistemático no seu período final. O contato físico de apoio pode também ser fortemente indicado, em alguns casos.

O trabalho holotrópico é uma forma expressiva de terapia e é incompatível com medicação tranqüilizante que suprime as emoções. Não faria sentido realizar sessões holotrópicas com indivíduos que estejam sob a ação de tranqüilizantes fortes. A interrupção súbita de medicação tranqüilizante pode levar a uma emergência dramática do material inconsciente suprimido; e não deveria ser tentada fora de um centro de tratamento residencial.

Parece útil começar a sessão de terapia holotrópica com um breve período de meditação e relaxamento. Habitualmente nós pedimos aos clientes que tomem uma posição deitada, com as pernas e os braços levemente separados e com as palmas das mãos voltadas para o teto. Esta é uma expressão física da atitude básica com que se deve abordar a experiência — abertura, receptividade e aceitação. Cruzar pernas e braços usualmente exprime resistência e reserva. Se a pessoa tiver uma técnica de relaxamento que tenha sido efetiva para ela no passado, pode-se permitir-lhe um breve período para utilizá-la.

Outra possibilidade é que o facilitador guie o relaxamento, mencionando sucessivamente as diversas partes do corpo, começando pelos pés e movendo-se gradualmente para cima através dos tornozelos, pernas, coxas, nádegas, músculos abdominais, costas, peito, ombros, braços e mãos, garganta e pescoço, maxilares e músculos faciais, testa e crânio. Durante esse procedimento, o cliente tenta relaxar as partes do corpo conforme elas são mencionadas. As áreas que estão razoavelmente relaxadas, habitualmente, não apresentam nenhum problema e podem ser influenciadas diretamente. Nas áreas em que o indivíduo experiencia intensa tensão muscular, isto pode não ser possível. Neste caso, pode ser útil primeiro exagerar a tensão, mantê-la por algum tempo, e depois relaxar.

Usar imaginação dirigida, envolvendo elementos do oceano, ondas, formas de vida aquática, como água-viva ou algas, ou belas paisagens associadas com memórias agradáveis de lazer e satisfação, pode ser muito eficaz para alguns indivíduos. De acordo com nossa experiência, cada facilitador, ao trabalhar com a terapia holotrópica, desenvolve sua seqüência favorita de instruções para introduzir o cliente na experiência, e pode até mesmo usar modificações e variações específicas que se ajustem às personalidades dos clientes. Quando as sessões são repetidas, este período introdutório pode ser abreviado, conforme o cliente torna-se mais experiente.

Quando o corpo estiver tão relaxado quanto possível dentro das circunstâncias, a próxima tarefa é aquietar a mente e gerar uma atitude que seja ótima para a experiência. Neste estágio, sugerimos que os clientes tragam sua consciência e atenção, tanto quanto possível, para o momento presente e para o local presente — para o "aqui e agora". Eles devem tentar deixar para trás todas as lembranças do passado — o que aconteceu em suas auto-explorações anteriores com outras técnicas ou em sessões precedentes de terapia holotrópica, o que ouviram outras pessoas falar sobre o procedimento, o que aconteceu com eles mais cedo no mesmo dia ou no passado remoto, e até mesmo o que lhes foi dito durante a preparação, exceto as instruções específicas para a sessão.

De um modo similar, eles devem abandonar qualquer pensamento sobre o futuro, e, particularmente, qualquer programa que envolva a própria sessão. Especificamente nós desencorajamos as pessoas a ir para a sessão com idéias concretas de que problemas gostariam de trabalhar, que experiências gostariam de ter, como a experiência deveria ser, ou o que gostariam de evitar. A natureza da terapia holotrópica, e também da terapia psicodélica, é tal que o próprio processo seleciona automaticamente em cada sessão o material que for mais relevante emocionalmente no momento. De uma perspectiva mais ampla, o próprio processo também determina, numa série de sessões consecutivas, a seqüência de temas e assuntos que é a melhor para a cura. A melhor estratégia é suspender o processo analítico ("desligar a cabeça") e render-se com plena confiança à sabedoria do corpo e dos processos inconscientes e superconscientes.

Neste momento um procedimento paralelo deve ocorrer no acompanhante (ou acompanhantes, se a sessão for grupal). Como o cliente, o acompanhante deve limpar sua mente do envolvimento com o passado e de fantasias sobre o futuro. É importante não ter absolutamente nenhuma expectativa ou plano para a sessão. A melhor atitude parece ser um profundo interesse humano pelo cliente, interesse no processo, e confiança na sabedoria e potencial espontâneo de cura da psique, combinado com algum grau de desapego. Esta é uma precaução para que o facilitador não se torne excessivamente envolvido pessoalmente no processo, com muito investimento emocional no resultado, ou então, através de ressonância idiossincrática, com o conteúdo da sessão.

Trabalhar sistematicamente como um facilitador em terapia holotrópica não exige apenas suficiente experiência pessoal durante o treinamento, mas contínua consciência do próprio processo, e trabalho pessoal adicional quando necessário. A natureza da resposta emocional aos diversos aspectos do processo dos clientes é o melhor termômetro para indicar quais áreas da própria psique exigem mais atenção e mais trabalho experiencial.

É importante perceber que o trabalho holotrópico tem um fim completamente em aberto. É melhor pensá-lo como um projeto de pesquisa e de vivência psicológica contínuas. O modelo de psique utilizado na psicoterapia acadêmica está baseado na premissa de que podemos adquirir um amplo conhecimento dos processos psicológicos, aplicável a todos os pacientes individuais com que venhamos a trabalhar. A teoria da terapia holotrópica é explicitamente aberta e preparada para surpresas. Durante o trabalho terapêutico cotidiano, podem emergir fenômenos e problemas que o facilitador não tenha visto, não tenha vivenciado ou sobre os quais não tenha lido anteriormente. O treinamento do facilitador nunca deve ser considerado terminado. A terapia holotrópica é um processo de aprendizagem contínua, e não uma aplicação mecânica de um sistema de conceitos e regras fechados.

A parte final da introdução, depois do relaxamento físico e da preparação mental, envolve sugestões específicas para o processo vivencial. Pede-se, então, aos clientes que focalizem sua atenção na respiração e contatem seu ritmo natural, sem tentar mudá-lo. Pode ser útil neste ponto visualizar a respiração como uma nuvem de luz e segui-la com o olho da mente por todo o caminho através da pelve, pernas e pés, e na volta também. Pode-se imaginar que enquanto o ar percorre todo o corpo de alto a baixo, vai criando uma sensação de espaço aberto e preenchendo todas as células do corpo com luz.

Então é feita a sugestão para aumentar a freqüência do ritmo respiratório e para tornar a respiração mais plena e mais efetiva do que o usual. Os detalhes do processo, como a taxa e a profundidade da respiração, bem como o envolvimento das partes superiores dos pulmões ou da área diafragmática e do abdômen, são deixados para a intuição organísmica do cliente. Quando o ritmo respiratório foi suficientemente aumentado, o facilitador prepara o cliente para o início da música, encorajando-o a render-se ao fluxo dela, ao ritmo respiratório de qualquer experiência que possa emergir, sem analisá-la ou tentar mudá-la, e com plena confiança no processo.

Idealmente, uma sessão holotrópica requer apenas uma intervenção mínima dos acompanhantes. Seu papel principal é observar o processo e assegurar que os participantes mantenham um ritmo respiratório mais rápido e efetivo que o comum. A taxa de respiração, sua profundidade e estilo variam de indivíduo para indivíduo, e de sessão para sessão. O facilitador e o cliente (ou os companheiros numa sessão grupal) devem ter um contrato em relação ao grau e à natureza da intervenção. Isto é particularmente importante nas sessões iniciais, antes que a pessoa tenha familiaridade com a experiência e desenvolva seu próprio estilo. Alguns iniciantes desejam explorar o máximo possível que esta técnica tem a oferecer. Eles pedem aos acompanhantes que observem de perto sua respiração, estejam certos de que ela é adequada, e não os deixem desligar-se. Outros apenas desejam "aquecer-se", explorar as possibilidades da técnica em seu próprio ritmo, e facilitar seu caminho em seu processo. Algumas pessoas não desejam ser tocadas, ou pedem aos acompanhantes para não interferir. Este tipo de pedido deve ser respeitado.

Às vezes ocorre de um participante esquecer de hiperventilar, ou se prender a uma experiência e diminuir a respiração. Se o facilitador quiser lembrar ao cliente que a respiração deveria ser mais efetiva, isto deve ser feito de forma não-verbal, tocando suavemente o peito, os ombros ou a barriga. A fala é geralmente desencorajada durante as sessões, com exceção de palavras ocasionais ou sentenças simples. A ênfase da terapia holotrópica encontra-se na experiência emocional e psicossomática profunda. A cognição, a conceitualização e o intercâmbio verbal interferem seriamente com a profundidade e o fluxo do processo. Portanto, toda conversa é realizada durante o período preparatório antes da primeira sessão de respiração e nas sessões de relato que se seguem a cada uma das experiências holotrópicas.

Na maioria dos casos, a experiência da respiração segue uma curva orgástica, com um crescendo de emoções e manifestações físicas, culminação, e uma resolução mais ou menos súbita. Quando os clientes chegam a este ponto de mudança, os facilitadores não devem intervir e devem permitir que eles escolham seu próprio ritmo. Neste momento, a respiração pode ser extremamente lenta — duas a três respirações por minuto. Às vezes, o cliente pode entrar até mesmo no início da sessão num domínio experiencial que seja incompatível com a respiração rápida ou forçada, como a identificação com um embrião ou com um peixe. Neste caso, o acompanhante não deve insistir na hiperventilação. Em qualquer caso, as intervenções devem ser lembretes suaves e não exigências urgentes. Uma vez que o acompanhante tenha claro que sua mensagem foi recebida, deve deixar ao participante a decisão do que fazer com ela.

As outras situações em que podem ser necessárias intervenções durante a parte respiratória de sessão (pneumocatártica) já foram discutidas (p. 185). Elas incluem o trabalho ab-reativo com os bloqueios respiratórios, a redução da intensidade excessiva de emoções ou manifestações físicas, e as situações em que o cliente cause dificuldades de manejo. Fora disso, o trabalho dos acompanhantes, durante a maior parte da sessão, é apoiar, proteger e cuidar. Isto inclui providenciar almofadas para abafar batidas ou socos, impedir as pessoas de invadir os espaço dos outros, separá-las se chegarem perigosamente próximas, providenciar sacos de plástico em caso de náusea e vômito, e pegar lenços de papel ou um copo de água, se necessário. No período final das sessões, o papel dos acompanhantes torna-se mais ativo, se houver problemas residuais. A técnica de trabalho corporal focalizado usada neste momento já foi descrita anteriormente. Dar apoio emocional e físico ao participante e oferecer uma oportunidade para troca verbal são também funções importantes do acompanhante.

O resultado terapêutico das sessões é, com freqüência, inversamente proporcional à quantidade de intervenção externa. Algumas das experiências mais produtivas são aquelas em que o cliente fez tudo por si mesmo. Muitos métodos psicoterapêuticos tradicionais vêem o terapeuta como o agente ativo que

197

Figuras 20 a-b — Exemplos de mandalas que ilustram experiências durante a respiração holotrópica. O conteúdo da sessão e o simbolismo das mandalas refletem motivos tântricos relacionados com Káli e Shiva.

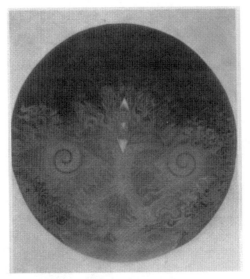

21a

21b

Figuras 21 a-e —Pinturas da artista Ann Williams, inspiradas pela respiração holotrópica.

21c

21d

21e

usa técnicas específicas para mudar a psique do cliente numa certa direção, dada pela teoria de uma escola particular. Os indivíduos que foram treinados em tais tradições podem ter dificuldade para funcionar como facilitadores em terapia holotrópica, na qual muita ênfase é colocada no potencial curativo espontâneo da psique.

Nós gostamos de combinar o trabalho holotrópico com o desenho de mandalas, conforme foi desenvolvido por Joan Kellogg, uma psicóloga e arte-terapeuta que participou do projeto de terapia psicodélica no Maryland Psychiatric Research Center (Kellogg, 1977). Embora de valor limitado como instrumento independente, o desenho de mandalas é extremamente útil quando combinado com diversas abordagens experienciais. O procedimento é muito simples: a pessoa recebe um conjunto de *craions* ou canetas hidrográficas, e uma grande folha de papel com um círculo desenhado. Pede-se que ela preencha o círculo de qualquer modo que lhe pareça apropriado. Pode ser apenas uma combinação de cores, uma composição abstrata de padrões geométricos, ou um desenho figurativo mais ou menos complexo.

A mandala resultante pode ser submetida à análise formal, segundo os critérios desenvolvidos por Joan Kellogg, com base em seu trabalho com grandes grupos de pacientes psiquiátricos e clientes de terapia psicodélica com LSD. Contudo também pode ser usada como um documento único das experiências incomuns, e ajudar em sua integração. Quando usada em grupos, contribui com uma importante dimensão gráfica para a compreensão das experiências incomuns dos outros e facilita o intercâmbio. Além disso, algumas mandalas permitem que se trabalhe nelas mesmas com outras técnicas experienciais, com o uso de práticas gestálticas, dança expressiva, ou outras técnicas. Em nossos *workshops* de quatro semanas no Esalen Institute, tornou-se muito popular entre os participantes manter um "diário mandala", no qual o processo de auto-exploração era documentado numa base contínua em desenhos diários de mandalas.

Depois da descrição geral dos princípios e técnicas da terapia holotrópica, gostaria de ilustrar este procedimento com um relato de uma mulher com quarenta e cinco anos que participou em um de nossos *workshops* em Esalen. Além das duas sessões de respiração holotrópica que geralmente oferecemos em nossos seminários de cinco dias, ela também participou de uma terceira, que foi realizada para a comunidade de Esalen por pessoas treinadas conosco. Portanto, todo o processo que ela descreve ocorreu em menos de uma semana.

> Cheguei ao *workshop* de Grof com pouca idéia a respeito de como seria. Eu não havia lido nada sobre o método, além de um parágrafo curto no catálogo de Esalen. Eu nunca havia tomado nenhuma droga psicodélica, e nem mesmo havia estado bêbada. Um dos principais problemas de minha vida era uma necessidade intensa de estar no controle — de mim mesma, dos outros, das situações, de tudo! A idéia de abrir mão desse controle era muito assustadora. Cheguei ao *workshop* sentindo-me irada, tensa e confusa a respeito de como viver minha vida; pensava

201

apenas que esta "técnica" poderia ser uma forma de liberar parte da tensão num lugar seguro.

Minha primeira experiência com a respiração Grof foi como acompanhante de Peter. Ele teve uma sessão serena e tranqüila, e assim passei muito tempo observando o que estava acontecendo no resto da sala. Ruth impressionou-me especialmente. Ela se contorceu, gemeu e lutou muito. Várias pessoas a seguraram para evitar que ela batesse na parede. Observá-la foi muito assustador e, ao mesmo tempo, animador. Parecia que ela nunca seria capaz de voltar à sanidade, mas no final ela se sentou parecendo dez anos mais jovem — apenas brilhando por dentro. Vê-la deu-me muita permissão para deixar-me ir no dia seguinte.

Primeira Sessão de Respiração

Na minha vez, nós passamos primeiro por um processo de relaxar nossos corpos, e então começamos a respirar mais profunda e rapidamente. A música jorrava à nossa volta. Dentro de aproximadamente dez minutos, minhas mãos e pés tinham cãibras. Nos dez a quinze minutos seguintes, minha mente lutou por controle. Sentimentos de pânico, perda, solidão, "fracasso" me invadiram. Uma imagem surgiu. No dia anterior, eu vira um pequeno pássaro preto marinho procurando por comida na praia, abaixo das piscinas quentes de Esalen. Conforme cada onda alta aparecia, o pássaro, calmamente, mergulhava mais fundo, sob a turbulência. Quando a onda passava, ele voltava para a superfície novamente.

Mantive a imagem de que eu era como o pássaro marinho; que a única segurança que poderia encontrar estava em mergulhar mais profundamente. Continuei indo, libertando-me da minha identidade cotidiana, abrindo mão do pensamento, dos medos, das idéias, dos membros de minha família e de outros apoios. Quase no final desta primeira fase, falei silenciosamente: "Aqui vou eu, Mãe!", querendo dizer não minha mãe humana, mas o grande oceano rugindo abaixo. Depois de mais vinte a vinte e cinco minutos (como julguei depois), eu estava plenamente no processo. Eu deixava que meu corpo fizesse qualquer coisa que ele parecia querer fazer.

Minha cabeça começou a virar-se ritmicamente de um lado para o outro no colchonete. Minhas pernas ergueram-se até que meus calcanhares tocaram minhas nádegas. Um braço começou a levantar e a cair, e meu punho socava o colchonete. Eu não tinha imagens, emoções ou cores psicodélicas; tinha apenas uma necessidade profunda deste movimento rítmico. Logo, minhas pernas estavam levantando-se e batendo, uma após a outra, como numa marcha ou dança tribal. Veio a imagem de ser uma dançarina numa cerimônia, em uma aldeia africana.

Meus braços e meus punhos juntaram-se ao movimento de minhas pernas. Veio um impulso de soltar um som. Joguei minha cabeça para trás e quase urrei. O som foi cada vez mais alto, mais alto do que eu jamais me lembrava de ter soltado minha voz antes. Eu me sentia como uma cantora de ópera "sustentando" uma longa nota aguda. Então minha voz, em seu pleno volume, começou a entrar no mesmo ritmo que meu corpo. Eu me sentia como um índio nativo americano, cantando uma canção tribal. Vieram-me imagens repetidas dos promontórios de Esalen/Big Sur, na costa sul do oceano. (O nome Esalen é o nome de um grupo de índios americanos que habitava a área em redor do Esalen Institute. A propriedade atual do instituto encontra-se em seu território sagrado, que era usado como cemitério, e as fontes quentes eram um lugar de cura.) Este canto e dança duraram aproximadamente uma hora, a pleno vapor, entremeados com alguns poucos períodos de descanso e de respiração. No final, eu havia descansado por vinte minutos, aproximadamente, quando Stan me perguntou se havia alguma tensão residual em meu corpo. Eu respondi que meu pescoço ainda estava tenso. Ele pressionou meu pescoço e me pediu para expressar qualquer coisa que eu sentisse. Apesar de eu não estar hiperventilando por algum tempo, e me sentir "de volta ao normal", comecei instantaneamente a cantar e a dançar novamente por vários minutos. Depois, senti que havia esgotado o excesso de energia, e estava realmente relaxada pela primeira vez em anos.

Segunda Sessão de Respiração

Na minha segunda sessão de respiração, entrei plenamente na experiência em aproximadamente dez minutos. Comecei a mexer minha cabeça de um lado para o outro, e realizei os mesmos movimentos rítmicos do dia anterior. Eles se transformaram rapidamente num grande "ataque de birra". Eu me agitei violentamente no colchonete, socando-o com muita raiva e gritando alto. James, Paul e Tara seguraram firmemente meus braços, pernas e ombros. Eu estava totalmente tomada pelo pânico. Vieram-me imagens de ser uma criança presa num lugar apertado demais. Eu senti que teria de pedir para que eles parassem — o terror era grande demais para suportar.

Subitamente, me lembrei da coragem de Pia durante a sessão em que eu fui uma acompanhante. Quatro pessoas a seguraram enquanto ela se agitava violentamente, por quase duas horas. Eu permaneci com meu medo e minha birra, até que a necessidade de lutar acabou, e relaxei na calma. Depois de um pouco de tempo, voltei a respirar profundamente. Nesta hora, estava sobre meu estômago, e empurrei o mais que pude o travesseiro e a parede. Tara segurou meus pés de forma que eu podia me apoiar em suas mãos para empurrar. Eu empurrei, me espremi, e gritei. Vieram-me imagens de estar lutando para sair do útero, para sair do berço, para sair de uma prisão, para sair de minha situação limitada de vida. Depois de aproximadamente vinte minutos, eu me aquietei novamente.

Voltei a respirar profundamente e minhas pernas tomaram a posição de relação sexual "papai e mamãe". Senti que estava sendo estuprada simultaneamente por meu pai, meu marido e pela torre da Igreja da Ciência Cristã, em Boston! Gritei e protestei por vários minutos enquanto isto continuou. Então veio-me a imagem de ter minha boca abarrotada com páginas da literatura de Ciência Cristã. Eu estava sendo forçada a engolir toda uma visão de mundo que negava meu corpo, minha sexualidade e eu mesma. Um universo estranho me preenchia, dizendo-me que eu não era boa. Eu comecei a "jogar coisas fora" ritualisticamente, usando minhas mãos para um movimento de trazer a bile de todo o meu corpo para cima, através de minha garganta, e para fora — com todos os sons guturais de vomitar.

Eu me tornei mais frenética, empenhada e ofegante, dispondo-me a botar para fora. Isto durou quase uma hora. Eu sentia que se não tivesse botado para fora, carregaria aquela bile, aquele universo estranho, para fora da sala e os teria comigo pelo resto de minha vida. Pensei em minha filha. Se eu não me livrasse de tudo aquilo, ela seria aprisionada também, presa no mesmo universo que envenenou minha avó, meu pai, meu marido e eu. Os "pecados dos pais" seriam herdados por ela. Eu fiquei falando para ela que estava fazendo aquilo por ela, e que ficaria ali para sempre, se necessário. E então a forte necessidade de controlar a experiência por meio do vomitar acabou. Permaneci tranqüila, entregando minha filha ao cuidado do universo.

Uma imagem preencheu-me, enquanto eu estava deitada lá. Eu estava dançando e correndo alegremente em volta da Igreja Mãe, vazia, em Boston, com Mary Baker Eddy. Eu a alcancei na Sala da Mãe. Nós fizemos sexo alegremente juntas, e então corremos para o segundo balcão no lado esquerdo da Igreja. Todas as pessoas importantes de minha vida juntaram-se a nós, uma a uma. Eu reconheci meu professor de Ciência Cristã, meus pais, meu marido, minha filha, minha amiga mais íntima, minha irmã, meu terapeuta, Ram Dass, Muktananda, Jesus... Todos eles olharam beatificamente para mim, e disseram: "Está tudo bem; nós estávamos apenas brincando, nós estávamos apenas representando. Está tudo bem". Quando eu voltei, estava segurando a mão de Paul à minha direita, e a mão de Tara à minha esquerda. James estava acariciando suavemente minha face. Eu contei a eles a piada que era tudo, e agradeci-lhes por terem me ajudado a encontrar Deus novamente. Eu disse que nunca me havia sentido tão ligada em minha vida depois de ter me sentido tão só.

Terceira Sessão de Respiração

No início da minha terceira sessão de respiração, eu ainda estava ansiosa enquanto esperava que o processo começasse, embora eu já o tivesse feito por duas vezes. Eu brinquei sobre a sensação de ser como um astronauta esperando o lançamento, perguntando-se se o foguete seria disparado e qual seria o destino. Em minutos eu já estava lá. Veio uma imagem muito clara. Era o rosto de minha filha, momentos após seu nascimento. Ela olhava para mim, do berço de vidro, que puseram perto de mim enquanto eu estava na mesa de parto. Eu estava totalmente inundada por meu amor por ela. Toda a emoção contida fluiu e comecei a chorar copiosamente. Pela primeira vez em minha vida percebi quanto amava minha filha.

E então a imagem mudou. Eu vi seu esqueleto no berço de vidro, e então, imediatamente, seu corpo novamente, mas agora com o rosto de minha mãe olhando para mim. Eu chorei ainda mais. Todo o amor que eu nunca me permiti sentir por minha mãe jorrou através de mim. Eu abracei a mim mesma, curvei-me numa posição fetal apertada, e lamentei-me. Uma tristeza profunda tomou conta de mim. Eu chorei por todo amor que fui incapaz de sentir por ela. Sua face se desfez e eu vi o rosto da mãe dela. Eu chorei por minha avó, pelas tristezas de sua vida. Então eu nos vi numa caverna subterrânea profunda. O esqueleto de minha avó estava no fundo, acalentando o esqueleto de minha mãe, que, por sua vez, acalentava o meu esqueleto, enquanto eu segurava o esqueleto de minha filha. Lamentei-me ainda mais.

Durante a próxima hora, aproximadamente, continuei a lamentar e a embalar todas as mulheres importantes de minha vida, chorando pelas perdas, pelas oportunidades de amor perdidas, pelos rompimentos, pela confusão, pelas separações. Finalmente, peguei meu marido (aos três anos de idade) em meus braços e chorei por ele — pela perda da mãe dele, pela perda de sua infância, pela falta de ternura em sua vida. E então, a cena mudou, e eu estava observando crianças sendo arrancadas de suas mães num campo de concentração. Chorei, e lamentei e as embalei. Então estava segurando o corpo esquelético e inchado de uma criança etíope faminta, e lamentando a aflição de sua mãe. A seguir, eu estava no Sul, abraçando uma mãe negra cujo filho havia sido baleado pela polícia, e estava morrendo na sarjeta, enquanto a polícia a impedia de embalá-lo. Eu me senti como se estivesse chorando por todo o mundo.

Depois de um período tranqüilo, voltei e me encontrei confortando e acariciando todos os angustiados — o homem em Atlanta acusado de onze assassinatos sexuais de meninos, outros raptores e assassinos, todos que eu podia lembrar ferindo a mim ou aos outros. Eu estava cantando e sussurrando suavemente um hino infantil: "Pastor, mostre-me como ir". Os outros em meu grupo estavam gritando e agitando-se por toda a sala, enquanto eu sussurrava minha cantiga repetidamente. Depois de mais um pouco de respiração profunda, tive uma experiência de estar fora, no universo, olhando para o mundo. Eu ouvia os sons do "Canto do Macaco Balinês"; ele parecia alto e violento, como fogo antiaéreo! Pow, pow! Eu via a Guerra Civil, a Armada Espanhola, povos da América do Sul e da África guerreando, a Primeira Guerra Mundial, a Segunda Guerra Mundial, o Vietnã, tudo ao mesmo tempo. A luta estava ocorrendo por todo o globo conforme o tempo desaparecia. E, através de tudo isso, ouvia-se uma pequena e tranqüila corrente de música reconfortadora — minha canção de ninar para o mundo.

Quando me deitei depois de tudo isto, percebi que as outras pessoas na sala ainda estavam contorcendo-se e lamentando-se. Eu senti muita compaixão por elas, como se as correntes mais plenas da energia da Mãe universal estivessem fluindo através de mim. Minha feminilidade estava desbloqueada e livre pela primeira vez; eu havia tocado o poder da natureza feminina! As lágrimas escorriam em meu rosto. Permaneci num estado meditativo e tive mais algumas imagens visuais fortes, incluindo uma muito poderosa de nuvens brilhantes abrindo-se no céu e revelando uma águia gigante incandescente. Suas pernas eram deslumbrantemente brancas, macias e fortes. Fui transportada por esta águia e segura carinhosamente contra seu peito.

Duas horas depois desta sessão, nosso grupo reuniu-se para compartilhar nossas experiências. Enquanto eu olhava em volta, a ternura e a compaixão fluíram novamente e eu me senti profundamente conectada a cada um dos presentes. Tive uma sensação poderosa de que havia voado milhares de milhas para estar comigo mesma! Uma sensação de que todos os "eus" com quem eu estava pronta para estar haviam se reunido comigo. Senti intensamente que nunca mais eu poderia estar solitária novamente; eu estava rodeada por mim mesma.

Gostaria de concluir este relato com um trecho de uma carta que nós recebemos um ano depois deste seminário em Esalen, como resposta a nosso pedido de uma avaliação de acompanhamento dos efeitos das experiências descritas:

Vocês perguntaram sobre quaisquer efeitos duradouros que eu tenha tido desde o *workshop* de respiração. Faz exatamente um ano desde o *workshop*, e sinto que o que ainda permanece comigo agora sem dúvida é duradouro. Talvez o resultado mais satisfatório e surpreendente seja que eu aceitei verdadeira e completamente o lugar em que vivo como meu lar — depois de aproximadamente dezesseis anos lutando contra um forte desejo de mudar-me! Eu mencionei, nos meus comentários anteriores a respeito do *workshop*, que percebi subitamente que havia voado milhares de milhas para estar comigo mesma. Naquele momento, sobrevoando os rochedos de Esalen, comecei a viver em meu lar. Esta percepção do lar tem estado comigo durante todo este ano, desde então, sem nenhum momento de enfraquecimento. Todos que me conhecem ficaram surpreendidos.

Além disso, ocorreram algumas outras mudanças substanciais em minha vida, e eu sinto que elas são resultado direto do *workshop*. Depois de muitos anos falando, pensando e lendo sobre espiritualidade, vivenciei realmente o que me pareceu um estado muito espiritual, durante o workshop. Esta vivência espiritual continuou a permear minha vida. Os "problemas" continuaram a aparecer — trabalho, família, casamento, objetivos, e assim por diante —, mas há uma tendência crescente a voltar-me profundamente para dentro de mim mesma, e deixar que os problemas sejam resolvidos a partir de dentro, mais do que tentar controlar ou manipular as circunstâncias externas.

Tenho meditado diariamente há alguns meses. Este parece ser um bom caminho para mim. Eu não estou seguindo um professor ou uma disciplina espiritual específicos. É apenas um momento de focalizar, e de voltar-me para o momento presente. O resultado tem sido uma calma e uma sensação de alegria crescentes. Tenho percebido mais amor fluindo de mim, algo que definitivamente esteve bloqueado por toda a minha vida. Eu sempre ansiei por compartilhar, mas a partilha freqüentemente degenerava em dominação e controle, com o ego colocando-se no caminho do *self*! Eu me sinto mais livre agora, e o amor está fluindo mais livremente. Algumas pessoas têm buscado ajuda e diversas formas de apoio em mim — um reconhecimento espontâneo "exterior" do progresso interno.

Mecanismos Efetivos de Cura e Transformação da Personalidade

O efeito extraordinário e freqüentemente dramático da terapia psicodélica e holotrópica, sobre diversos distúrbios emocionais e psicossomáticos, coloca naturalmente a questão a respeito dos mecanismos envolvidos nessas mudanças. No contexto dos sistemas tradicionais de psicoterapia, baseados na psicanálise, mudanças duradouras nas estruturas psicodinâmicas profundas subjacentes aos sintomas psicopatológicos exigem anos de trabalho sistemático. Os psiquiatras e psicoterapeutas, portanto, tendem a duvidar de que mudanças profundas e duradouras da personalidade possam ocorrer em uma questão de dias ou até mesmo horas, pois as teorias correntes não têm estruturas conceituais que expliquem tal possibilidade.

As descrições de curas dramáticas que ocorreram durante os procedimentos xamânicos, cerimônias de cura aborígenes, encontros de seitas extáticas ou dança em transe não têm sido levadas a sério pela maioria dos estudiosos ocidentais, ou então têm sido atribuídas à influência da sugestão em nativos supersticiosos. Mudanças dramáticas ocasionais na estrutura da personalidade, conhecidas como conversões, são vistas usualmente como imprevisíveis e inconstantes demais para terem interesse de um ponto de vista terapêutico. Contudo, é inegável o fato de que conversões religiosas, éticas, sexuais, políticas e de outros tipos podem ter influências profundas e freqüentemente duradouras sobre a pessoa envolvida. Seu impacto não se limita a crenças, atitudes, sistemas de valores e estratégias de vida, mas inclui, geralmente, cura emocional e psicossomática, mudanças no ajustamento interpessoal, desaparecimento de padrões de comportamento profundamente arraigados como alcoolismo e uso de drogas.

Gostaria de mencionar, neste contexto, o exemplo mais extremo e dramático do potencial curativo e transformador dos estados incomuns de consciência — as mudanças observadas em muitas pessoas que chegaram perto da morte. David Rosen, um psiquiatra da área da Baía de São Francisco, entrevistou onze sobreviventes de saltos suicidas da Golden Gate e da ponte da Baía Oakland em São Francisco (Rosen, 1973). Ele reconstituiu a situação de vida e a condição psicossomática dessas pessoas antes da tentativa de suicídio, explorou sua motivação para o suicídio, discutiu a experiência durante a queda e a operação de resgate e estudou todas as mudanças de personalidade e estilo de vida resultantes.

Rosen encontrou mudanças profundas em todos os sobreviventes. Essas mudanças envolviam melhoras emocionais e psicossomáticas impressionantes, apreciação ativa da vida, e descoberta da dimensão espiritual da existência, ou validação das crenças religiosas anteriores à tentativa de suicídio. As experiências que levaram a essas mudanças envolviam a queda e permanência de até dez minutos na água gelada, que era o período de tempo em que os sobreviventes tinham de ser resgatados. Se a ajuda não estivesse disponível neste espaço de tempo, a correnteza carregaria a pessoa para o mar aberto, o que significaria morte certa. Como estes poucos minutos na água fria não têm este efeito transformador profundo (isto foi mais do que suficientemente testado na era anterior ao uso de tranqüilizantes na psiquiatria institucional), torna-se claro que as descobertas devem estar relacionadas à experiência durante a queda.

Usando fórmulas matemáticas simples de física elementar, podemos calcular que a queda do parapeito da ponte até a superfície da baía demora aproximadamente três segundos. Os resultados não podem ser atribuídos facilmente ao efeito do choque físico; a despeito do fato de que a mortalidade geral desses saltos chegue a 99%, a maioria dos sobreviventes contatados por Rosen emergiu da situação virtualmente ilesos. Portanto, uma experiência interna poderosa, com duração de apenas três segundos, produziu resultados que anos de análise freudiana possivelmente não conseguiriam. Contudo, é importante perceber que a experiência subjetiva do tempo modifica-se radicalmente nos estados incomuns de consciência. Em segundos pode-se experienciar uma seqüência de eventos rica e complexa, que dura subjetivamente um longo tempo, ou até mesmo parece envolver a eternidade.

Em seu recente livro, *Heading Toward Omega*, o tanalogista Kenneth Ring chega a uma conclusão semelhante. Ele dedicou um capítulo especial deste volume ao estudo dos efeitos de longo prazo das experiências de quase-morte (Ring, 1984). Estes efeitos incluíam um aumento na auto-estima e na autoconfiança, apreciação da vida e da natureza, interesse e amor pelas outras pessoas, diminuição sensível na ênfase em *status* pessoal e em posses materiais, e o desenvolvimento de uma espiritualidade universal transcendendo os interesses que provocam o sectarismo religioso. Essas mudanças são surpreendentemente semelhantes àquelas descritas por Abraham Maslow e que se seguem a "experiências culminantes" espontâneas (Maslow, 1962, 1964).

A história antiga da psiquiatria oferece muitos exemplos de tentativas de utilizar experiências poderosas com o objetivo de cura. Uma das técnicas utilizadas na Índia antiga era simular um ataque de um elefante treinado que parava imediatamente antes de atingir o paciente. Em alguns casos, a pessoa perturbada era colocada numa cova cheia de cobras com as presas extraídas. Outras vezes, uma queda de surpresa na água era conseguida quando o paciente estava cruzando uma ponte com um mecanismo especial. No caso de pessoas importantes, todo um julgamento falso era realizado, incluindo a sentença de morte e os procedimentos para a execução, incluindo um perdão real no último minuto (Hanzliček, 1961). Ao discutir essas observações, eu não estou, naturalmente, propondo a exposição a situações de ameaça à vida, reais ou simuladas, como uma estratégia terapêutica para a moderna psiquiatria. Contudo, estou tentando mostrar que existem mecanismos na psique cujo poder terapêutico e transformador transcende tudo que as teorias atuais de psicoterapia possam conceber.

A terapia psicodélica e a holotrópica tornam possível utilizar o potencial curativo e transformador de experiências poderosas sem o risco envolvido em crises biológicas reais, ou os complexos meios de ilusão associados com as situações já descritas. A dinâmica do inconsciente, estimulada por técnicas inespecíficas adequadas, produzirá espontaneamente seqüências poderosas de confrontação com a morte. Estas seqüências têm um poder curativo comparável ao das situações determinadas externamente descritas acima. Contudo, antes que as abordagens deste tipo possam ser aceitas pela psiquiatria acadêmica é importante esclarecer os mecanismos envolvidos nestas mudanças dramáticas, e apresentá-los no contexto de uma teoria da personalidade abrangente. Apenas as experiências mais superficiais, e as mudanças que se seguem a elas, podem ser interpretadas no contexto do pensamento psiquiátrico tradicional. A maioria dessas experiências exige não apenas revisões substanciais nas estruturas conceituais da psiquiatria e da psicologia, mas também uma nova visão de mundo científica, ou um novo paradigma.

208

Intensificação dos Mecanismos Terapêuticos Convencionais

Algumas das mudanças terapêuticas que ocorrem nas sessões psicodélicas e holotrópicas podem ser explicadas em termos dos mecanismos descritos na psicoterapia tradicional. Contudo, mesmo nos estados incomuns de consciência relativamente superficiais, estes mecanismos são muito mais intensos do que nos procedimentos verbais. Nos estados holotrópicos mais profundos, encontramos tipicamente muitos mecanismos de mudança terapêutica que são inteiramente novos e ainda não foram descobertos e reconhecidos pela psiquiatria tradicional.

Os estados incomuns de consciência, certamente, mudam dramaticamente o relacionamento entre as dinâmicas do consciente e do inconsciente na psique. Estes estados tendem a abaixar as defesas e a diminuir as resistências psicológicas. Sob essas circunstâncias, pode-se observar não apenas a lembrança intensa de memórias reprimidas, mas também o reviver complexo de acontecimentos do passado que são importantes emocionalmente, e que ocorre com total regressão etária. O material inconsciente pode também aparecer sob a forma de diversas experiências simbólicas que têm uma estrutura semelhante à dos sonhos, e podem ser decifradas por técnicas freudianas de interpretação dos sonhos. A emergência desses conteúdos do inconsciente individual, que por outros meios não estariam disponíveis, está freqüentemente associada a *insights* emocionais e intelectuais enriquecedores a respeito das relações interpessoais do cliente.

O potencial terapêutico do reviver episódios emocionalmente relevantes da infância envolve diversos elementos importantes. A psicopatologia parece tirar seu poder dinâmico dos reservatórios profundos de energias emocionais e físicas contidas. Este fato foi descrito primeiramente por Freud e Breuer em seus estudos sobre a histeria (Freud e Breuer, 1936). O próprio Freud desconsiderou o significado deste fator, e foi o famoso renegado psicanalista Wilhelm Reich quem descobriu o significado teórico e prático da dinâmica bioenergética do organismo (Reich, 1949, 1961). Na terapia psicodélica e holotrópica, a liberação dessas energias e sua descarga periférica tem um papel muito significativo. Tradicionalmente, esta liberação é conhecida como ab-reação, se estiver associada com um conteúdo biográfico específico. A descarga de tensão física e emocional mais generalizada é usualmente chamada de catarse.

A ab-reação e a catarse merecem uma breve discussão, neste contexto, pois seu papel na psicoterapia deve ser reavaliado significativamente, tendo em vista as observações tanto da terapia psicodélica quanto da terapia holotrópica. O reconhecimento do poder curativo da catarse emocional remonta à Grécia antiga. Platão dá uma vívida descrição da catarse emocional em seu diálogo *Phaedrus*, ao discutir a loucura ritual ou planejada nos mistérios *Korybanticos*. Ele via um poder terapêutico potencial admirável na dança selvagem, ao som

209

de flautas e tambores, que culminava num paroxismo explosivo e resultava num estado de relaxamento e tranqüilidade profundos (Platão, 1961). Sendo ele mesmo supostamente um iniciado nos mistérios eleusinos, parece ter-se baseado em sua experiência pessoal.

Aristóteles, outro grande filósofo grego, discípulo de Platão, foi o autor da primeira afirmação explícita de que a plena vivência e liberação de emoções reprimidas são um tratamento efetivo para a doença mental. Aristóteles acreditava que o caos e o arrebatamento dos mistérios levavam seguramente à ordem, em concordância com a tese básica dos membros do culto órfico. Segundo ele, os iniciados experimentavam um extraordinário despertar das paixões, pelo uso de vinho, de afrodisíacos e da música, e este era seguido por catarse curativa (Croissant, 1932).

O mecanismo da ab-reação foi descrito por Freud e Breuer e teve um papel extremamente importante nas primeiras especulações feitas por Freud sobre a origem e a terapia das neuroses, particularmente da histeria. Em seu modelo original, o futuro neurótico havia experimentado, quando criança, situações traumáticas que não permitiram descarga periférica adequada da energia emocional gerada pelo trauma. Isto resultava em reservatórios de emoções contidas ou "afetos bloqueados". O objetivo da terapia era, então, trazer as memórias reprimidas à consciência, numa situação segura, facilitando a descarga retardada desse afeto.

Mais tarde, Freud abandonou este conceito em favor de outros mecanismos, particularmente da análise da transferência. Sob sua influência, a psicoterapia tradicional não vê a ab-reação como um mecanismo capaz de induzir mudanças terapêuticas permanentes. Contudo, há uma concordância geral de que as técnicas ab-reativas são o método a ser escolhido ao lidar com dificuldades emocionais que se devem a um único psicotrauma concreto, como as neuroses de guerra ou outros tipos de distúrbios emocionais traumáticos.

Tendo em vista as observações da terapia psicodélica e holotrópica, Freud cometeu um engano quando eliminou a ab-reação da psicanálise e focalizou sua atenção em mecanismos e técnicas mais superficiais e sutis. As abordagens exclusivamente verbais são claramente inadequadas para lidar com a situação bioenergética subjacente à psicopatalogia. A razão pela qual a ab-reação não trouxe mudanças terapêuticas duradouras foi, na maioria dos casos, por não ter sido suficientemente profunda e radical.

Para que a ab-reação seja plenamente efetiva, o terapeuta deve encorajar seu total desenvolvimento. Isto leva, com freqüência, muito além dos traumas biográficos de natureza psicológica ligados a memórias de acontecimentos físicos que ameaçaram a vida (pneumonia infantil, difteria, cirurgias, ferimentos ou quase afogamento), a diversos aspectos do nascimento biológico e até mesmo a experiências de vidas passadas e a outros fenômenos do domínio transpessoal.

A ab-reação pode tomar formas muito dramáticas e levar a uma perda de controle temporária, vômito projetado, nível elevado de choque, lapso momentâneo de consciência ("branco") e a outras manifestações dramáticas. Isso parece explicar por que a ab-reação tem sido eficaz no tratamento de neuroses traumáticas emocionais quando o terapeuta está preparado para lidar com o reviver de uma situação de ameaça à vida. Um terapeuta que não esteja preparado, emocional ou conceitualmente, para encarar todo o espectro dos fenômenos ab-reativos descritos acima, permitirá apenas formas e níveis de ab-reação truncados e abortados, que não trazem resultados permanentes.

Embora a ab-reação tenha um papel significativo na terapia holotrópica, é apenas um dos muitos mecanismos efetivos que contribuem para as mudanças terapêuticas. Fatores adicionais importantes existem mesmo no nível dos traumas biográficos. Uma pessoa que esteja vivenciando uma plena regressão no tempo até a infância, quando um determinado trauma ocorreu, torna-se literalmente uma criança ou um bebê. Isto inclui uma imagem corporal correspondente, emoções primitivas e uma percepção e compreensão do mundo ingênuas. Ao mesmo tempo, ela também tem acesso ao mundo conceitual maduro do adulto. Esta situação torna possível integrar acontecimentos traumáticos ao liberar sua carga energética, tornando-se plenamente consciente deles, e os avaliando a partir de um ponto de vista adulto. Isto é particularmente importante naquelas situações em que a imaturidade conceitual ou a confusão foram um elemento importante no trauma. Este tipo de fator foi descrito mais claramente na teoria do "duplo-vínculo" formulada por Gregory Bateson (Bateson, 1972) e mais recentemente no trabalho de Alice Miller (Miller, 1985).

Uma pergunta interessante em relação ao reviver um trauma de infância é: por que reviver uma situação dolorosa do passado deve ser necessariamente terapêutico, ou mesmo por que haveria de ser algo mais traumático em lugar de terapêutico? A resposta comum a isto é que a pessoa adulta é capaz de encarar ou de integrar experiências com que não conseguiria lidar quando criança. Além disso, o contexto de apoio e confiança da situação terapêutica é bastante diferente das circunstâncias traumáticas originais. Isto poderia ser uma explicação adequada para alguns traumas psicológicos relativamente sutis. Contudo, no caso de grandes traumas, particularmente envolvendo situações de ameaça à sobrevivência e à integridade corporal do indivíduo, parece haver um importante mecanismo adicional.

Parece provável que em situações desse tipo o acontecimento traumático original não tenha sido plenamente vivenciado no momento em que estava acontecendo. Um choque psicológico concreto pode levar algumas pessoas à perda da consciência e ao desmaio. É concebível que circunstâncias um pouco menos dramáticas possam levar a uma situação em que a experiência seja parcialmente bloqueada. Como resultado disto, o acontecimento não pode ser "digerido" psicologicamente e integrado, e permanece como um elemento estranho e dissociado na psique. Quando ele emerge do inconsciente durante a terapia psicodélica ou holotrópica, o que aconteceu não apenas é revivido, como também é plenamente vivenciado pela primeira vez, o que torna possível completá-lo e integrá-lo. A questão do reviver, comparada à primeira experiência plenamente consciente de um acontecimento traumático, foi discutida num artigo especial do psiquiatra irlandês Ivor Browne e sua equipe (McGee et al., 1984).

O último mecanismo terapêutico tradicional que deve ser discutido neste contexto é a transferência. Na psicoterapia psicanaliticamente orientada é considerado essencial que o paciente desenvolva uma neurose de transferência durante a análise. Isto consiste em projetar sobre o terapeuta todo um espectro de reações emocionais e atitudes desenvolvidas originalmente na infância em relação às figuras parentais ou a seus substitutos. O mecanismo terapêutico crítico é, então, a análise desta transferência. Na terapia psicodélica e holotrópica, o potencial para desenvolver a transferência é, em princípio, tremendamente ampliado. Contudo, isto é visto como uma complicação do processo terapêutico, mais do que como um pré-requisito necessário para o tratamento efetivo.

Ao contrário das abordagens verbais, a terapia experiencial profunda tem o potencial para levar o cliente até as situações traumáticas originais e, portanto, à raiz do problema, num espaço de tempo muito curto. Não é incomum que as pessoas alcancem, na primeira sessão psicodélica ou holotrópica, o nível de desenvolvimento oral, revivam seqüências de seu nascimento biológico, ou contatem o domínio transpessoal. Sob estas circunstâncias, o desenvolvimento de transferência deve ser visto como uma manifestação da resistência a encarar o trauma original.

Em muitos casos, é menos doloroso para o cliente criar um problema artificial na relação terapêutica, ao projetar nesta os elementos do trauma original, do que encarar o problema real, que é muito mais devastador. A tarefa do terapeuta é, então, redirecionar a atenção do cliente para o processo introspectivo, que é o único a possibilitar uma solução efetiva. Quando o trabalho terapêutico é conduzido neste espírito, torna-se óbvio que a transferência representa uma tentativa defensiva de evitar um problema opressivo do passado, ao criar um pseudoproblema menos ameaçador e mais controlável no presente.

Outra possível fonte de transferência parece ser uma história de severa privação emocional na infância. Nesta situação, o cliente tende a buscar no processo terapêutico a satisfação anaclítica que não vivenciou na infância. A melhor solução para este problema é o uso terapêutico do contato físico. Embora esta abordagem viole claramente o tabu freudiano do toque, ela tende a diminuir e não a aumentar os problemas da transferência, e seus efeitos terapêuticos são verdadeiramente admiráveis. O assunto do contato físico nas sessões holotrópicas foi discutido com algum detalhe em outro contexto (p. 186).

O potencial da terapia psicodélica e holotrópica não se limita à intensificação dos mecanismos terapêuticos convencionais. O aspecto mais excitante dessas abordagens é que elas dão acesso a muitos mecanismos adicionais, poderosos e radicais de cura e transformação que não foram ainda descobertos e reconhecidos pela psiquiatria acadêmica ocidental. No texto a seguir, descreverei e discutirei as novas possibilidades e perspectivas terapêuticas mais importantes.

Mudanças dinâmicas nos sistemas dirigentes da psique

Muitas mudanças dramáticas que resultam de sessões experienciais profundas podem ser explicadas em termos do jogo dinâmico das constelações inconscientes, que têm a função de sistemas dirigentes da psique. Os sistemas mais importantes deste tipo foram descritos anteriormente no contexto da nova cartografia da psique. Os sistemas de experiência condensada, ou sistemas COEX, organizam material emocional importante no nível biográfico. As matrizes perinatais básicas, ou MPBs, têm uma função semelhante em relação aos conteúdos experienciais, no nível perinatal. Existe também um amplo espectro de matrizes dinâmicas associadas com diversos tipos de experiências transpessoais.

Os sistemas dinâmicos dirigentes determinam o conteúdo das experiências do indivíduo durante os episódios de estados incomuns de consciência. O sistema que controla a experiência durante o período final das sessões tende a influenciar, de forma sutil, a experiência futura que a pessoa terá em relação a si mesma, a percepção do ambiente, as reações emocionais, os valores e as atitudes, e até mesmo diversas funções psicossomáticas. De acordo com a natureza da carga emocional, podemos distinguir sistemas dirigentes negativos (sistemas COEX negativos, MPB II, MPB III, aspectos negativos da MPB I, e matrizes transpessoais negativas) e sistemas dirigentes positivos (sistemas COEX positivos, aspectos positivos da MPB I, MPB IV, e matrizes transpessoais positivas).

A estratégia geral nas sessões psicodélicas e holotrópicas é a redução da carga emocional dos sistemas negativos, integração consciente do material doloroso que emerja, e facilitação do acesso experiencial a constelações dinâmicas positivas. Uma regra tática mais específica é estruturar o final de cada sessão individual de tal forma que a *Gestalt* psicológica que foi manifesta naquele dia seja terminada e integrada efetivamente. A condição clínica manifesta do indivíduo não é um reflexo global da quantidade total e da natureza do material inconsciente. Ela depende muito mais da sintonia específica de um sistema dinâmico específico que acentue um determinado aspecto da psique e o torne seletivamente disponível para a experiência.

Pessoas que estão sintonizadas com diversos níveis de matrizes negativas percebem a si mesmas e ao mundo de uma maneira pessimista, e vivenciam diversas formas e graus de aflição emocional e psicossomática. As pessoas que estão sob a influência de sistemas dinâmicos positivos se encontram em um estado de bem-estar emocional e ótimo funcionamento psicossomático. As características específicas dos estados resultantes dependem, em ambos os casos, do nível da psique que está ativado, do tipo da matriz dinâmica e da natureza do material inconsciente envolvido.

Um indivíduo que esteja sob a influência de um sistema COEX particular, e, mais especificamente, sob a influência de seu estrato específico, vivenciará

Figura 22 — Pintura que representa um aglomerado de memórias de infância relacionadas com nascimento e morte, que emergiu numa sessão de respiração holotrópica, conforme o processo se aproximava do nível perinatal.

Figura 23 — Pintura representando uma poderosa experiência de morte e renascimento de uma sessão de respiração holotrópica.

Figura 24 — Pintura representando uma experiência combinada de estar nascendo e estar dando à luz; ela envolvia uma identificação simultânea com a mãe, a criança e a Grande Deusa Mãe.

a si mesmo e ao mundo em termos de seu tema dominante, e se comportará de uma maneira que tenderá a reproduzir os elementos traumáticos originais, na situação atual. Dependendo do material, isto pode envolver pais e outras figuras de autoridade, companheiros, parceiros sexuais, diversas situações específicas e muitos outros elementos. A influência dinâmica de um sistema COEX introduz elementos arcaicos e anacrônicos na vida do indivíduo. O papel dos sistemas COEX na vida humana e os mecanismos que se associam a eles foram discutidos e ilustrados com exemplos clínicos típicos, em meu livro *Realms of the Human Unconscious* (Grof, 1975).

Sob a influência dos aspectos positivos da MPB I (o universo amniótico), o indivíduo vê o mundo como incrivelmente belo, radiante, seguro e nutridor. Isto se associa a uma consciência profunda da dimensão mística e espiritual no esquema universal das coisas e com uma sensação de unidade e de pertencer. A imagem geral da vida é a de uma peça divina, a cujo fluxo podemos nos render com plena confiança. Os aspectos negativos da MPB I introduzem o elemento da distorção psicótica do mundo. A dissolução dos limites não é extática e mística, mas confusa e ameaçadora. O indivíduo sente-se em perigo, sob ataque de forças demoníacas, atemorizado e, freqüentemente, envenenado. Neste estado,

Figura 25 — Pintura de uma sessão psicodélica representando a descoberta de um aspecto horrível da Sombra da própria personalidade, no sentido de Dr. Jekill e Mr. Hyde, ou de *O retrato de Dorian Grey* (da coleção do dr. M. Hausner, Praga).

Figura 26 — Pintura representando a experiência de nascer e ser simultaneamente torturado por uma figura demoníaca malévola. Mandala de uma sessão holotrópica.

Figura 27 — Pintura que representa as experiências de tortura, mutilação e assalto demoníaco que se alternaram com um senso de identificação com uma entidade demoníaca; elas emergiram numa sessão holotrópica focalizada no nível perinatal do inconsciente.

o mundo todo parece estar cheio de incertezas, e provoca sentimentos de pânico e paranóia.

A fase inicial da MPB II (subjugação cósmica) é bastante semelhante aos aspectos negativos da MPB I. Isto é lógico, pois o início do parto representa uma perturbação fundamental e irreversível do estado intra-uterino. A única grande diferença é uma sensação de aprisionamento mecânico e de claustrofobia que caracteriza a MPB II, mas não está presente na MPB I. Sob a influência de uma MPB II, totalmente desenvolvida (sem saída ou inferno), o mundo é visto como um lugar sem esperança, cheio de sofrimento absurdo e sem sentido, ou como um teatro de fantoches de robôs inanimados. O indivíduo sente-se profundamente dominado pela culpa e identifica-se com o papel de vítima indefesa.

A pessoa que está sob a influência da MPB III (a luta de morte e renascimento) sente-se sob uma grande tensão emocional e física, e tem, tipicamente, problemas com controle de impulsos destrutivos e autodestrutivos. Isto pode estar associado a fortes fantasias e inclinações sádicas e/ou masoquistas, distúrbios sexuais, e preocupação com temas demoníacos, pervertidos e escatológicos. Sob o estêncil perceptivo da MPB III o mundo é visto como um lugar perigoso — um campo de batalha existencial, governado pela lei da selva, em que se tem de ser forte para sobreviver e satisfazer as próprias necessidades.

A preponderância dinâmica da MPB IV (a experiência de morte e renascimento) é caracterizada por sensações de renascimento físico e espiritual, rejuvenescimento, e renovação emocional — se o nascimento biológico não foi perturbado por anestesia forte ou alguma outra circunstância adversa severa. O indivíduo sente-se cheio de excitação e energia, mas também centrado e tranqüilo, e percebe o mundo como se os seus sentidos estivessem limpos. Ele vivencia a alegria de viver e um aumento significativo de cuidado em relação a diversos aspectos comuns da existência — natureza, música, alimento, sexo, trabalho e relacionamentos humanos.

É difícil descrever de forma esquemática a influência das matrizes transpessoais, por causa da grande riqueza e variedade de possibilidades envolvidas. O tema dominante na vida de uma pessoa pode ser uma poderosa experiência de vida passada, um arquétipo positivo ou um demoníaco, uma memória ancestral, racial ou filogenética, uma sensação de conexão xamânica com a natureza, limites tênues com o domínio da percepção extra-sensorial, e muitos outros temas.

As mudanças na influência dirigente das matrizes dinâmicas podem ocorrer como um resultado de diversos processos bioquímicos e fisiológicos dentro do organismo, ou como uma reação a numerosas influências externas de natureza psicológica ou física. Muitos exemplos de súbita melhora clínica podem ser explicados como uma troca da dominância psicológica de um sistema dinâmico negativo para a influência seletiva de uma constelação positiva. Tal mudança não significa necessariamente que todo o material inconsciente subjacente ao estado psicopatológico envolvido tenha sido elaborado. Ela indica, simplesmente, uma troca dinâmica interna de um sistema dirigente para outro.

Esta situação pode ser denominada transmodulação e pode ocorrer em muitos níveis diferentes. Uma troca de uma constelação biográfica para outra pode ser chamada transmodulação de COEX. Uma troca comparável da dominância de uma matriz perinatal básica para outra seria então denominada como transmodulação de MPB. E, finalmente, transmodulação transpessoal envolve trocas entre sistemas dinâmicos de natureza transindividual. Podemos falar de transmodulação positiva, negativa e substitutiva, dependendo da qualidade emocional dos sistemas dirigentes envolvidos e da mudança clínica resultante.

Uma transmodulação positiva típica tem um curso de duas fases: envolve a intensificação do sistema negativo dominante, seguida de uma mudança dinâmica súbita para o sistema positivo. Contudo, se um forte sistema positivo estiver facilmente disponível, ele pode dominar a sessão psicodélica ou holotrópica desde o início. Neste caso, o sistema negativo desaparece no fundo. Uma mudança de uma constelação dinâmica para outra nem sempre resulta em melhora clínica. Uma transmodulação negativa envolve a troca de uma situação neutra, ou mesmo de um sistema positivo, para um negativo. Isto resulta no aparecimento de novos sintomas clínicos que o indivíduo não tinha anteriormente.

218

A transmodulação substitutiva é uma mudança dinâmica particularmente interessante, que envolve a troca de um sistema negativo por outro também negativo. A manifestação externa deste acontecimento intrapsíquico é uma admirável mudança qualitativa na psicopatologia de uma síndrome clínica para outra. Ocasionalmente, esta transformação pode ser tão dramática que o cliente muda para uma categoria diagnóstica completamente diferente. Embora a condição resultante possa parecer totalmente nova, uma análise cuidadosa revela que todos os seus elementos preexistiam na psique antes que a troca dinâmica ocorresse. Um exemplo dramático de mudança de uma depressão profunda para uma paralisia histérica é descrito em meu livro *LSD Psychotherapy* (Grof, 1980, p.219). Podem ocorrer também mudanças substitutivas de um sistema positivo para outro também positivo; contudo, a diferenciação é mais difícil. Isto se deve ao fato de que o espectro de experiências negativas é muito mais rico e muito mais variado que o espectro das experiências positivas.

Um terapeuta que use a terapia psicodélica ou holotrópica deve estar acostumado com os mecanismos escritos anteriormente e ter consciência do fato de que estas formas de tratamento também podem envolver mudanças dinâmicas dramáticas, que alteram sua relevância experiencial, além das transformações duradouras que resultam da elaboração completa do material inconsciente.

O POTENCIAL TERAPÊUTICO DO PROCESSO DE MORTE-RENASCIMENTO

Seqüências experienciais poderosas de morrer e de estar nascendo podem resultar num alívio dramático para vários problemas emocionais, psicossomáticos e interpessoais que, anteriormente, resistiam a todo o trabalho psicoterapêutico focalizado nos assuntos biográficos pós-natais. As matrizes perinatais negativas são um importante reservatório de sensações físicas e emoções de intensidade extraordinária. Conforme descrevi em outro contexto (Grof, 1985), elas funcionam como uma fonte vivencial potencial de muitas síndromes psicopatológicas. Não é, portanto, surpreendente que o trabalho significativo no nível perinatal da psique possa influenciar um amplo espectro de problemas psiquiátricos. Neste contexto, as experiências profundas da existência intra-uterina serena e da unidade cósmica (MPB I) têm um potencial curativo universal de poder extraordinário.

Sintomas cruciais como ansiedade, agressão, depressão, medo da morte, sentimentos de culpa, tendências sadomasoquistas, tensão emocional e física geral, ou um complexo de inferioridade parecem ter suas raízes profundas no domínio perinatal do inconsciente. De modo semelhante, a preocupação patológica com diversas funções fisiológicas ou com material biológico, com diversos sintomas psicossomáticos e estranhas queixas hipocondríacas freqüentemente podem ser ligadas a diversos aspectos do processo de morte e renascimento. Incluem-se aqui, por exemplo, dores de cabeça ou enxaquecas, espasmos musculares e dores em diversas partes do corpo, e diferentes tremores e discinesias. Alguns sintomas físicos com claras raízes perinatais são distúrbios cardíacos, náusea e vômitos, sensações neuróticas de falta de oxigênio e sufocação, asma psicogênica e cólicas menstruais.

O trabalho experiencial que envolve as matrizes perinatais é tipicamente necessário para influenciar significativamente a depressão agitada ou a inibida, auto-aversão e tendências autodestrutivas. Uma experiência poderosa de morte do ego e renascimento parece eliminar ou reduzir em muito as idéias e impulsos suicidas. Os clientes que vivenciam a morte e renascimento psicológicos e/ou sentimentos de unidade cósmica tendem a desenvolver uma atitude negativa em relação aos estados mentais induzidos pelo álcool ou por narcóticos. Isto provou ser extremamente útil no tratamento do alcoolismo e da dependência a drogas. William James tinha consciência de que uma profunda conversão religiosa é a melhor terapia para o alcoolismo, de que "o melhor remédio para a dipsomania é a mania religiosa" (James, 1961). A importância de experiências espirituais profundas para a superação do alcoolismo era também bem conhecida por Carl Gustav Jung. Sua famosa receita *spiritus contra spiritum* tornou-se a base filosófica para os Alcoólicos Anônimos (AA), o programa de maior sucesso no combate a esse distúrbio (Jung, 1963).

A agressão maligna, o comportamento impulsivo, a automutilação e as tendências sadomasoquistas têm também raízes importantes no nível perinatal. A ativação da MPB III resulta, tipicamente, em experiências que envolvem cenas de violência, destruição em massa, guerra e orgias sadomasoquistas. A exteriorização do profundo potencial destrutivo e autodestrutivo do indivíduo é um dos aspectos mais importantes da luta de morte e renascimento. Neste contexto, enormes quantidades de energia destrutiva são mobilizadas e descarregadas. O resultado é uma redução dramática dos sentimentos e tendências agressivos. A experiência de renascimento psicológico e espiritual (MPB IV) está tipicamente associada a um sentimento de amor, compaixão e reverência pela vida.

Os elementos perinatais têm também um papel importante na dinâmica de vários estados de ansiedade e fobias, especialmente claustrofobia, tanatofobia e nosofobia. Isto também é verdadeiro para sintomas de conversão histérica e alguns aspectos das neuroses obsessivo-compulsivas. Muitos desvios e distúrbios sexuais estão baseados no domínio perinatal da psique, e podem ser explicados logicamente a partir do forte componente sexual da MPB III. Isto é mais evidente nos casos de impotência, incapacidade de alcançar o orgasmo sexual, cólicas menstruais e espasmos vaginais dolorosos durante o ato sexual (dispareunia). A inclinação para usar material biológico num contexto sexual, como coprofagia (comer fezes), urolagnia (beber urina), e as inclinações sadomasoquistas têm também determinantes perinatais significativos. O trabalho experiencial profundo e efetivo com esses problemas sempre alcança, no mínimo, o nascimento biológico.

Deve-se também mencionar que muitos estados incomuns de consciência vistos pela psiquiatria tradicional como psicoses, e portanto como manifestações de distúrbios mentais de etiologia desconhecida, parecem resultar da ativação das matrizes perinatais. A conclusão efetiva do processo psicológico de morte e renascimento pode levar a resultados terapêuticos dramáticos, que ultrapassam em muito aqueles que podem ser conseguidos pelo atual uso indiscriminado de terapia supressiva (Grof e Grof, 1986).

MECANISMOS TERAPÊUTICOS NO NÍVEL TRANSPESSOAL

Provavelmente, as observações mais interessantes e desafiadoras da terapia experiencial sejam aquelas relacionadas ao potencial curativo das experiências transpessoais. Em muitos casos, sintomas emocionais e psicossomáticos específicos ou distorções das relações interpessoais estão baseados em matrizes dinâmicas de natureza transpessoal, e não podem ser solucionados no nível das experiências biográficas ou mesmo no nível perinatal. Se este for o caso, a pessoa terá de confrontar experiências transpessoais dramáticas para que possa solucionar os problemas envolvidos.

Em alguns casos, as raízes de emoções perturbadoras ou de sintomas psicossomáticos podem ser encontradas em diversas experiências fetais e embrionárias. Estes sintomas desaparecem ou são consideravelmente aliviados quando a pessoa revive diversos traumas intra-uterinos relacionados a um aborto iminente ou a uma tentativa de aborto, uma doença ou crise emocional da mãe durante a gravidez, condições tóxicas no útero, ou sentimentos de ser indesejado ("útero mau" ou "rejeitador"). Neste caso, o uso terapêutico do contato físico ("terapia de fusão") pode ser de importância especial (McCririck, s.d.).

Ocasionalmente, diversos problemas podem remontar às experiências específicas das vidas dos ancestrais do indivíduo, e podem ser resolvidos ao reviver e integrar as memórias ancestrais. Algumas pessoas identificam alguns de seus problemas com conflitos entre as famílias de seus ancestrais, que foram internalizados, e os resolvem neste nível. Não é incomum que se encontrem conexões significativas com memórias raciais e coletivas, no sentido de Carl Gustav Jung, ou que se descubram até mesmo raízes evolucionárias ou filogenéticas de um ponto difícil.

Exemplos particularmente dramáticos de mudança terapêutica que envolvem o bem-estar emocional e psicossomático da pessoa, e muitas outras dimensões de sua vida, podem ser observados em conexão com experiências de vidas passadas. Algumas vezes, estas experiências ocorrem simultaneamente com diversos aspectos de experiências perinatais; outras vezes, aparecem como *Gestalten* experienciais independentes. Os problemas que são identificados como relativos a um padrão cármico desaparecem quando as memórias traumáticas envolvidas são plenamente revividas e a pessoa alcança um sentido de perdoar e ser perdoada (ver caso dos pacientes Dennys Kelsey e Joan Granto na p. 228). Isto se associa, com freqüência, com mudanças independentes e sincrônicas surpreendentes nas vidas e atitudes das pessoas que o indivíduo percebia como protagonistas no episódio cármico.

Outros sintomas emocionais ou psicossomáticos têm *gestalten* holotrópicas subjacentes que envolvem várias formas de vida, tais como animais em diversos níveis da árvore evolutiva darwiniana, ou mesmo plantas. Para resolver este tipo de problema, o indivíduo tem de permitir que ocorra plena identificação experiencial com o organismo envolvido (ver os casos de Marion e Martha na p. 229). Com muita freqüência, sintomas, atitudes e comportamentos são manifestações de um padrão arquetípico subjacente. Algumas vezes, a energia envolvida tem uma qualidade sinistra e é identificada como "maligna" pela pessoa, e freqüentemente também pelas pessoas que estão testemunhando a experiência. Esta condição parece-se, de modo chocante, com o que tem sido descrito como "possessão demoníaca", e a sessão terapêutica pode ter muitas características de exorcismo, como este tem sido praticado pela Igreja Católica, ou de expulsão de espíritos maléficos em culturas aborígenes (como exemplos, ver a história de Flora na p. 230).

Dois tipos de experiências transpessoais de natureza abstrata e altamente generalizada merecem menção especial neste contexto. O primeiro pode ser descrito como identificação com a Mente Universal, com a Consciência Cósmica ou com o Absoluto. O segundo é a experiência de identificação com o Vazio Supracósmico e Metacósmico. Estas experiências têm um extraordinário potencial terapêutico; elas envolvem mecanismos que estão em metaposição em relação a todos os outros, e não podem ser adequadamente descritos em palavras. Eles podem trazer uma compreensão espiritual e filosófica de nível tão elevado que tudo é redefinido e aparece numa nova perspectiva.

A importância e o valor das experiências transpessoais são extraordinários. O fato de que fenômenos com um potencial terapêutico, que transcende a maior parte do que a psiquiatria ocidental tem a oferecer, sejam vistos geralmente como patológicos, e tratados indiscriminadamente com terapia supressiva, é uma grande ironia e um dos paradoxos da ciência moderna. Um terapeuta que não seja capaz de reconhecê-los, por causa de seu viés filosófico, está abrindo mão de um instrumento terapêutico de poder surpreendente.

A CURA COMO UM MOVIMENTO EM DIREÇÃO À TOTALIDADE

Conforme descrevi anteriormente, os mecanismos terapêuticos que operam na terapia psicodélica e holotrópica cobrem uma extensão muito ampla. Conforme a psique é ativada e os sintomas se convertem num fluxo de experiência, podem ocorrer mudanças terapêuticas significativas em conexão com o reviver de memórias infantis, com diversos aspectos e facetas da dinâmica perinatal, e com muitos tipos diferentes de fenômenos transpessoais. Isto coloca uma questão interessante em relação a se todos estes eventos experienciais diferentes poderiam ser reduzidos a um denominador comum. É claro que o mecanismo efetivo que desse conta de fenômenos tão diversos e que acontecem em níveis tão diferentes teria de ser extraordinariamente geral e universal.

O reconhecimento de um mecanismo de cura tão geral exige uma compreensão inteiramente nova da natureza humana, e uma revisão radical da visão de mundo científica ocidental. O aspecto fundamental deste novo paradigma, para a psicologia e para a ciência em geral, é a percepção de que a consciência é um atributo primário da existência, e não um epifenômeno da matéria. Eu discuti, em outro contexto e com algum detalhe, esta nova visão da realidade que está emergindo independentemente em diversas disciplinas científicas, tais como a física quântico-relativística, a astrofísica, a teoria de sistemas e de informação, a cibernética, a termodinâmica, a biologia, a antropologia, a tanatologia, e a moderna pesquisa da consciência (Grof, 1985). Nesse contexto, apenas resumirei brevemente suas implicações para a compreensão da psicoterapia e recomendarei ao leitor interessado as fontes originais.

A pesquisa moderna indica claramente que os seres humanos têm uma estranha natureza paradoxal. Parece apropriado pensar nas pessoas como objetos newtonianos separados, nos contextos tradicionalmente explorados pela ciência mecanicista — como máquinas biológicas feitas de células, tecidos e órgãos. Contudo, as descobertas recentes confirmam as afirmações da filosofia perene e das grandes tradições místicas de que os humanos podem também funcionar como campos infinitos de consciência, transcendendo as limitações de tempo, espaço e causalidade linear. Esta imagem tem seu paralelo subatômico no famoso paradoxo partícula-onda em relação à matéria e à luz descrito por Niels Bohr no princípio da complementaridade.

Estes dois aspectos complementares da natureza humana estão conectados experiencialmente com os dois modos de consciência diversos que foram mencionados brevemente (pp. 52, 53). O primeiro aspecto pode ser denominado como *consciência hilotrópica*, que é traduzido como consciência orientada pela matéria. O nome deriva do grego, *hylé* = matéria e *trepein* = mover-se em direção a. É ò estado mental que experienciamos na vida cotidiana, e que a psiquiatria ocidental considera como o único normal e legítimo — aquele que reflete corretamente a realidade objetiva do mundo.

No modo de consciência hilotrópico, um indivíduo se experiencia como uma entidade física sólida, com limites definidos e com uma amplitude sensorial limitada. O mundo parece formado por objetos materiais separados e tem características claramente newtonianas: o tempo é linear, o espaço é tridimensional, e todos os eventos parecem ser governados por cadeias de causa e efeito. As experiências neste modo apóiam sistematicamente algumas afirmações básicas sobre o mundo, como: a matéria é sólida; dois objetos não podem ocupar o mesmo espaço; acontecimentos passados estão irremediavelmente perdi-

223

dos; acontecimentos futuros não podem ser vivenciados; não se pode estar em mais de um lugar ao mesmo tempo; só se pode existir numa época; o todo é maior do que a parte; ou algo não pode ser verdadeiro e falso ao mesmo tempo. Contrastando com o modo hilotrópico, estreito e restrito, a *variedade holotrópica* envolve a experiência de si mesmo como um campo de consciência potencialmente ilimitado, que tem acesso a todos os aspectos da realidade sem a intermediação dos sentidos. Holotrópico é traduzido literalmente como a busca da totalidade ou como movimento para a totalidade (do grego *holos* = todo e *trepein* = em direção a). As experiências neste estado mental oferecem muitas alternativas interessantes ao mundo newtoniano da matéria, com tempo linear e espaço tridimensional.

Elas apóiam sistematicamente um conjunto de afirmações que são diametralmente diferentes daquelas que caracterizam o modo hilotrópico: a solidez e a descontinuidade da matéria são uma ilusão gerada por uma combinação específica de acontecimentos na consciência; tempo e espaço são essencialmente arbitrários; o mesmo espaço pode ser ocupado simultaneamente por diversos objetos; o passado e o futuro estão sempre disponíveis e podem ser trazidos vivencialmente para o momento presente; pode-se experienciar a si mesmo em diversos lugares ao mesmo tempo; é possível vivenciar simultaneamente mais de uma época; ser uma parte não é incompatível com ser todo; algo pode ser verdadeiro e falso ao mesmo tempo; forma e vazio ou existência e não-existência são intercambiáveis etc.

Estes dois modos parecem um jogo dinâmico na psique humana. A consciência hilotrópica parece ser atraída por elementos do modo holotrópico e, vice-versa, as formas holotrópicas mostram uma tendência a se manifestar na consciência cotidiana. Uma pessoa média, "saudável", tem um sistema de defesas psicológicas suficientemente desenvolvido para protegê-la das intrusões holotrópicas. Os sintomas psicopatológicos de origem psicogênica podem ser vistos como uma interface composta ou híbrida entre os elementos dos dois modos, que é interpretada como uma distorção da imagem consensual newtoniana da realidade. Eles refletem, portanto, uma situação em que os elementos hilotrópicos e os holotrópicos competem pelo campo experiencial. Isto ocorre quando o sistema de defesa foi enfraquecido, ou quando a gestalt holotrópica é particularmente forte.

É importante perceber que no modo hilotrópico é possível vivenciar apenas o momento presente e o local atual ("aqui e agora") no mundo fenomenal da realidade consensual, conforme este muda de um segundo para outro. Isto é tudo que podemos experienciar no modo de consciência hilotrópico. Além disso, a natureza e a extensão do segmento do mundo material que podemos perceber depende criticamente das características físicas do mundo newtoniano e das propriedades dos órgãos sensoriais. Em contraste com isto, um indivíduo no modo holotrópico tem, potencialmente, acesso experiencial a todos os demais aspectos do mundo fenomenal, no presente, passado e futuro, bem como aos níveis sutil e causal e ao Absoluto.

Algumas dessas experiências holotrópicas — quando emergem na consciência plena — são interpretadas pela pessoa em termos possessivos, a partir da posição do ego-corporal: minha memória da infância, meu nascimento, meu desenvolvimento embrionário, minha concepção, a memória da vida de meus ancestrais humanos ou animais, minha vida passada, ou um episódio de meu futuro. Outras experiências tomam a forma de um encontro com algo que é claramente diferente do ego-corporal ou de sua extensão. Isto poderia ser exemplificado por uma experiência de conexão telepática com outra pessoa ou com um animal, comunicação animística com plantas ou mesmo com elementos da natureza inanimada, e encontros com entidades ou inteligência extraterrestre. A terceira possibilidade é a plena identificação experiencial com diversos aspectos do mundo, sem interpretação possessiva. Incluem-se aqui, por exemplo, experiências mediúnicas, identificação com animais e plantas, experiências de objetos ou processos inorgânicos, memórias coletivas e raciais no sentido de Carl Gustav Jung, e outras experiências.

O alcance da consciência holotrópica não é limitado ao mundo material e ao espaço-tempo. Ele pode se estender totalmente além da realidade newtoniana e acessar dimensões não comuns da existência. Incluem-se aqui, por exemplo, os reinos astrais de entidades desencarnadas, os domínios dos seres supra-humanos, os infernos e paraísos habitados por divindades pacíficas e demônios, o mundo dos arquétipos junguianos ou diversas regiões mitológicas e legendárias. É bastante surpreendente descobrir que as forças dinâmicas por trás dos sintomas psicopatológicos são gestalten holotrópicas que representam diversos domínios do mundo fenomenal. Contudo, em muitos casos, os sintomas retiram seu poder, claramente, de elementos de realidade incomuns. Não é incomum que fatores de ambos os tipos participem da estrutura dinâmica de um problema específico.

Um sintoma psicogênico representa um híbrido entre a experiência hilotrópica do mundo e um tema holotrópico que está tentando emergir na consciência. O indivíduo é incapaz de suprimir o material inconsciente, mas também não permite sua emergência e integração consciente plenas. A experiência hilotrópica do mundo, em sua forma pura, não apresenta nenhum problema. De modo semelhante, uma experiência holotrópica pura é bastante aceitável e até mesmo desejável, desde que ocorra num contexto seguro, no qual a pessoa não tenha de lidar com a realidade externa. É a mescla confusa e incompreensível de ambas que constitui a psicopatologia.

Quando discuti este conceito e sua relação com o modelo holográfico do universo e do cérebro com Karl Pribram, ele me ofereceu um paralelo interessante. Uma pessoa que nade no oceano, longe da praia, lida exclusivamente com o mundo de ondas e não tem problemas por maiores que elas sejam. Se a mesma pessoa for para a praia e encarar apenas o mundo de formas sólidas, novamente não haverá problemas. A região difícil é exatamente a beirada da água, onde os dois mundos se misturam e nenhum deles pode ser vivenciado, por si só, que apresenta dificuldades.

Contudo, esta interessante analogia deve ser mais especificada e refinada. Como a pesquisa em física subatômica demonstrou claramente, mesmo o mundo material refletido no modo hilotrópico não é um domínio de formas sólidas. O universo é, em essência, um sistema vibratório dinâmico. De modo semelhante, uma análise do processo da percepção no modo hilotrópico quebra o mundo sólido de objetos newtonianos em um sistema de experiências subjetivas relacionadas aos diversos sentidos. Uma metáfora melhor, portanto, seria a competição de dois canais de televisão que transmitem programas com características diferentes para o mesmo aparelho de televisão.

A compreensão da natureza da psicopatologia como uma interferência dos modos de consciência hilotrópico e holotrópico sugere, então, uma nova estratégia terapêutica. É oferecida ao cliente uma técnica que induz um estado incomum de consciência e media o acesso ao modo holotrópico. Sob estas circunstâncias, o tema holotrópico subjacente aos sintomas emerge automaticamente na consciência. Diversos aspectos dos sintomas, que pareciam bizarros e incompreensíveis, subitamente passam a fazer um perfeito sentido como derivados da gestalt holotrópica subjacente. Como mencionei anteriormente, pode ser uma memória biográfica, uma seqüência do nascimento biológico ou uma experiência transpessoal. A experiência e a integração consciente plenas do material anteriormente inconsciente esgotam o sintoma, e o cliente retorna ao modo hilotrópico da consciência cotidiana. Uma característica importante da terapia holotrópica é que cada episódio terapêutico desse tipo altera a filosofia de vida do indivíduo na direção de uma visão de mundo mística.

As técnicas que tornam o modo de consciência holotrópico disponível para propósitos terapêuticos cobrem uma ampla extensão, desde meditação, hipnose exploratória, uso de *biofeedback*, diversos métodos de psicoterapia experiencial, e dança em transe, até drogas psicodélicas. Contudo, deve ser enfatizado que nem todos os estados alterados de consciência mediam o acesso ao modo holotrópico. No que se refere às substâncias psicoativas isto está limitado aos psicodélicos genuínos, tais como LSD, psilocibina, mescalina, ibogaína, harmalina, derivados da triptamina (dimethyl-, diethyl-, dipropyl-, e methoxydimethyltryptamina), e os derivados da anfetamina (MDA, MMDA, 2-CB e MDMA — conhecido como Adam ou *ecstasy*). Muitas outras substâncias que alteram a consciência induzem delírios triviais, caracterizados por confusão, desorientação e amnésia, e não por uma mudança holotrópica na consciência. Condições delirantes similares estão também associadas a uma grande variedade de doenças e distúrbios físicos.

Como a descrição abstrata dos mecanismos terapêuticos que estão envolvidos no modo holotrópico de consciência pode não ser fácil de compreender, gostaria de usar vários exemplos clínicos como ilustração. O primeiro deles vem da hipnoterapia regressiva, conforme é praticada por Joan Grant e Dennys Kelsey. Contudo, ele é semelhante a muitas situações que testemunhamos durante a terapia psicodélica ou holotrópica. Joan Grant é uma moça francesa que tem a habilidade incomum de reconstruir em estados autohipnóticos o que parecem ser suas vidas passadas. Ela publicou muitos livros baseados nos resultados desta auto-exploração cármica, como *The Winged Pharaoh, Life As Carola, The Eyes of Horus, So Moses Was Born*, e muitos outros. Ela tem sido capaz de descrever com precisão surpreendente as épocas envolvidas, embora tenha permanecido deliberadamente alheia a qualquer estudo histórico.

O marido de Joan, Dennys, é um psiquiatra inglês que usa a hipnose regressiva no tratamento de vários problemas emocionais e psicossomáticos. Depois da indução hipnótica, ele pede ao cliente que volte no tempo tão longe quanto necessário para descobrir onde o problema começou. Os Kelsey trabalham juntos como uma equipe terapêutica; eles descreveram sua técnica de tratamento e seus resultados no livro *Many Lifetimes* (Kelsey e Grant, 1967). Joan parece ter um acesso tão fácil ao material de vidas passadas de outras pessoas como tem ao seu próprio. Usando este dom, ela é capaz de facilitar este processo para os seus clientes. No final da década de 1960, Joan e Dennys passaram três semanas como consultores no Maryland Psychiatric Research Center. Durante este tempo, conduziram sessões experienciais com todos os membros da equipe terapêutica. Como eu mesmo trabalhei com eles, posso falar a partir de minha experiência pessoal.

Depois de muitos anos de tratamentos sem sucesso, por causa de uma severa fobia a pássaros e a penas, uma paciente consultou Joan Grant e Dennys Kelsey com a intenção de descobrir através da hipnose regressiva as raízes de seu problema. Dennys a hipnotizou e pediu-lhe que fosse tão longe quanto necessário para descobrir o que este problema significava e onde havia começado. Depois de algum tempo, a paciente relatou que seu corpo era forte e musculoso e definitivamente masculino; ela sentia que era um soldado num exército antigo. Uma história dramática começou a surgir, conforme a sessão progredia.

A paciente estava ficando profundamente envolvida no processo e descreveu que parecia estar numa batalha intensa, na Pérsia antiga. Subitamente, vivenciou uma dor aguda em seu peito, que havia sido atingido por uma flecha. Ela estava estendida no chão, morrendo na poeira de um dia quente. Percebeu abutres, no céu azul, e eles se aproximavam fazendo grandes círculos. Todos eles pousaram e a rodearam, esperando que morresse. Enquanto ainda estava viva, alguns se aproximaram e começaram a arrancar pedaços de sua carne.

Gritando e debatendo-se, ela lutou uma batalha desesperada, mas perdida, contra as aves de rapina. Finalmente, se rendeu e morreu. Quando ela saiu desta experiência, estava livre da fobia que havia atormentado sua vida por tanto tempo.

Temos aqui uma situação em que uma mulher adulta e inteligente tinha, em sua vida cotidiana (consciência hilotrópica), um enclave experiencial estranho e incompreensível: ela tinha medo de pássaros e até mesmo de penas soltas. No estado hipnótico (consciência holotrópica), ela fez contato com a gestalt transpessoal subjacente, que envolvia uma batalha na Pérsia antiga. O medo de pássaros é, certamente, mais justificável no contexto do tema que emergiu durante este processo: um soldado seriamente ferido, morrendo no campo de batalha e rodeado por abutres famintos. Era necessário trazer o tema holotrópico subjacente do inconsciente para a consciência, vivenciá-lo plenamente e integrá-lo, para livrar-se da fobia.

O segundo exemplo é a história de uma jovem que participou de nosso *workshop* de cinco dias no Esalen Institute, no qual usamos a técnica da terapia holotrópica. Antes desse *workshop*, ela havia sofrido por muitos meses, com intensos espasmos musculares e dores em seu pescoço, parte superior das costas e ombros. Tudo que ela havia feito até então para livrar-se desse problema, incluindo massagem sistemática e banhos quentes, havia trazido apenas alívio parcial e temporário.

Depois de meia hora de respiração intensa, as tensões no pescoço e nos ombros de Marion aumentaram consideravelmente; seus músculos trapézios tornaram-se rígidos e sensíveis. Subitamente, ela abriu os olhos e sentou-se. Quando lhe perguntamos o que estava acontecendo, ela se recusou a continuar respirando. "Eu não quero mais fazer isto; isto é absolutamente louco. Eu tenho a sensação de estar me transformando num caranguejo." Depois de ser encorajada e assegurada de que poderia encontrar a raiz de seu problema, ela decidiu continuar, apesar de tudo.

Com os músculos da parte superior de seu tronco completamente tensos por um tempo muito longo, Marion vivenciou uma identificação total com um caranguejo, associada a alguns *insights* zoológicos interessantes. Quando ela parou a hiperventilação, ainda sentia uma tensão muito forte em seu pescoço e em seus ombros. Usando a técnica do trabalho corporal focalizado, descrita anteriormente, nós lhe pedimos que exagerasse as tensões e massageamos os músculos envolvidos.

Marion sintonizou novamente uma convincente experiência de ser um caranguejo e arrastou a nós dois, quatro vezes, de parede a parede, numa sala de aproximadamente nove metros de comprimento, movendo-se para o lado de uma forma muito determinada, muito semelhante à de um caranguejo. Esta sessão liberou completamente as tensões e as dores que até aquele momento haviam resistido a todos os outros tipos de trabalho experiencial e trabalho corporal.

Há muitos anos, testemunhei um mecanismo terapêutico similar, embora ainda mais incomum, durante a terapia psicodélica. A gestalt holotrópica subjacente envolvia, neste caso, uma combinação de consciência vegetal e de alguns elementos arquetípicos.

Martha, uma mulher de 32 anos, estava passando por terapia psicodélica por causa de diversos sintomas psicopatológicos. Os sintomas mais intrigantes eram queixas sobre sensações estranhas nas pernas, as quais ela tinha grande dificuldade para descrever. Seu diagnóstico psiquiátrico incluía termos como queixas hipocondríacas bizarras e psicose limítrofe com distorções de imagem corporal. Em uma de suas sessões psicodélicas, as sensações nas pernas alcançaram tal proporção que Martha pediu que a sessão fosse encerrada com Thorazine. Contudo, depois de uma breve conversa, ela decidiu continuar e tentar descobrir o que estava envolvido. Conforme focalizava plenamente suas pernas, ela subitamente começou a experienciar-se como uma grande e bela árvore. A identificação era bastante autêntica e convincente e estava associada com muitos *insights* interessantes a respeito de vários processos botânicos.

Ela ficou parada de pé, por um longo tempo, com seus braços esticados, experienciando-os como galhos cheios de folhas. Isto estava associado com a consciência celular do processo de fotossíntese nas folhas, o processo misterioso que é a base de toda a vida em nosso planeta. Ela sentia a seiva circulando para cima e para baixo em seu corpo através dos canais do caule, e sentia a troca de água e minerais no sistema de raízes. Aquilo que parecia ser distorções bizarras da imagem corporal humana transformou-se em experiências fascinantes e perfeitamente normais que envolviam uma árvore.

Contudo, a experiência não se limitou ao nível botânico. Aquilo que no início parecia ser o sol físico tornou-se também o Sol Cósmico — a fonte do poder criativo no universo. De modo semelhante, a terra tornou-se a Mãe Terra, uma figura mitológica fantástica da Grande Deusa Mãe. A própria árvore assumiu um profundo significado arquetípico e tornou-se a Árvore da Vida. A experiência que no começo era tão assustadora tornou-se extática e mística. Martha saiu desta sessão sem as perturbadoras distorções da imagem corporal e com profunda reverência pela vida vegetal na terra.

O exemplo final é, provavelmente, o episódio mais incomum e dramático que vivenciei durante três décadas de minha pesquisa dos estados incomuns de consciência. A situação descrita aqui ocorreu no contexto do programa de terapia psicodélica com LSD, durante minha estada em Baltimore. Ao contrário dos casos precedentes, a gestalt holotrópica subjacente não envolvia elementos do mundo fenomenal, mas era puramente arquetípica.

Enquanto trabalhava no Maryland Psychiatric Research Center, fui convidado a uma reunião de equipe no Spring Grove State Hospital. Um dos psiquiatras estava apresentando o caso de Flora, uma paciente solteira de 28 anos, que estava hospitalizada por mais de oito meses numa enfermaria trancada. Todas as terapias disponíveis, incluindo tranqüilizantes, antidepressivos, psicoterapia e terapia ocupacional, haviam sido tentadas, mas sem sucesso, e ela estava para ser transferida para a enfermaria dos doentes crônicos.

Flora tinha uma das combinações de sintomas e problemas mais difíceis e complicadas que já encontrei em meu trabalho psiquiátrico. Quando ela tinha dezesseis anos, era membro de uma quadrilha que realizou um roubo à mão armada e matou um vigia noturno. Como ela era a motorista do carro da fuga, passou quatro anos na prisão e recebeu então liberdade condicional pelo resto de sua sentença.

Nos anos tempestuosos que se seguiram, Flora tornou-se viciada em múltiplas drogas. Ela era uma alcoolista e viciada em heroína, e usava freqüentemente altas doses de psicoestimulantes e barbitúricos. Suas severas depressões estavam associadas a violentas tendências suicidas. Com freqüência ela tinha impulsos de dirigir seu carro para rochedos íngremes ou de colidir com outro automóvel. Sofria de vômito histérico em situações em que se tornava emocionalmente excitada.

Provavelmente a pior de suas queixas era um doloroso espasmo facial, *tic douloureux*, para o qual um neurocirurgião do Johns Hopkins Hospital havia recomendado uma operação cerebral que consistia em cortar o nervo envolvido. Flora era também lésbica, e tinha conflitos severos e muita culpa em relação a isto; ela nunca havia tido uma relação heterossexual em sua vida. Para complicar ainda mais a situação, estava sob observação do tribunal, pois havia ferido severamente sua namorada e companheira de quarto ao tentar limpar um revólver sob a influência da heroína.

No final da reunião de caso em Spring Grove o psiquiatra que atendia Flora pediu-me que pensasse a respeito de dar-lhe o tratamento com LSD, como o último recurso. Esta era uma decisão extremamente difícil, tendo em vista particularmente a histeria nacional em relação ao LSD naquele momento. Flora já tinha um registro criminal, tinha acesso a armas e tinha severas tendências suicidas.

Estava claro que, sob essas circunstâncias, se ela tomasse LSD qualquer coisa que acontecesse no futuro seria automaticamente atribuída à droga, sem considerar-se sua história passada. Por outro lado, tudo o mais havia sido tentado sem sucesso, e Flora estava encarando uma vida numa enfermaria de doentes crônicos. Depois de longas discussões, a equipe terapêutica do Maryland Psychiatric Research Center decidiu aceitá-la no programa de LSD, sentindo que sua situação desesperadora justificava o risco.

As primeiras duas sessões com alta dose de LSD de Flora não foram muito diferentes de muitas outras que eu havia acompanhado no passado. Ela encarou diversas memórias traumáticas de sua infância tempestuosa, e reviveu repetidamente seqüências da luta no canal de parto. Ela foi capaz de ligar suas tendências suicidas violentas e espasmos faciais dolorosos a alguns aspectos de seu trauma de nascimento e descarregou enormes quantidades de tensão emocional e física. A despeito disto, o ganho terapêutico parecia mínimo.

Em sua terceira sessão, não aconteceu nada de extraordinário durante as primeiras duas horas; suas experiências eram semelhantes às das duas sessões anteriores. Subitamente, ela começou a reclamar que a dor dos espasmos faciais estava se tornando insuportável. Em frente de meus olhos, os espasmos se acentuaram grotescamente e sua face congelou no que pode ser melhor descrito como uma máscara do mal. Ela começou a falar numa voz profunda e masculina, e tudo nela era tão diferente que eu não conseguia ver muita conexão entre sua aparência presente e seu *self* anterior. Seus olhos tinham uma expressão de maldade indescritível e suas mãos estavam contorcidas e pareciam garras.

A energia estranha que havia tomado seu corpo e sua voz apresentou-se como o demônio. Ele se dirigiu diretamente a mim, ordenando-me para permanecer longe de Flora e desistir de qualquer tentativa de ajudá-la. Ela pertencia a ele, e ele puniria qualquer um que tentasse invadir seu território. Seguiu-se uma chantagem bastante explícita, uma série de afirmações sinistras sobre o que aconteceria a mim, a meus colegas e ao programa de pesquisa se eu decidisse não obedecer. É difícil descrever a atmosfera estranha que esta cena evocou; podia-se quase sentir a presença tangível de algo estranho na sala. O poder da chantagem e a sensação do sobrenatural eram ainda mais ampliados pelo fato de que a paciente não poderia ter acesso, em sua vida cotidiana, a algumas informações que sua voz estava usando nesta situação.

Eu me encontrava sob enorme estresse emocional, que tinha dimensões metafísicas. Embora eu tivesse visto algumas manifestações similares em sessões anteriores com LSD, elas nunca haviam sido tão realistas e convincentes. Era difícil controlar o meu medo e minha forte tendência a perceber a presença como real, e a entrar num combate ativo psicológico e espiritual com ela. Eu me descobri pensando rápido, tentando descobrir a melhor estratégia para esta situação. Num momento, me peguei pensando seriamente que deveríamos ter um crucifixo na sala de tratamento como um instrumento terapêutico. Minha racionalização era de que eu estava testemunhando a manifestação do arquétipo junguiano para o qual a cruz seria o remédio arquetípico apropriado.

Logo ficou claro para mim que minhas emoções, fosse medo ou agressão, estavam tornando a situação e a entidade mais reais. Eu não podia parar de pensar num dos programas da série de ficção científica de televisão *Jornada nas estrelas*, que retratava uma entidade alienígena que se alimentava de emoções humanas. Percebi que era essencial que eu permanecesse calmo e centrado. Decidi colocar-me num estado meditativo, enquanto segurava a mão contraída de Flora, e tentava imaginá-la da forma que a havia conhecido anteriormente. Ao mesmo tempo, tentava visualizar uma cápsula de luz envolvendo a nós dois; isto se baseava na polaridade arquetípica do mal e da luz. A situação durou mais de duas horas. Em termos subjetivos estas foram as duas horas mais longas que vivenciei fora de minhas próprias sessões psicodélicas.

Depois deste tempo, a mão de Flora relaxou e seu rosto retornou à sua forma usual; estas mudanças foram tão abruptas quanto o aparecimento desta condição peculiar. Eu logo descobri que ela não se lembrava de nada do que havia acontecido durante as duas horas precedentes. Mais tarde, em seu relato escrito da sessão, ela descreveu as duas primeiras horas e continuou com o período que se seguiu ao "estado de possessão". Eu questionei seriamente se deveria discutir com ela o tempo coberto pela amnésia e decidi que não. Não parecia haver nenhuma razão para introduzir um tema tão macabro em sua mente consciente.

Para minha surpresa, esta sessão resultou numa surpreendente transformação terapêutica. Flora perdeu suas tendências suicidas e desenvolveu uma nova apreciação pela vida. Ela abandonou o álcool, a heroína e os barbitúricos, e começou a freqüentar assiduamente os encontros de um pequeno grupo religioso em Catonsville, Maryland. Na maior parte do tempo ela não tem nenhum espasmo facial; a energia subjacente a estes parecia ter-se esgotado na "máscara do mal" que ela manteve por duas horas. O retorno ocasional da dor era de intensidade insignificante e não exigia nenhuma medicação.

Ela começou mesmo a experimentar relações heterossexuais pela primeira vez em sua vida, e chegou a se casar. Contudo, seu ajustamento sexual não era bom; ela era capaz de ter relações, mas as considerava desagradáveis e dolorosas. O casamento acabou três meses depois, e Flora retornou a seu relacionamento homossexual, mas, desta vez, com muito menos culpa. Sua condição melhorou tanto que ela foi aceita como motorista de táxi. Embora os anos que se seguiram tenham tido seus altos e baixos, ela não teve de retornar ao hospital psiquiátrico que poderia ter-se tornado seu lar permanente. Flora provavelmente teria conseguido progredir mais se tivesse podido continuar a terapia com LSD. Infelizmente o protocolo NIMH* limitava o tratamento psicodélico a três sessões com altas doses.

O Potencial e os Objetivos da Auto-Exploração Experiencial

Você nunca apreciará completamente o mundo, até que o próprio mar flua em suas veias, até que você se vista com os céus e seja coroado com as estrelas; e perceba que é o único herdeiro de todo o mundo, e mais ainda, pois os outros estão neles, e todos são herdeiros únicos, como você.

Thomas Traherne

Deve estar claro a partir da discussão anterior que a auto-exploração com drogas psicodélicas e poderosas técnicas experienciais sem drogas é um processo que não é fácil e não deve ser encarado irrefletidamente. Este processo pode envolver alguns estados mentais extremos, com considerável sofrimento emocional e experiências psicossomáticas difíceis. Além disso, em pessoas instáveis emocionalmente, não é completamente sem riscos potenciais. Sob estas circunstâncias é natural que sejam levantadas as seguintes questões: Quais são os benefícios de tal empreitada, e por que alguém deveria submeter-se a estes procedimentos?

Tanto a auto-exploração psicodélica quanto a holotrópica desenvolveram-se a partir do trabalho clínico com pacientes psiquiátricos, e dos esforços para descobrir formas mais efetivas de ajudá-los. A primeira e mais óbvia razão para a auto-exploração experiencial é, portanto, oferecer uma alternativa mais efetiva do que a psicoterapia verbal convencional, que é muito demorada e cara, e tratar diversas formas de psicopatologia que não respondem às abordagens tradicionais.

Contudo, o trabalho experiencial mostrou que mesmo pessoas que seriam consideradas normais pelos padrões comuns da psiquiatria ocidental estão, com freqüência, usando estratégias de vida que são insatisfatórias, frustrantes ou até mesmo autodestrutivas, e não utilizam seu pleno potencial humano. A segunda grande razão para a auto-exploração experiencial é, portanto, procurar uma abordagem vital mais satisfatória e uma nova maneira de estar no mundo.

---

* NIMH: Protocolo de pesquisa do Instituto Nacional de Saúde Mental dos EUA. (N. do E.)

Finalmente, a moderna pesquisa da consciência confirmou a tese básica da filosofia perene de que a realidade consensual revela apenas um aspecto ou fragmento da existência. Há importantes domínios da realidade que são transcendentais e transfenomenais. O impulso dos seres humanos para conectar-se com o domínio espiritual é uma força extremamente poderosa e importante. Sua natureza assemelha-se à sexualidade, mas é muito mais fundamental e impulsionadora. A negação e a repressão deste impulso transcendental introduz uma distorção séria na vida humana, tanto na escala individual quanto na coletiva. A auto-exploração experiencial é um instrumento importante para a busca espiritual e filosófica. Ela pode mediar a conexão com o domínio transpessoal do próprio ser e da existência.

No texto a seguir, explorarei brevemente as possibilidades da auto-exploração experiencial para todas essas três áreas e discutirei os problemas específicos envolvidos.

CURA EMOCIONAL E PSICOSSOMÁTICA

As formas experienciais de psicoterapia têm a capacidade de dissolver as resistências psicológicas e afrouxar os mecanismos de defesa de uma forma muito mais efetiva do que as abordagens limitadas ao intercâmbio verbal. Não é incomum alcançar, na primeira sessão com psicodélicos ou com respiração holotrópica, material da primeira infância, memórias do nascimento, ou mesmo o nível das experiências transpessoais. Em alguns casos, transformações dramáticas e duradouras podem ocorrer em horas ou dias. Embora isto não seja a norma, uma experiência psicodélica ou holotrópica pode resultar numa grande transformação pessoal ou pode resolver um problema emocional ou psicossomático crônico. Outras vezes, uma única sessão pode ser um momento de mudança importante na vida da pessoa. Numa escala mais modesta e comum, depois de uma sessão experiencial realmente boa, o indivíduo deveria ter uma sensação clara de que algo significativo foi alcançado e sentir-se melhor do que antes.

Isto é favorável se comparado à terapia verbal orientada historicamente, na qual se leva, freqüentemente, meses ou mesmo anos para alcançar o material da primeira infância através da rememoração ou de reconstrução indireta por meio de associações livres, sonhos, "psicopatologia da vida cotidiana", sintomas neuróticos e distorções de transferência. As mudanças terapêuticas — caso cheguem a ocorrer — desenvolvem-se lenta e gradualmente por um período de tempo muito longo.

Não é surpreendente que o poder e a eficácia das terapias experienciais, que usam o potencial curativo dos estados incomuns de consciência, tenham seu lado sombrio e seus procedimentos impliquem alguns riscos. Em geral, há muito poucos problemas se as sessões forem conduzidas com indivíduos que mostrem razoável equilíbrio emocional, em um bom local preparado adequadamente, e sob a supervisão de um guia experiente. Sob estas circunstâncias, benefícios consideráveis podem ser alcançados, com mínimo ou nenhum risco. Maiores precauções e apoio são necessários, quanto mais nos movemos para o domínio da psicopatologia clínica severa.

O trabalho experiencial com indivíduos que têm uma história de hospitalização psiquiátrica deveria ser realizado apenas se houver apoio contínuo disponível, caso seja necessário. Uma grande ativação da dinâmica do inconsciente não é considerada uma complicação ou um obstáculo, no contexto da estratégia holotrópica, como o é no caso da psiquiatria tradicional, mas sim um fator concomitante normal e legítimo do procedimento terapêutico. Contudo, se o processo é muito ativo e se estende além da estrutura temporal das sessões, ele pode exigir medidas especiais.

Uma questão que é formulada freqüentemente é se alguém deve fazer uma auto-exploração experiencial profunda sem um guia ou acompanhante. Em geral, isto é não é recomendado. Mesmo que existam pessoas que, após uma experiência inicial sob orientação, julguem que podem lidar razoavelmente bem com tais sessões, a abordagem solitária muda consideravelmente a proporção entre os riscos e os benefícios potenciais.

Há diversas razões importantes pelas quais alguém não deveria iniciar a jornada aos recessos profundos da psique sem ter coberto os aspectos de realidade da situação. Por princípio, é impossível saber quando uma sessão específica trará a confrontação com material inconsciente difícil e desorganizador. Isto pode acontecer ocasionalmente mesmo com uma pessoa bem-ajustada, depois de uma série de sessões que não apresentaram nenhum problema sério. Quando são usadas altas dosagens de substâncias psicodélicas como instrumento para a auto-exploração e quando a pessoa trabalha com problemas emocionais e psicossomáticos sérios, episódios difíceis e exigentes nas sessões parecem ser a norma e não a exceção. Neste caso, a presença de uma pessoa de confiança pode ser um fator crítico na determinação da segurança do procedimento e do grau de sucesso de uma sessão específica.

Mas a possibilidade de que alguns aspectos da experiência sejam perigosos, e que o indivíduo não seja capaz de lidar sozinho com eles, não é a única razão para ter um acompanhante. Há outras situações em que a presença de uma pessoa de confiança é um fator crítico para o sucesso terapêutico e o pleno benefício da sessão. Existem alguns estágios importantes do processo de auto-exploração experiencial que exigem perda total do controle e abandono a qualquer impulso. Em princípio, esta é uma experiência muito curativa e transformadora. Contudo, pode ser muito difícil, ou mesmo impossível, que a pessoa a encare sem o apoio de uma pessoa de confiança. A perda total de controle, sem supervisão, poderia causar sérios perigos para a pessoa envolvida ou para outros. Sob tais circunstâncias, é de vital importância que uma parte significativa da personalidade permaneça dissociada do processo experiencial e estabeleça a necessária conexão com a realidade. Apenas a presença de um facilitador a quem se confie a tarefa de manter a situação segura torna possível abrir mão, total e incondicionalmente, do controle.

Outra razão importante para ter um facilitador ou acompanhante nas sessões experienciais é o trabalho com problemas críticos que envolvem relações humanas. Já discuti anteriormente a importância do contato físico nutridor e da satisfação anaclítica durante a emergência de traumas que foram causados por "omissão" e não por "ação" (p. 186). Neste caso, a presença de um ser humano caloroso e compreensivo é essencial. A reativação da memória antiga e a descoberta de que se está sozinho novamente, como na situação traumática original, pode reforçar ainda mais esta situação em vez de ser terapêutico. De modo semelhante, o impacto perturbador de situações que envolvem quebra da confiança básica não pode ser resolvido com sucesso, a menos que se possa ter uma experiência humana corretiva. Além disso, ser capaz de compartilhar os acontecimentos humanos mais íntimos com outro ser humano e ser aceito incondicionalmente, independentemente da natureza da própria experiência, é um fator que não deveria ser subestimado.

A última razão para se ter um acompanhante experiente é o fato de que o trabalho corporal focalizado é um componente muito importante da terapia holotrópica, particularmente no período final de algumas sessões. Quando há pontos residuais emocionais e psicossomáticos que permanecem não solucionados, é possível facilitar uma boa integração com o uso dos princípios que foram descritos anteriormente (p. 185). Por razões óbvias, isto exige outra pessoa; esta parte do procedimento teria de ser omitida ou estaria seriamente comprometida em sessões solitárias.

Ao discutir o potencial terapêutico dos estados incomuns de consciência, não incluirei aqueles induzidos por substâncias psicodélicas. Este é um tópico muito extenso e complexo, que exigiria muito tempo e espaço. Há diversos grandes grupos de psicodélicos, com efeitos um pouco diferentes e problemas específicos associados a cada um deles. Os pesquisadores deste campo desenvolveram diversas modalidades de tratamento que diferem consideravelmente em sua filosofia básica, doses características, elementos do ambiente de trabalho e técnicas específicas usadas antes, durante e depois das sessões com drogas.

Além disso, o assunto das substâncias psicodélicas é ainda mais complicado por muitos fatores de natureza emocional, política, legal e administrativa. Neste contexto, vou apenas passar de forma muito breve e esquemática por esta área-problema e encaminharei os leitores interessados ao Apêndice deste livro e particularmente a meu livro anterior *LSD Psychotherapy* (Grof, 1980). Ele focaliza especificamente o uso clínico dos psicodélicos, suas técnicas, indicações e contra-indicações, complicações, potencial terapêutico e resultados.

A revisão da literatura psicodélica mostra que foram relatados resultados favoráveis numa ampla variedade de problemas clínicos, incluindo depressões, fobias e outros tipos de psiconeuroses, doenças psicossomáticas, desordens do caráter, desvios sexuais, comportamento criminoso, alcoolismo, dependência de drogas, e até mesmo psicoses. Duas áreas em que foram conseguidos resultados positivos merecem atenção especial. A primeira delas é o uso da terapia psicodélica para aliviar o sofrimento emocional e físico de pacientes terminais de câncer (Grof e Halifax, 1977). A segunda área refere-se ao uso de sessões psicodélicas para antigos prisioneiros de campos de concentração, a fim de ajudá-los a superar a chamada "síndrome do campo de concentração", uma reação traumática postergada ao aprisionamento (Bastians, s.d.).

Embora muitas das afirmações dos terapeutas psicodélicos tenham sido baseadas em impressões clínicas, algumas foram confirmadas por estudos controlados. A equipe de psiquiatras e psicólogos no Maryland Psychiatric Research Center em Baltimore, Maryland, da qual participei por sete anos, conduziu experimentos clínicos controlados de larga escala, usando LSD, DPT (dipropiltriptamina), e MDA (methil-ene-dioxianfetamina) com alcoolistas, viciados em drogas e pacientes de câncer, com resultados significativos (Grof, 1980).

O trabalho terapêutico com psicodélicos tem uma história longa e rica, que se estende por mais de um quarto de século. Foi realizado por muitos pesquisadores individuais e equipes terapêuticas, em diversos países do mundo. Em contraste com isto, a pesquisa clínica sistemática e estudos controlados da terapia holotrópica ainda devem ser realizados. Contudo, temos visto, ao longo dos anos, muitas mudanças terapêuticas que certamente justificam a investigação sistemática deste modo promissor de tratamento. Na realidade, algumas destas mudanças são tão dramáticas e convincentes que dificilmente exigem confirmação por estudos controlados.

Ao analisar os resultados da terapia holotrópica, tem-se de perceber que a situação é diferente, em muitos aspectos, daquela encontrada em relação à psicoterapia verbal. Mudanças dramáticas podem ocorrer dentro de horas ou dias, mesmo em casos de condições emocionais e psicossomáticas que perduraram por anos. A conexão causal entre o procedimento holotrópico e os resultados está além de qualquer dúvida razoável, pois as mudanças estão claramente relacionadas com a sessão terapêutica e seu conteúdo específico.

Em comparação, a dinâmica dos sintomas, na maioria das abordagens verbais típicas em psicoterapia, estende-se por muitos meses ou anos. Com uma escala temporal tão ampla, as mudanças são tão lentas que é difícil avaliá-las. Além disso, é questionável se existe uma ligação causal entre essas mudanças e os acontecimentos nas sessões psicoterapêuticas. É bastante possível que aquelas reflitam a dinâmica espontânea dos sintomas, e que ocorreriam sem nenhum tratamento. Elas poderiam também ser causadas por alguns dos muitos acontecimentos intercorrentes que ocorrem na vida de uma pessoa durante um período de tempo tão longo. Esta tem sido a posição de alguns dos maiores críticos da psicanálise (Eysenck e Rachman, 1965).

Entre as mudanças que observamos no contexto de nossos *workshops* encontram-se a resolução de depressões crônicas, o alívio dramático de estados

236

de ansiedade e fobias, e o desaparecimento de dores de cabeça, enxaquecas, cólicas menstruais e uma ampla variedade de dores psicossomáticas. É muito comum também a liberação de tensão muscular generalizada e a abertura de bloqueios bioenergéticos nos sinus, na garganta, peito, estômago, intestinos, pelve, útero e reto.

Em alguns casos, esse desbloqueio energético tem sido seguido pelo término de infecções crônicas nessas áreas, como sinusite, faringite, bronquite e cistite. Parece que os bloqueios energéticos estão tipicamente associados com a vasoconstrição. O suprimento reduzido de sangue e de seus constituintes, que têm um papel importante na proteção do organismo contra infecções, como os glóbulos brancos e diversos anticorpos, leva então a uma situação em que o tecido ou órgão não pode se defender contra bactérias comuns. Quando o bloqueio é removido, o indivíduo relata tipicamente sensações de calor e fluxo de energia na área envolvida. Quando isso ocorre, infecções crônicas acabam em poucos dias.

Isto sugere que a terapia holotrópica poderia, no futuro, ter um papel importante como uma complementação do tratamento de muitas condições consideradas atualmente como problemas puramente médicos. Eu mencionei anteriormente que vimos em nossos *workshops* diversos exemplos de melhora dramática em pessoas que sofriam da doença de Raynaud. Os problemas com a circulação periférica nas mãos desapareceram depois de uma liberação do bloqueio energético nas áreas afetadas.

Nossas observações relativas à asma psicogênica merecem um comentário especial neste contexto. Poder-se-ia presumir facilmente que uma técnica que coloca uma ênfase básica na respiração intensa não seria um instrumento apropriado para pacientes asmáticos; contudo isto não é necessariamente verdadeiro. Embora os pacientes asmáticos tendam a abordar as sessões com muitos medos e apreensões, nós vimos, até agora, melhoras profundas após apenas algumas sessões holotrópicas em seis pessoas. Em diversos casos, pessoas que sofriam de ataques diários têm estado praticamente livres de crises por meses ou anos. Uma consideração importante no trabalho experiencial com pacientes asmáticos é uma boa situação cardiovascular, pois as sessões podem envolver considerável estresse emocional e físico.

As sessões holotrópicas com uma pessoa que sofre de asma tendem a provocar, cedo ou tarde, sintomas asmáticos. Quando a continuação da respiração se torna impossível, o facilitador tem de utilizar o trabalho corporal focalizado, e encorajar a plena ab-reação através da expressão vocal, de vários movimentos motores, tosse e qualquer outro canal disponível. Assim que as vias respiratórias estiverem abertas novamente, pede-se à pessoa que volte a respirar rapidamente. Isto é repetido até que a hiperventilação contínua não leve a espasmos respiratórios. Quando foi realizada uma quantidade suficiente deste tipo de trabalho, as vias respiratórias podem ficar permanentemente abertas e ocorre uma melhora duradoura.

O fato de que podem ser alcançados resultados dramáticos dentro de poucos dias ou horas, pela terapia psicodélica e holotrópica, pode ser inacreditável para aqueles terapeutas que usam exclusivamente abordagens verbais e cuja estrutura conceitual não inclui os níveis perinatal e transpessoal. Para levar a sério estas afirmações é necessário ter alguma consciência da profundidade e intensidade das experiências que ocorrem nas formas experienciais de terapia. Estas experiências freqüentemente incluem um encontro tão convincente com a morte que este não pode ser distinguido de uma emergência biológica e de uma ameaça vital reais, episódios de desorganização mental que se parecem com insanidade, perda total de controle que dura vários minutos, episódios de sufocação extrema ou longos períodos de tremores violentos, de agitação e de socar as coisas à volta. A intensidade que essas experiências podem alcançar não pode ser transmitida em palavras; tem de ser vivenciada ou pelo menos observada.

Embora os resultados da terapia experiencial possam ser, em alguns casos, extremamente dramáticos, não se deve considerá-la uma panacéia que garante resultados rápidos e impressionantes em todos os casos. Enquanto algumas pessoas têm experiências profundamente curativas e transformadoras, outras progridem apenas lentamente, ou mostram pouca melhora. Isto é particularmente verdadeiro para aquelas pessoas cuja história é de falta crônica de satisfação e de privação. Um exemplo disso seria alguém que, como feto, experienciou um útero predominantemente "mau", teve um parto longo e complicado, e uma infância emocionalmente carente. Neste caso, o trabalho psicodélico ou holotrópico confrontará o indivíduo com uma longa seqüência de traumas e muito poucas experiências positivas e nutridoras. Numa situação como esta, é importante usar sistematicamente o contato físico nutridor para que haja uma construção gradual do ego, e não se deve esperar um sucesso terapêutico instantâneo.

Outro problema na psicoterapia experiencial pode ser um impasse específico. Isto ocorre em situações em que uma boa resolução seria, em princípio, possível, mas exigiria algum tipo de experiência extrema que o cliente é incapaz ou não se dispõe a enfrentar. Estes obstáculos psicológicos variam consideravelmente de indivíduo para indivíduo. Pode ser o medo de encarar a morte psicológica ("morte do ego"), medo de perder o controle, ou medo da insanidade. Em outros casos, o obstáculo pode ser uma relutância em vivenciar dor física extrema, sufocação, ou alguma outra forma de mal-estar físico intenso. É comum que a pessoa reconheça os problemas envolvidos como algo que ela conhece da vida cotidiana, na forma de medos específicos ou de sintomas desconfortáveis. ("A última coisa no mundo que eu faria seria vomitar."; "A idéia de ter que encarar a dor me deixa louco."; "A coisa mais importante para mim é manter o controle sob todas as circunstâncias." etc.). Neste tipo de situação, o terapeuta tem a importante tarefa de identificar a natureza do impasse e ajudar o cliente a superar a resistência psicológica que o impede de encará-lo.

238

Já discuti anteriormente as precauções especiais que devem ser tomadas quando o trabalho experiencial é realizado com indivíduos que mostram psicopatologia severa e uma história de hospitalização psiquiátrica. Isto exige um guia experiente e um sistema contínuo de apoio, caso este seja necessário. Contudo, se essas condições forem cumpridas, os resultados podem ser muito recompensadores. As técnicas e princípios terapêuticos descritos neste livro podem ser usados com sucesso em muitos indivíduos em crise transpessoal severa ("emergência espiritual") que seriam vistos pela psiquiatria tradicional como acometidos de psicose — doença mental de etiologia desconhecida (Grof e Grof, 1986).

Os potenciais terapêuticos e as promessas da terapia psicodélica e holotrópica não são facilmente comparáveis aos das abordagens verbais tradicionais. Estas duas terapias diferem consideravelmente em suas abordagens principais, em suas premissas científicas e filosóficas básicas, e devem ser julgadas no contexto de seus próprios quadros de referência conceituais. A psicoterapia tradicional usa técnicas de auto-exploração, como associações livres e entrevistas face a face, que são meios relativamente fracos e ineficazes de penetrar no inconsciente. Contudo, como seu quadro de referência conceitual limita-se à biografia, seu foco é muito estreito — trabalhar sobre o material traumático pós-natal da vida do indivíduo. De modo semelhante, seu objetivo é bastante modesto — aliviar os sintomas e melhorar o ajustamento do indivíduo às condições de vida existentes.

As terapias psicodélica e holotrópica são formas incomparavelmente mais efetivas de conseguir acesso à psique inconsciente. Entretanto o trabalho com estas técnicas mostrou que as raízes da maioria dos problemas emocionais e psicossomáticos não são apenas biográficas, mas também perinatais e transpessoais. Além disso, seu objetivo não é apenas devolver o indivíduo livre dos sintomas à visão de mundo, estilo de vida e sistema de valores antigos. Este processo envolve uma profunda transformação pessoal, durante a qual a maior parte dos aspectos da vida do indivíduo é drasticamente redefinida. Num certo ponto, esta forma de terapia transforma-se automaticamente numa busca espiritual e filosófica séria que se dirige às questões mais fundamentais da existência. Quando isto ocorre, o processo é completamente sem fim; a busca espiritual e filosófica torna-se, então, nova e importante dimensão da vida.

BUSCA DE UMA ESTRATÉGIA DE VIDA MAIS RECOMPENSADORA

A possibilidade de melhorar a qualidade da própria experiência de vida vai além do alívio ou da eliminação da psicopatologia clínica. As vidas de muitas pessoas que não sofrem de sintomas emocionais e psicossomáticos manifestos e que têm todas as condições externas para uma boa existência não são gratificantes e plenas. Um bom exemplo desta situação é a condição que o psiquiatra austríaco e fundador da análise existencial Viktor Frankl chamou de depressão noogênica (Frankl, 1956). Esta condição refere-se a indivíduos que não têm nenhum distúrbio emocional óbvio, e freqüentemente mostram um funcionamento superior em sua vida pessoal e profissional. Eles não vivenciam sua existência como significativa e não são capazes de apreciar o próprio sucesso, mesmo sendo admirados e invejados por seus amigos e vizinhos. Há outras pessoas que também seriam consideradas "normais" pelos padrões psiquiátricos tradicionais, mesmo que algumas áreas de suas vidas mostrem diversas formas e graus de distorção de percepção, emoções, pensamentos e comportamento.

Nessas situações, a auto-exploração e a psicoterapia experienciais revelam os fatores subjacentes a tais distorções e oferecem uma oportunidade de corrigi-los. No nível biográfico, pode haver acontecimentos traumáticos específicos na infância que interferem com o funcionamento adequado do indivíduo numa determinada área da vida e num determinado segmento das relações interpessoais. Estes fatos são bem conhecidos na psicoterapia dinâmica tradicional. Desta forma, a experiência traumática com a autoridade dos pais pode contaminar todos os relacionamentos futuros com superiores e outras pessoas em posições de autoridade. Complicações na relação emocional íntima com a mãe ou o pai podem causar problemas recorrentes com parceiros sexuais. Ausência de irmãos, rivalidade entre irmãos ou alguns problemas específicos com irmãos e irmãs podem levar a dificuldades com os iguais, sejam estes colegas de escola, amigos, companheiros no Exército ou colegas de trabalho. Reviver e integrar os traumas subjacentes pode ter um efeito básico na área afetada da vida da pessoa.

Os indivíduos cuja auto-exploração experiencial transcende a biografia e alcança o nível perinatal do inconsciente fazem, em geral, uma descoberta surpreendente e perturbadora. Eles reconhecem que a inautenticidade de suas vidas não está limitada a alguns segmentos parciais que estão contaminados por traumas específicos da infância, mas que toda a sua abordagem existencial e sua estratégia de vida têm sido inautênticas e mal-orientadas de um modo básico. Esta distorção total da ênfase existencial baseia-se no fato de que as próprias ações são dominadas pelo trauma do nascimento não resolvido, e pelo medo da morte que está associado a ele, a partir de um nível inconsciente profundo. Isto leva a vários comportamentos que são inúteis ou danosos, e torna impossível descobrir uma estratégia de vida que seja mais frutífera e satisfatória.

Numerosas observações sugerem que um indivíduo dominado por uma das matrizes perinatais negativas aborda a vida de uma maneira que não apenas fracassa em trazer satisfação, mas que também pode ser, a longo prazo, destrutiva e autodestrutiva. Se a psique está sob a influência da MPB II, mas não de modo tão forte que resulte em psicopatologia manifesta, o indivíduo mostrará uma atitude geralmente passiva, resignada e submissa diante da vida. Sob circunstâncias similares, a MPB III gerará o que pode ser descrito como um tipo de existência "viciada em trabalho" monótono ou competitivo.

240

A dinâmica da MPB III impõe à vida uma trajetória linear obrigatória e cria um impulso incansável para a busca de objetivos futuros. Como a psique de uma pessoa nesta situação está dominada pela memória do confinamento doloroso no canal de parto, ela nunca experiencia o momento presente ou as circunstâncias atuais como sendo plenamente satisfatórias. O mundo e a própria vida são sempre vistos da perspectiva da falta. Isto envolve um foco seletivo naquilo que está faltando, naquilo que é insatisfatório, ou no que está errado, e, ao mesmo tempo, provoca uma incapacidade ou capacidade parcial para apreciar e aproveitar aquilo que está disponível e fazer o melhor possível com isto. É importante enfatizar que este é um padrão que opera independentemente das circunstâncias externas, e não pode ser eliminado ou corrigido por realizações de qualquer tipo ou amplitude. Esta pessoa sente-se insatisfeita com sua aparência, talentos e habilidades, realizações, posses, fama ou poder, independentemente de qual seja a situação real — freqüentemente em agudo contraste com as opiniões de terceiros. A pessoa que está sob a influência da MPB III sempre lutará por algo diferente do que a situação presente oferece, como o feto que está experienciando a dolorosa constrição no aperto do canal de parto e está tentando escapar para circunstâncias mais confortáveis. Ela espera encontrar a solução e a satisfação em alguma realização no futuro.

Nesta situação, os objetivos específicos que a fantasia da pessoa oferece como fontes inequívocas de felicidade futura podem ser facilmente identificados como substitutos para a conclusão psicológica do nascimento biológico, e para a satisfação e segurança pós-natal ou pré-natal. Como esses objetivos não são realmente autênticos, mas meros substitutos psicológicos, alcançá-los não trará e não pode trazer satisfação verdadeira. A estratégia baseada na dinâmica da MPB III é, portanto, uma estratégia perdedora, sejam alcançados ou não os objetivos, pois ela é baseada em premissas erradas e não traz os resultados previstos.

O fracasso em alcançar um objetivo específico, do qual se esperava satisfação, perpetua a crença auto-ilusória de que a felicidade depende de fatores externos. Neste caso, a pessoa presume, tipicamente, que o sucesso teria feito diferença. Quando o objetivo é alcançado, ele não traz o resultado psicológico que era esperado. Contudo, isto usualmente não é interpretado como uma indicação de que a estratégia, que vinculava felicidade e sucesso, falhou. Isto é atribuído ao fato de que o objetivo não era suficientemente ambicioso, ou de que foi feita uma escolha errada de objetivo. A frustração resultante gera então novos planos, ou planos mais ambiciosos de mesma natureza. A característica mais importante desta estratégia autofrustrante é que ela desconsidera o presente real e se focaliza em projeções imaginárias no futuro.

Neste quadro mental, as outras pessoas são vistas como competidores e a natureza é considerada como algo hostil que deve ser conquistado e controlado. Historicamente, a primeira formulação explícita desta atitude pode ser atribuída a Francis Bacon, que definiu as estratégias básicas para o novo método empírico na ciência ocidental. Referindo-se à natureza, ele usava termos como: a natureza tem de ser perseguida em seus vagueios, seqüestrada, colocada numa roda de tortura, torturada e forçada a desvendar seus segredos aos cientistas, colocada numa prisão, transformada em escrava e controlada (Bacon, 1870). Foram necessários vários séculos para se perceber que a sugestão de Bacon era perigosa e, em última instância, destrutiva e autodestrutiva. Com o desenvolvimento da tecnologia moderna, esta sugestão provou ser uma receita segura para o suicídio planetário.

Numa escala coletiva e global, este quadro mental gera uma filosofia e uma estratégia de vida que enfatizam a força, a competição e o controle unilateral; ela glorifica o progresso linear e o crescimento ilimitado. Neste contexto, os ganhos materiais e o aumento do produto interno bruto são considerados como sendo o critério principal de bem-estar e a medida do padrão de vida. Esta ideologia e as estratégias políticas e econômicas que resultam dela colocam os seres humanos como sistemas vivos em um sério conflito com sua natureza e com as leis universais básicas.

Maximizar os objetivos é uma trajetória perigosa e não-natural, pois todos os organismos e sistemas biológicos dependem criticamente de valores ótimos. Esta estratégia propõe uma direção linear irreversível e crescimento ilimitado num universo cuja natureza essencial é cíclica. Visto de uma perspectiva mais ampla, isto significa, a longo prazo, diminuição dos recursos naturais não-renováveis, particularmente dos combustíveis fósseis e acumulação de lixo tóxico, que polui o ar, a água e o solo — todos vitalmente importantes para a continuação da vida. Além disso, esta abordagem existencial glorifica a competição e a "sobrevivência dos mais aptos" darwiniana como princípios naturais e saudáveis da existência, e é incapaz de reconhecer a necessidade urgente de sinergia e cooperação.

Esta situação muda radicalmente quando o indivíduo é capaz de sair da dominância das matrizes perinatais negativas e conectar-se experiencialmente com as memórias da troca simbiótica positiva com o organismo materno no útero ou durante o aleitamento. A experiência com a mãe, durante a existência fetal ou início da vida pós-natal, é equivalente, no nível adulto, ao relacionamento do indivíduo com toda a humanidade e com todo o mundo. A primeira representa o protótipo e o modelo experiencial para a última. O tipo e a qualidade da matriz perinatal que influenciam a psique do indivíduo têm, portanto, uma influência profunda não só em sua experiência subjetiva interna, mas também em sua atitude e abordagem a outras pessoas, à natureza e à existência em geral.

A habilidade de apreciar a vida e o grau de prazer aumentam consideravelmente quando o indivíduo experiencia uma troca de matrizes perinatais negativas para positivas, durante a auto-exploração profunda. A experiência original da existência pré-natal e de amamentação imperturbadas, associadas a essas matrizes, envolve uma sensação de satisfação e de eternidade do momento atual. Quando esses elementos permanecem subjacentes à experiência

242

da vida cotidiana, é possível extrair intensa satisfação de cada momento presente de muitas situações e funções comuns, como alimentação, contato humano, atividades profissionais, sexo, arte, música, jogos ou caminhadas na natureza. Isto reduz consideravelmente o impulso irracional de perseguir esquemas complicados na falsa esperança de alcançar a satisfação. Neste estado mental, torna-se claro que a medida essencial do padrão de vida de uma pessoa é a qualidade de sua experiência de vida e não a quantidade de realizações ou de posses materiais.

As mudanças acima são acompanhadas pela emergência espontânea de uma consciência e percepção ecológicas profunda. A atitude baconiana em relação à natureza ("Mãe Natureza"), descrita anteriormente, é modelada pela experiência precária e de antagonismo do feto com o organismo materno no processo do parto biológico. Os novos valores e atitudes refletem a experiência simbiótica do feto com a mãe durante a existência pré-natal e durante a amamentação. Os aspectos sinérgicos, complementares e mutuamente nutridores desta situação tendem a substituir automaticamente a ênfase competitiva e exploradora do antigo sistema de valores. O conceito da existência humana como uma luta de vida-ou-morte pela sobrevivência num mundo governado pela lei da selva dá lugar a uma nova imagem da vida como uma manifestação de uma dança cósmica ou de uma peça divina.

O nível de agressão diminui consideravelmente e o senso de conexão e de unidade fundamental com o mundo leva à tolerância sexual, política, nacional, cultural e racial. No novo contexto as diferenças não são mais ameaçadoras. Elas são vistas como variações interessantes e desejáveis da teoria cósmica indivisa. Esta nova visão do mundo leva, com freqüência, à "simplicidade voluntária" no sentido de Duane Elgin (Elgin, 1981) que agora é vista como expressão de uma profunda sabedoria. Torna-se também óbvio que a única esperança para a solução política, social e econômica da crise global atual pode vir de uma perspectiva transpessoal que transcenda a desesperada psicologia nós-contra-eles, que, na melhor das hipóteses, produz mudanças pendulares ocasionais em que os protagonistas trocam os papéis de opressor e oprimido.

É importante enfatizar que o desenvolvimento das mudanças descritas acima não significa necessariamente perda de interesse em atividades criativas. Na maioria dos casos, o oposto é verdadeiro. O trabalho pode ser muito produtivo, fluente e sem esforço, se a pessoa o considerar compatível com sua nova filosofia de vida, pois há mais energia disponível. Ocasionalmente, há uma tendência a abandonar algumas atividades que parecem inapropriadas ou que no passado eram impulsionadas por motivações que agora são consideradas erradas.

A chave de todas essas mudanças é uma alteração radical da sintonia emocional e psicossomática, da dinâmica das matrizes perinatais negativas para uma conexão experiencial com os elementos positivos da MPB IV e MPB I. Essas mudanças não ocorrem ou ficam muito comprometidas naqueles indivíduos cuja história inicial não incluiu uma quantidade suficiente de experiências emocionais e biológicas nutridoras, e é predominantemente traumática ("útero mau" e "seio mau"). Para essas pessoas, o movimento na direção descrita é lento e demanda muito tempo. Este movimento exige, entre outros elementos, satisfação anaclítica direta durante o trabalho terapêutico regressivo, o que proporciona uma experiência corretiva para a privação emocional e a rejeição do início da infância.

Até agora, discuti o potencial da terapia psicodélica e holotrópica para corrigir as conseqüências psicológicas negativas do trauma do nascimento. Contudo, as observações do trabalho experiencial também oferecem indicações importantes para sua prevenção. Elas dão forte apoio às tentativas recentes para transformar a obstetrícia de sua ênfase no equipamento tecnológico desumanizado para uma disciplina que reconheça a importância suprema das dimensões biológica, psicológica e espiritual na gravidez e no parto como fatores críticos na formação do futuro do indivíduo e da sociedade.

O acompanhamento físico e psicológico da gravidez, uma boa preparação emocional e somática para o parto, o nascimento sem violência de Frederic Leboyer (Leboyer, 1975), o nascimento sob a água de Igor Tjarkovsky (Sidenbladh, 1983), o tempo adequado para o contato simbiótico entre a mãe e o bebê, a oportunidade para a formação de vínculos e a prática da amamentação parecem ser fatores de importância crítica, não apenas para o futuro do indivíduo mas possivelmente também para o futuro do planeta. Pelo lado negativo, o fato de que estejam sendo concebidos e criados bebês em tubos de ensaio, de que fetos congelados possam ser implantados no útero, e crianças abortadas possam ser mantidas vivas por meios artificiais, não significa, necessariamente, que as condições presentes preenchem os critérios mínimos exigidos para um desenvolvimento psicológico saudável. Devem ser realizadas mais pesquisas antes que essas técnicas sejam usadas em escala ampla.

Na discussão anterior focalizei as mudanças na hierarquia básica de valores e na estratégia existencial que ocorrem em conexão com seqüências perinatais. Essas mudanças tornam-se mais pronunciadas, duradouras e refinadas quando a pessoa se conecta experiencialmente com o domínio transpessoal. Enquanto as seqüências de morte e renascimento iniciam o processo de abertura espiritual, as experiências transpessoais revelam e confirmam, de muitas formas, que a dinâmica mais profunda da psique humana é numinosa em essência, e que a espiritualidade representa uma dimensão crítica no esquema universal das coisas. A importância da busca espiritual e filosófica na vida humana será o foco da próxima seção.

BUSCA FILOSÓFICA E ESPIRITUAL

Quando a auto-exploração alcança o nível das experiências perinatais e transpessoais, ela se transforma automaticamente numa busca por respostas às questões espirituais e filosóficas básicas da existência. O indivíduo conecta-se com importantes aspectos da realidade que são transfenomenais — isto é, inacessíveis à percepção sob circunstâncias comuns. Quando a consciência se transforma numa determinada direção, como nos estados místicos espontâneos ou nas sessões psicodélicas e holotrópicas, alguns desses aspectos ocultos da realidade irão se manifestar como dimensões divinas imanentes do mundo fenomenal; e outros se manifestarão como domínios transcendentais radicalmente diferentes do universo em que vivemos. Usando uma analogia técnica moderna, a primeira situação poderia ser comparada a uma oportunidade de observar em cores um canal que até então estava disponível apenas em branco-e-preto. A última situação, então, poderia ser comparada à possibilidade de sintonizar outros canais e programas que estavam presentes anteriormente mas não disponíveis.

A dimensão espiritual e a determinação daqueles que a buscam provavelmente só farão sentido para as pessoas que possam relacionar isto a alguma experiência própria anterior. Sem isto, pode ter tão pouco sentido quanto o conceito de cor tem para uma pessoa que seja cega para cores. Quando um indivíduo cuja única preocupação no passado foi livrar-se do desconforto emocional e físico e alcançar sucesso no mundo confronta-se com os domínios dos fenômenos perinatais e transpessoais, ele descobrirá a importância crítica de questões ontológicas e cosmológicas básicas.

Quem ou o que criou este universo? Como ele foi criado e como eu me relaciono com o Criador ou com o princípio criativo? Quem sou eu, de onde eu venho e para onde estou indo? Qual é o propósito de minha vida ou da vida em geral? Existem outros níveis e domínios da existência tão reais quanto nosso universo? É possível que os seres arquetípicos e os domínios mitológicos tenham uma existência própria e interajam com a nossa realidade de uma maneira significativa? Passamos por toda uma cadeia de existências e essas existências estão conectadas por leis? Se o renascimento contínuo é uma fonte de sofrimento, existem conhecimento e uma cadeia de ações que levem à liberação? Questões desse tipo, que anteriormente eram vistas como pseudofilosofia reservada para culturas primitivas, pré-adolescentes, e pacientes psiquiátricos, subitamente são vistas sob uma luz inteiramente nova.

O processo da auto-exploração experiencial não apenas mostra que essas questões são extremamente reais e importantes, como também dá acesso à informação crítica que leva a uma solução desses enigmas fundamentais da existência. Os cientistas ocidentais tradicionais gostam de assumir uma posição de "sabe-tudo" e descartar qualquer noção de espiritualidade como superstição primitiva, pensamento mágico regressivo, falta de educação ou psicopatologia clínica. A psiquiatria e a psicologia governadas pela visão de mundo mecanicista são incapazes de distinguir entre as crenças religiosas dogmáticas e estreitas das religiões principais e a profunda sabedoria das grandes filosofias espirituais e das tradições místicas, tais como os diversos sistemas de

245

ioga, xivaísmo da Caxemira, Vajrayana tibetano, Zen, misticismo cristão, cabala, sufismo ou algumas formas de gnosticismo.

A ciência ocidental é cega ao fato de que estas tradições são o resultado de séculos de pesquisa da mente humana, que combinou a observação sistemática, a experimentação e a construção de teorias numa forma que se asssemelha ao método científico. Muitos cientistas tradicionais confundem o atual modelo newtoniano-cartesiano do universo com uma descrição definitiva da realidade, cuja verdade e precisão tenham sido provadas além de qualquer dúvida razoável. Não há lugar para qualquer forma de espiritualidade como um aspecto relevante e significativo da existência num universo em que a matéria é primária, e a vida, a consciência e a inteligência são seus produtos acidentais.

Se o paradigma mecanicista fosse realmente uma descrição verdadeira e completa da realidade, uma compreensão iluminada do universo baseada na ciência envolveria a aceitação da própria insignificância, como um em quatro bilhões de habitantes de um dos incontáveis corpos celestiais num universo que tem milhões de galáxias. Isto exigiria também o reconhecimento de que os humanos não são nada mais do que animais altamente desenvolvidos e máquinas biológicas compostas de células, tecidos e órgãos. Nesse contexto, nossa consciência é um produto fisiológico do cérebro, e nossa psique é governada por forças inconscientes de natureza biológica e instintiva.

Quando convicções espirituais profundas são encontradas em culturas não-ocidentais com sistemas educacionais inadequados, isto é atribuído usualmente à ignorância, à credulidade infantil e à superstição. Esta interpretação não funciona para nossa cultura, particularmente quando se refere a pessoas com educação e inteligência superiores. Neste caso a corrente principal da psiquiatria retorna às descobertas da psicanálise, sugerindo que as raízes das crenças religiosas podem ser encontradas em conflitos infantis não resolvidos. Ela interpreta o conceito de divindade como imagens infantis das figuras parentais, as atitudes religiosas dos crentes como sinais de imaturidade emocional e dependência infantil, e as atividades rituais como resultados de uma luta contra impulsos psicossexuais infantis, comparáveis aos mecanismos encontrados nas neuroses obsessivo-compulsivas.

As experiências espirituais diretas, tais como sentimento de unidade cósmica, seqüências de morte e renascimento, encontros com entidades arquetípicas, visões de luz de beleza sobrenatural ou memórias de vidas passadas, são então vistas como graves distorções da realidade objetiva, indicativas de uma séria doença mental. Os antropólogos têm discutido o xamanismo usualmente no contexto da esquizofrenia, histeria ou epilepsia, e rótulos psicopatológicos têm sido postos em todos os grandes profetas e sábios. Até mesmo a meditação tem sido discutida num contexto psicopatológico. O seguinte trecho de um artigo do famoso psicanalista Franz Alexander, igualando a meditação budista a uma catatonia artificial, pode ser usado aqui como um exemplo: "A partir de nosso conhecimento psicanalítico atual, é claro que a auto-absorção budista é um retorno libidinal e narcisístico do impulso para conhecer-se por dentro, um tipo de esquizofrenia artificial com total retirada do interesse libidinal do mundo externo" (Alexander, 1931). Com poucas exceções, como o trabalho de Carl Gustav Jung, Roberto Assagioli e Abraham Maslow, não tem havido reconhecimento da espiritualidade na psiquiatria ocidental, nem noção de que há alguma diferença entre o misticismo e a psicose.

Eu tentei demonstrar, em outro contexto (Grof, 1985), os erros envolvidos nesta abordagem da espiritualidade. Confundir o modelo de realidade newtoniano-cartesiano com a própria realidade significa ignorar a moderna filosofia da ciência com sua compreensão da natureza das teorias científicas e da dinâmica dos paradigmas. Além disso, tem-se aqui um sério erro lógico: confundir o mapa com o território, no sentido de Korzybski (Korzybski, 1933), é violar o princípio do modelo/símbolo lógico que costumava ser o tópico favorito do falecido Gregory Bateson (Bateson, 1979). Acima de tudo, entretanto, esta abordagem ultrapassa as descobertas das ciências básicas para a psicologia e ignora um vasto corpo de observações da moderna pesquisa da consciência, particularmente aquelas relacionadas às experiências transpessoais. Qualquer teoria científica séria tem de ser uma tentativa de organizar os fatos existentes, mais do que um produto de um exagero especulativo. Ela tem de estar baseada em observações do universo, e não nas crenças dos cientistas de como é o universo ou seus desejos de como ele deveria ser para caber em suas teorias.

A moderna pesquisa da consciência e a psicoterapia experiencial lançaram uma luz inteiramente nova para o problema da espiritualidade e da religião e devolveram à psique humana seu *status* cósmico. A espiritualidade ou numinosidade parecem ser uma propriedade intrínseca da dinâmica profunda da psique, em plena concordância com a perspectiva junguiana. Sempre que o processo de auto-exploração experiencial alcança os níveis perinatal e transpessoal, ele leva ao despertar da espiritualidade e o indivíduo se torna interessado na busca mística. Eu vi muitas pessoas altamente educadas passarem por este processo em nosso programa de treinamento psicodélico e em *workshops* holotrópicos, e ainda estou por ver um único indivíduo, incluindo ateus, marxistas e cientistas positivistas, cujo ceticismo e cinismo a respeito da espiritualidade sobreviva a tal experiência.

A forma de espiritualidade a que estou me referindo é plenamente compatível com qualquer nível de inteligência, educação e conhecimento específico de informações acumuladas em disciplinas como física, biologia, medicina e psicologia. Nenhuma das pessoas com elevado nível educacional com quem trabalhei encontrou qualquer conflito entre suas experiências espirituais e a informação que tinham sobre o mundo físico. Contudo, com freqüência, elas tiveram de abandonar algumas generalizações indefensáveis e suposições infundadas que fizeram parte de sua educação acadêmica. Há atualmente uma extensa literatura que sugere que muitos avanços revolucionários na ciência moderna apontam para uma visão de mundo radicalmente nova. Embora ainda

247

estejamos distantes de uma síntese abrangente, os elementos significativos deste paradigma emergente mostram uma convergência de longo alcance com a visão de mundo das grandes tradições místicas (Grof, 1984).

Contudo, é importante enfatizar que isto não significa necessariamente uma convergência da ciência e da religião. A espiritualidade que emerge espontaneamente num certo estágio da auto-exploração experiencial não deve ser confundida com as religiões principais e com suas crenças, doutrinas, dogmas e rituais. Muitas destas religiões perderam completamente a conexão com sua fonte original, que é uma experiência visionária direta das realidades transpessoais. Elas estão preocupadas principalmente com assuntos como poder, dinheiro, hierarquias, e controle ético, político e social. É possível ter-se uma religião com muito pouca espiritualidade, uma religião em que a espiritualidade esteja completamente ausente, ou até mesmo uma que interfera com a busca espiritual genuína.

Um grande amigo meu, Walter Houston Clark, professor de religião aposentado e autor de um texto muito conhecido de psicologia da religião, teve profundas experiências místicas depois de anos ensinando religião numa universidade. Como resultado dessas experiências, ele chegou a entender a relação entre a verdadeira espiritualidade e a religião. Eu o ouvi falar sobre isto usando uma imagem interessante. Ele disse que muitas das principais religiões lembravam-lhe a vacinação. A pessoa vai à igreja e recebe "um pouco de algo que então a protege da coisa real". Portanto, muitas pessoas acreditam que o comparecimento regular à igreja nos domingos e dias santos, fazer as orações, e ouvir os sermões é suficiente para ser verdadeiramente religioso. Este falso sentido de então já ter chegado as impede de começar uma jornada de descoberta espiritual. Carl Gustav Jung expressou uma opinião semelhante (Jung, 1958); segundo ele, a principal função da religião formalizada é proteger as pessoas contra a experiência direta de Deus.

As experiências espirituais que se tornam acessíveis na auto-exploração profunda tipicamente não levam a pessoa a aproximar-se da igreja institucionalizada e não inspiram a uma freqüência mais assídua a serviços divinos formalizados, quer a religião seja cristã, judaica ou muçulmana. Mais freqüentemente, elas aliviam nitidamente os problemas e limitações das igrejas institucionalizadas e intermediam a compreensão de como, onde e por que as religiões se desviaram e perderam o contato com a verdadeira espiritualidade. Contudo, as experiências espirituais diretas são perfeitamente compatíveis com os ramos místicos das grandes religiões do mundo, como as diversas variedades do misticismo cristão, sufismo, e cabala ou movimento hassídico. A divisão realmente importante no mundo da espiritualidade não é a linha que separa as principais religiões individuais umas das outras, mas a linha que separa todas elas de seus ramos místicos.

As religiões principais defendem conceitos de Deus em que a divindade é uma força externa aos seres humanos e tem de ser contatada pela mediação da igreja e de seus ministros. O local preferido para esta interação é, portanto, o templo. Ao contrário, a espiritualidade revelada no processo de auto-exploração focalizada vê Deus como o Divino Interno, neste caso, o indivíduo usa diversas técnicas que mediam e descobre sua própria divindade. Para este tipo de prática espiritual o corpo e a natureza têm a função de templo.

Os templos podem ter um papel importante para facilitar a verdadeira espiritualidade, mas apenas se sua arquitetura e decoração interior forem de tal beleza e perfeição que façam com que os visitantes se aproximem do domínio transcendental; ou se os elementos do serviço divino que eles oferecem, como música de órgão, canto oral, e o esplendor dos objetos litúrgicos, mediarem a experiência transpessoal direta. As grandes catedrais góticas européias podem ser mencionadas como exemplos significativos deste caso.

Os aspectos mais importantes desta discussão sobre a relação entre religião e experiência espiritual podem ser ilustrados pelo relato que se segue, de uma sessão de um escritor que tomou os derivados das anfetaminas, MDM e 2CB, num contexto grupal (Adamson, 1986). Outra parte de sua experiência foi descrita anteriormente.

Era como se eu estivesse pairando sob diversas camadas de realidade obscurecedora acima de uma grande fonte uivante de luz. À medida que os níveis de concepção errônea, representação falsa, ilusão e consensualidade se difundiam e se dissipavam como um nevoeiro que se abre, o som aumentava cada vez mais. Era um chiado de um arco de luz de bilhões de volts, era o rugido de milhares de sóis, era o som do universo flamejante. Conforme isto se tornava mais visível, havia uma bola imensa em volta da qual eu estava orbitando. Dizer que essa luz era branca seria empalidecer e borrar esta luz monocromática. Ela brilhava com uma radiância que era primordial, com uma intensidade que era absoluta.

Eu percebi — não pela linguagem, mas pela cognição inata — que esta explosão que rugia era a própria vida. Ela soava e pulsava através de tudo que vivia, era a fonte do movimento cristalino da vida. Era o precursor da bola original de sementes de estrelas, que explodiu e criou tudo que existe em nosso universo big-bang ou pulsante, dependendo de sua cosmologia. E isto fluiu através de mim. Eu estava conectado com isto por uma imensa fibra óptica tremulante, não apenas de luz, mas de energia.

Esta foi uma experiência pré-religiosa. A religião agora parecia supérflua em relação a estar na presença desta fonte de vida. A espiritualidade tornou-se uma fraca representação da fúria e do poder da vida. Não era reverenciável, era a própria reverência. Não era religioso, era divino. Não era bondoso, mas era do modo que era; era o puro absoluto que não era correto, ou amoroso, ou benigno, mas era apenas do modo que era — a vida viva.

Claro que se ama a todas as outras criaturas vivas. Claro que se sente que tudo está correto na criação. Claro que nos sentimos todos unidos. Nós todos somos simplesmente parte do fogo da vida. Se esta fonte de energia que flui através de nós não existisse, nós também não existiríamos. O amor, a espiritualidade e a paz se seguem a esta experiência tão certamente como uma respiração leva a outra. Nada tão surpreendente. É apenas a nossa natureza.

Há ampla evidência de que o impulso transcendental é a força mais vital e poderosa nos seres humanos. A negação sistemática e a repressão da espiritualidade que é tão característica das modernas sociedades ocidentais pode ser um fator crítico que contribui para a alienação, a ansiedade existencial, a psicopatologia individual e social, a criminalidade, a violência e as tendências autodestrutivas da humanidade contemporânea. Por esta razão, o recente aumento de interesse em diversas formas de auto-exploração é uma tendência muito animadora e um desenvolvimento de grande significado potencial, pois elas podem mediar experiências espirituais diretas.

A importância da busca espiritual pode ser explicada em termos do modelo discutido anteriormente neste livro (p. 222). Eu sugeri que para descrever os seres humanos de uma maneira adequada às observações da moderna pesquisa da consciência, tem-se de usar um modelo paradoxal complementar que guarda uma certa semelhança com o paradoxo onda-partícula da física subatômica. Os dois modos de consciência que correspondem a esses dois aspectos complementares da natureza humana são o modo hilotrópico, ou modo orientado para a matéria, e o modo holotrópico, a busca da totalidade.

Para viver plenamente o próprio potencial, é essencial reconhecer ambos os aspectos do próprio ser, cultivá-los e tornar-se familiar e confortável com ambos. Na prática isto significa estar conectado com a vida interior e complementar as atividades diárias com a auto-exploração focalizada do próprio inconsciente e superconsciente. Isto pode ser alcançado pela meditação, técnicas de psicoterapia humanista e transpessoal, participação em rituais xamânicos e eventos de transe, por um período num tanque de isolamento sensorial, trabalho psicodélico supervisionado, ou por alguns outros meios.

Desta forma, a vida torna-se um diálogo ativo entre o modo hilotrópico e o modo holotrópico. Na realidade, esta é apenas uma reformulação da idéia de Carl Gustav Jung de que a necessidade humana mais vital é descobrir a própria realidade interna por meio do cultivo da vida simbólica, e viver num contato ativo e dinâmico com o inconsciente coletivo e o *self*. Isto torna possível contar com os imensos recursos e sabedoria das épocas que estão na psique coletiva.

Uma pessoa cuja existência inteira esteja limitada ao modo hilotrópico está afastada desses recursos internos e não é capaz de contar com eles, mesmo que esteja livre de sintomas clínicos manifestos e seja, portanto, mentalmente saudável do ponto de vista da psiquiatria tradicional. Isto leva a uma frustração crônica das necessidades transcendentais mais elevadas e a um sentimento de falta de plenitude. As experiências holotrópicas, encontradas no processo de auto-exploração profunda, têm um potencial curativo intrínseco. Aquelas experiências que são de natureza difícil e dolorosa, se forem completadas e bem integradas, parecem eliminar as fontes de emoções e tensões perturbadoras. As

250

experiências holotrópicas estáticas e unitivas removem a sensação de alienação, criam sentimentos de pertencer, infundem força, otimismo e bem-estar no indivíduo e aumentam a auto-estima. Limpam os sentidos e os abrem para a percepção da extraordinária riqueza, beleza e mistério da existência. A experiência da unidade fundamental com o resto da criação aumenta a tolerância e a paciência em relação aos outros, diminui o nível de agressão, e amplia a capacidade de sinergia e cooperação.

A descoberta dos aspectos ocultos da realidade e os desafios associados a eles adicionam novas e fascinantes dimensões à existência. Isto torna a vida muito mais rica e interessante, libera algumas das energias que estavam anteriormente presas em diversos esforços quixotescos ambiciosos, e dirige essas energias para a aventura da autodescoberta. Experiências repetidas do domínio transpessoal podem ter um profundo impacto na pessoa envolvida. Elas tendem a dissolver a perspectiva estreita e limitada que caracteriza o ocidental médio e a fazer com que o indivíduo veja os problemas da vida cotidiana a partir de uma perspectiva cósmica.

Algumas das experiências encontradas durante a busca interna têm uma intensidade tão extrema que mudam a linha de base da experiência de vida que o indivíduo tinha e o conceito daquilo que ele pode tolerar, elaborar e integrar. Além da cura real que ocorre no processo, esta drástica mudança de perspectiva, contexto e linha de base para a avaliação da experiência de vida pode representar um ponto importante na vida e transformar a qualidade da existência cotidiana.

Tendo em vista estes fatos, o aumento do interesse pela espiritualidade e pela busca interna é certamente um dos poucos desenvolvimentos que trazem esperança em nosso mundo conturbado. Se esta tendência continuar, a transformação interna da humanidade poderia tornar-se uma importante força para impedir a atual tendência suicida e a catástrofe global em direção à qual o mundo parece estar se movendo num ritmo assustador. A convergência entre a nova ciência e as tradições místicas da filosofia perene, que está se processando rapidamente, oferece uma perspectiva excitante de uma futura visão de mundo abrangente que irá cobrir o abismo entre a pesquisa científica e a busca espiritual. Um novo paradigma tão abrangente poderia ser um importante catalisador na evolução da consciência que parece ser uma condição crítica para a sobrevivência da vida neste planeta.

III
Apêndice A
Os Psicodélicos na Auto-Exploração e na Psicoterapia

O uso de substâncias psicodélicas para cura, adivinhação e comunicação tanto com os domínios celestes quanto com os ctônicos pode ser encontrado desde a aurora da história humana. Desde tempos imemoriais foram utilizadas substâncias vegetais, e em casos mais raros, substâncias animais que continham alcalóides poderosos para alteração dos estados mentais com objetivos rituais e mágicos. Isto ocorreu tanto em culturas aborígenes quanto em culturas bastante desenvolvidas, em diversa partes do mundo.

Plantas e Substâncias Psicodélicas

Na história da medicina chinesa relatos a respeito de substâncias psicodélicas podiam ser encontrados já há 3.500 anos. A legendária planta poção divina *haoma*, na antiga Zend Avesta Persa, e o *soma,* na antiga literatura indiana, têm interesse histórico especial. Elas foram introduzidas na Índia por invasores arianos nômades, e tiveram uma profunda influência no desenvolvimento da religião e pensamento filosófico hindus. Cento e vinte versos do *Rig Veda* são dedicados ao *soma* e exaltam os efeitos extraordinários que esta poção divina tinha em seus adoradores. Aqueles que a bebiam eram inundados por um arrebatamento extático em que "metade deles estava na terra, e a outra metade nos céus". Seus corpos eram fortalecidos, seus corações ficavam cheios de coragem, alegria e entusiasmo, suas mentes eram iluminadas e recebiam a convicção de sua imortalidade.

Outra planta comum e muito difundida, com propriedades psicodélicas, que foi usada com objetivos sagrados e recreativos é o cânhamo. As folhas, botões e resina de suas variedades, tais como *Cannabis sativa* e *Cannabis indica*, têm sido fumadas e ingeridas sob diversos nomes — *haxixe, kif, charas, bhang, ganja, marijuana* — no Oriente Médio, África, China, Tibete, América do Norte, América do Sul e no Caribe por prazer, cura e propósitos espirituais. O cânhamo serviu como um sacramento importante para grupos tão diversos quanto as tribos aborígenes africanas, brâmanes indianos, budistas tibetanos tântricos, algumas ordens sufi, citas antigos, e os jamaicanos rastafáris.

A farmacopéia psicodélica foi particularmente rica na América Central, onde diversas culturas pré-colombianas (astecas, toltecas, maias) e grupos índios contemporâneos (huichol, yaquis, mazatecas) usaram pelo menos dezesseis plantas diferentes com propriedades distintas de alteração da mente. As plantas mais famosas entre estas são o cacto peiote (*Lophophora williamsii*), os cogumelos sagrados *teonanacatl* ou "carne dos deuses" (*Psilocybe mexicana* e *cubensis*), e *ololiuqui,* que é o nome nativo das sementes de glória matutina (*Turbina corymbosa*).

O uso cerimonial do peiote continua hoje, particularmente entre os índios Huichol, Yaqui, Cora e Tarahumara no México. Depois da guerra civil americana, a religião do peiote passou para o norte, a partir da área do Rio Grande até os Estados Unidos, e foi assimilada por mais de cinqüenta tribos americanas nativas. De acordo com algumas estimativas, mais da metade dos índios americanos (250 mil) pertencem no momento à Igreja Nativa Americana, uma religião sincretista que combina o culto do peiote com elementos cristãos. O uso cerimonial dos cogumelos Psilocybe entre os índios Mazatec mexicanos tornou-se conhecido em todo o mundo depois que a famosa *curandera* Maria Sabina revelou o segredo deles ao banqueiro e estudioso de cogumelos americano Gordon Wasson e à sua esposa.

O psicodélico sul-americano mais famoso é *ayahuasca* ou *yagé*, preparado a partir da casca da árvore da floresta *liana Banisteriopsis caapi*, e é conhecido no Brasil, Peru, Equador e Colômbia sob muitos nomes nativos como Videira da Morte, Videira das Almas, e Videira Cipó da Morte (*soga de muerte*). Ela é ministrada em dramáticos rituais de puberdade que envolvem flagelação intensa, e é também famoso por seus poderosos efeitos purgativos, curativos, visionários e telepáticos. Os psicodélicos sul-americanos mais populares, ingeridos por aspiração, são *cohoba*, feito da seiva da *Virola theiodora* ou *Virola cuspidata*, e *epená*, da *Virola calophylla* e *Virola theiodora*. Os pós de Virola são usados por muitos grupos indígenas nas regiões amazônicas da Venezuela, Colômbia e Brasil para comunicação com o mundo dos espíritos, diagnóstico e tratamento de doenças, profecia, adivinhação e outros objetivos mágico-religiosos. O cacto de São Pedro (*Trichocerus pachanoi*) tem efeitos semelhantes aos do peiote, com que compartilha o alcalóide ativo mescalina. Ele tem sido usado por xamãs dos Andes equatorianos, por mais de três milênios, para adivinhação e cura.

254

A África equatorial contribui para o mundo das plantas psicodélicas com o arbusto *eboga* (*Tabernanthe iboga*). Suas raízes são consumidas por porcos selvagens, gorilas e porcos-espinho, provocando alterações dramáticas em seus comportamentos. Lâminas da casca das raízes são usadas pelos nativos sob o nome de *eboga* ou *iboga*. Em pequenas quantidades é afrodisíaca e psicoestimulante; guerreiros durante campanhas militares e caçadores de leão o tomam para manter-se acordados durante as vigílias noturnas. Os cultos de iboga, com participantes masculinos (Bwiti) e femininos (Mbiri), usam doses elevadas, em cerimônias que duram a noite toda, e envolvem danças e tambores, com o objetivo religioso de intermediar a comunicação com espíritos ancestrais.

A última planta psicodélica importante que gostaria de mencionar é o agárico-voador (*Amanita muscaria*), o cogumelo vermelho com manchas brancas que aparece em *Alice no País das Maravilhas* de Lewis Carroll e em muitos outros contos de fadas ocidentais. Ele tem sido amplamente usado pelos xamãs siberianos das tribos Koryak, Samoyed, Ostyak e Chukchee, pelos grupos índios norte-americanos que vivem ao redor dos Grandes Lagos, particularmente o Ojibway, e por alguns povos escandinavos. Alguns pesquisadores tentaram relacionar os antigos relatos vikings acerca dos assim chamados *Berserksgang* (frenesi militar de um grupo de guerreiros vestidos com peles de urso, descritos nas sagas nórdicas) com a ingestão de cogumelos agárico-voadores (Fabing, 1956). Gordon Wasson (1967) recolheu evidências de diversas disciplinas que sugeriam que *Amanita muscaria* era a legendária planta e poção *soma*, do período védico. Criou-se alguma confusão e controvérsia sobre os efeitos psicodélicos do agárico-voador, e a teoria de Wasson, apesar de muito interessante e popular, não alcançou a aceitação geral.

Gostaria de terminar a discussão dos materiais psicodélicos mais famosos com uma breve referência às substâncias de alteração da mente de origem animal. O "peixe dos sonhos" (*Kyphosus fuscus*), encontrado na ilha de Norfolk, no Pacífico Sul, tem entre os nativos uma reputação, a de causar poderosas visões de pesadelo. Joe Roberts, um fotógrafo da revista *National Geographic*, assou e comeu alguns desses peixes, em 1960, e confirmou essas afirmações. Ele experienciou um poderoso estado alucinatório, com muitos elementos de ficção científica (Roberts, 1960). As propriedades psicoativas da pele de sapo e suas secreções explicam sua popularidade nas bebidas e ungüentos das feiticeiras medievais, usados no contexto do Sabá das Feiticeiras ou da Noite de Walpurgis. Os efeitos de alteração da mente causados por esses produtos animais podem ser explicados pelas grandes quantidades de derivados psicodélicos de triptamina, como dimetiltriptamina (DMT), 5-methoxy-DMT e bufotenina (dimetil-serotonina). Entre os principais ingredientes das preparações do Sabá encontram-se as plantas da família da beladona: a beladona (*Atropa belladonna*), estramônio (*Datura stramonium*), mandrágora (*Mandragora officinarum*) e meimendro (*Hyoscyamus niger*).

255

A longa história do uso ritual de substâncias psicodélicas contrasta agudamente com o período relativamente curto de interesse científico por esses materiais e de sua investigação sistemática, clínica e de laboratório. Louis Lewin, freqüentemente citado como o pai da moderna psicofarmacologia, coletou espécimes de peiote, levou-os para a Alemanha, e isolou diversos de seus alcalóides. Em 1897, seu colega e rival, Arthur Heffter, conseguiu a identificação química do princípio psicoativo do peiote, e o chamou *mezcaline* (mescalina). Os primeiros experimentos pioneiros com peiote foram realizados por Weir Mitchell, Havelock Ellis e Heinrich Kluever. Esta pesquisa culminou em 1927 com a publicação do livro *Der Mezkalinrausch (A intoxicação por mescalina)* de Kurt Beringer (Beringer, 1927).

Muito pouca pesquisa psicodélica foi feita nos anos seguintes até o início da década de 1940. A era dourada da história dos psicodélicos começou em abril de 1942 quando o químico suíço Albert Hofmann fez sua descoberta casual das extraordinárias propriedades psicoativas de minúsculas dosagens da dietilamida do ácido lisérgico (LSD-25). O novo derivado semi-sintético de ergotina, ativo em quantidades incrivelmente diminutas de milionésimos de grama (microgramas ou gramas), tornou-se, do dia para a noite, uma sensação científica. A pesquisa inspirada pela descoberta de Hofmann não ficou limitada ao LSD; levou ao renascimento do interesse pelas plantas e substâncias psicodélicas já conhecidas, e a uma avalanche de novos conhecimentos a seu respeito.

Os segredos e mistérios do mundo psicodélico submeteram-se, uns após os outros, aos esforços sistemáticos da moderna pesquisa científica. Os princípios ativos das mais famosas plantas psicodélicas foram identificados quimicamente e preparados em sua forma pura nos laboratórios. O próprio Albert Hofmann desenvolveu um profundo interesse pela química das plantas psicodélicas após sua intoxicação acidental inicial com LSD-25, e planejou um auto-experimento subseqüente com esta substância. Ele conseguiu resolver o mistério dos cogumelos mexicanos sagrados, ao isolar seus alcalóides ativos, psilocibina e psilocina. Ele foi também capaz de ligar a atividade das sementes de glória matutina ao seu conteúdo de aminoácido d-lisérgico e derivados da ergotina, antes que seu trabalho científico nesta área fosse suspenso pelas medidas políticas e administrativas causadas pela existência do mercado negro psicodélico e da auto-experimentação não supervisionada e em massa realizada pelos jovens.

O principal componente ativo da *ayahuasca* ou *yagé* é o alcalóide harmalina, também chamado banisterina, yageína ou telepatina. Embora sua estrutura química seja conhecida desde 1919, a moderna pesquisa química e farmacológica descobriu alguns novos dados importantes. É de particular interesse o fato de que a harmalina tem forte semelhança com substâncias que podem ser obtidas da glândula pineal, como a 10-metéxi-harmalina. Isto dá base para algumas especulações fascinantes, pois as tradições místicas atribuem grande significado à glândula pineal em relação à "abertura do terceiro olho", "estados

256

visionários", e capacidades parapsicológicas. Alcalóides derivados da harmalina foram encontrados também nos pós de cohoba e epená e na arruda síria (*Peganun harmala*).

A ibogaína, o alcalóide psicoativo mais importante na planta africana eboga (*Tabernanthe iboga*), foi isolada em 1901, mas a compreensão de sua estrutura química só foi completada no final da década de 1960. Depois de muitas dificuldades, os químicos modernos também decifraram os segredos químicos do haxixe e da maconha, ao ligar seus efeitos típicos a um grupo de tetrahidrocanabinóis (THC).

Uma contribuição teórica importante à compreensão de diversos materiais psicodélicos de origem vegetal e animal foi a pesquisa de derivados psicoativos da triptamina, iniciada em Budapeste, Hungria, por Böszörmönyi e Szara. Dimetiltriptamina (DMT), dietiltriptamina (DET), dispropiltriptamina (DPT) e outros compostos semelhantes estão entre os responsáveis pelas propriedades de alteração da mente dos pós sul-americanos *cohoba*, *epená* e *paricá*, e contribuem para a eficácia das misturas de *ayahuasca*. No reino animal, como mencionei anteriormente, eles são os princípios ativos na pele de sapo e em suas secreções, e na carne do "peixe dos sonhos" do Pacífico (*Kyphosus fuscus*).

O interesse teórico dos derivados da triptamina está no fato de que eles ocorrem naturalmente no organismo humano, são derivados do importante aminoácido triptofano, e estão relacionados quimicamente com os neurotransmissores. Por essas razões, eles são os candidatos lógicos para serem as substâncias endógenas psicotomiméticas que poderiam ser produzidas pelos processos metabólicos no corpo, e que têm sido freqüentemente discutidas no contexto das teorias bioquímicas das psicoses. Entre os derivados da triptamina que ocorrem naturalmente encontram-se também os alcalóides ativos dos cogumelos sagrados mexicanos psilocibina e psilocina, já mencionados.

A moderna pesquisa química tem, portanto, resolvido os problemas da maioria das substâncias psicodélicas que têm tido papéis importantes na história da humanidade. Apenas o védico *soma* permanece um mistério, tanto botânica quanto quimicamente. Além da teoria de Wasson que o liga à *Amanita muscaria*, há outras relacionando-o à arruda síria (*Peganun harmala*), ao pinheiro chinês (*Ephedra sinica*), e a outras plantas. É lamentável que os esforços entusiásticos de antropólogos, botânicos, farmacologistas, químicos, psiquiatras e psicólogos, que caracterizam a pesquisa psicodélica das décadas de 1950 e 60, tenham sido impedidos tão drasticamente antes que alguns dos segredos remanescentes do mundo psicodélico pudessem abrir-se à curiosidade científica.

A recente controvérsia amplamente divulgada a respeito da metilenodióxi-metanfetamina (MDMA), conhecida popularmente como XTC, *ecstasy* ou Adam, atraiu a atenção dos profissionais de saúde mental bem como do público leigo, para um grande grupo de substâncias psicoativas que têm uma estrutura molecular semelhante à mescalina, à dopamina e às anfetaminas. A maioria dessas substâncias, que tem interesse para a psiquiatria, é semi-sintética. Elas não ocorrem como tal na natureza, mas seus precursores químicos são óleos voláteis encontrados na noz-moscada, no açafrão, no sassafrás, e em outras plantas e produtos botânicos. Os mais conhecidos desses psicodélicos relacionados à anfetamina são MDA (3,4-metileno-dioxianfetamina), MMDA (3-metoxi-4,5-metileno-dioxianfetamina), MDMA (3,4-metileno-dioximetanfetamina), DOM ou STP (2,5-dimetóxi-4-metilanfetamina), TMA (3,4,5-trimetóxi-metil-anfetamina) e 2-CB (4-bromo-2,5-dimetóxi-fenetilamina).

A quetamina hidroclorídica (Ketalar, Ketanest, Ketajet) é um composto totalmente sintético que está relacionado quimicamente ao mal-afamado fenciclidina (PCP ou "poeira dos anjos"), um anestésico usado em medicina veterinária e conhecido como uma droga perigosa nas ruas. A despeito de sua semelhança química com a fenciclidina, a quetamina difere consideravelmente daquela em seus efeitos psicológicos. Ela é produzida e distribuída pela Parke-Davis como um anestésico dissociativo e é geralmente considerada como uma das substâncias mais seguras usadas na prática cirúrgica para produzir anestesia geral. Nos primeiros anos de sua existência, ela foi administrada a centenas de milhares de pacientes, com história médica incerta e que necessitavam de cirurgia imediata. A despeito de sua segurança biológica, ela gradualmente caiu no desagrado da comunidade cirúrgica, porque produzia, freqüentemente, a chamada "síndrome de emergência", ou seja, mudanças perceptuais e emocionais muito poderosas e incomuns experienciadas pelos pacientes durante seu retorno à consciência normal. Os psiquiatras que investigaram esse fenômeno descobriram que a quetamina é uma substância psicodélica muito poderosa, que pode ser usada para explorações psiquiátricas extraordinárias, treinamento de profissionais, e para propósitos terapêuticos em quantidades muito menores que aquelas usadas pelos cirurgiões (de um décimo a um sexto da dose anestésica).

Uso Ritual e Terapêutico dos Psicodélicos

Os antropólogos que estudaram o uso ritual dos psicodélicos em diversas culturas aborígenes descreveram um amplo espectro de proposições extra-ordinárias associadas a essas substâncias. Entre estas encontram-se o diagnóstico de doenças e a cura emocional ou psicossomática; a comunicação com o mundo dos espíritos, ancestrais, divindades e demônios; magia negra e feitiçaria; retorno às próprias origens; abertura de canais de percepção extra-sensoriais (telepatia, clarividência, psicometria, projeção astral); transcendência da morte com a perda subseqüente do medo de morrer; profunda transformação pessoal e rejuvenescimento; comunhão com forças naturais, vida animal e vegetal; fortalecimento da coesão social na comunidade e outros.

Não é surpreendente que os cientistas ocidentais e os leigos educados tendam a considerar estas proposições com cautela, tendo em vista a enorme variedade e amplitude desses fenômenos, a maioria dos quais vai muito além do quadro de referência conceitual da psicologia tradicional e da filosofia da ciência ocidental. Contudo, a pesquisa clínica e de laboratório com os psicodélicos, durante sua era dourada, as décadas de 1950 e 60, trouxe uma confirmação inesperada das crenças, em relação aos efeitos dos psicodélicos, mantidas pelas culturas antigas e aborígenes, enquanto simultaneamente solapava muitas das premissas fundamentais e preconceitos da ciência newtoniana-cartesiana.

O primeiro passo nessa direção foi o reconhecimento de que os principais psicodélicos não produzem estados farmacológicos específicos (psicose tóxica), mas são *amplificadores inespecíficos dos processos mentais*. A exploração da psique humana, com estes poderosos agentes catalisadores, mostrou além de qualquer dúvida que o modelo biográfico desenvolvido pela psicologia "profunda" de Freud apenas arranha a superfície da dinâmica mental. Para dar conta de todas as experiências extraordinárias e observações dos estados psicodélicos foi necessário desenvolver uma cartografia muito ampliada da mente humana. Esta cartografia, descrita na primeira parte deste livro e ilustrada por muitos exemplos clínicos, pode ser usada como um quadro de referência conceitual unificador, que lança uma nova luz no rico mundo de observações psicodélicas e as reduz a um denominador comum.

O novo modelo é tão abrangente que inclui todos ou a maioria dos fenômenos descritos em diversos períodos históricos e em vários países do mundo em situações que envolviam psicodélicos. Contudo, contextos culturais e históricos diferentes enfatizavam e cultivavam alguns domínios experienciais específicos e suas combinações. Por exemplo, *os antigos mistérios de morte e renascimento* como os mistérios eleusianos, que foram conduzidos por aproximadamente dois milênios na Grécia, pareciam focalizar a profunda transformação associada com a dinâmica perinatal: confrontação com a morte, transcendência, e as mudanças resultantes na experiência da vida, hierarquia de valores e relacionamento com o cosmos. Essas mudanças eram profundamente conectadas com a perda do medo da morte. Wasson, Hofmann e Ruck reuniram, em seu livro *Road to Elêusis*, fortes evidências que sugeriam que a poção sagrada *kykeon*, usada em Eleusis, continha derivados da ergotina, próximos quimicamente do LSD (Wasson, Hofmann e Ruck, 1978).

Os chamados ritos de passagem, poderosos acontecimentos rituais realizados por diversas culturas aborígenes na época de transições biológicas e sociais importantes, giram ao redor da tríade nascimento, sexo e morte, e envolvem experiências características da terceira matriz perinatal (MPB III). Neste contexto, o iniciado passa por poderosas experiências de morte psicológica e renascimento que são então interpretadas, tipicamente, como morrer para o antigo papel biológico ou social e nascer para o novo papel. Desta forma, por exemplo, nos ritos de puberdade, os meninos e meninas são vistos como morrendo para o papel de crianças e nascendo como adultos. Além disso, diversas culturas podem enfatizar vários domínios de experiência transpessoal como parte do contexto simbólico desses ritos, por exemplo, temas mitológicos cosmológicos, recuperação da herança ancestral, conexão com o totem animal, participação de divindades ou demônios específicos nos rituais etc. Durante a "doença xamânica" que inicia a carreira de muitos xamãs, elementos perinatais poderosos usualmente dominam as experiências. O processo de morte e renascimento toma a forma de descida ao mundo subterrâneo, tortura, desmembramento e aniquilação por demônios, e subseqüente subida ao mundo superior. As experiências transpessoais associadas focalizam tipicamente elementos da natureza — conexão profunda com forças cósmicas, animais e espíritos animais, vida vegetal e mesmo objetos inanimados. O desenvolvimento de percepção extra-sensorial, inspiração criativa, e a habilidade de diagnosticar e curar doenças são concomitantes tipicamente transpessoais adicionais de experiências xamânicas profundas e bem-integradas.

Alguns outros contextos rituais realçam outros tipos de experiências transpessoais, tais como comunicação ou possessão por divindades e demônios ou outros seres arquetípicos, curas mediadas por guias espirituais ou auxiliares animais, diversas formas de fenômenos parapsicológicos, e experiências raciais ou coletivas. Neste caso o contexto cultural e social e as técnicas usadas parecem prover canais seletivos para os vários níveis e domínios da cartografia descrita anteriormente podem ser freqüentemente observados. Experiências de profunda empatia ou conexão significativa com os outros e um senso de pertencer a um grupo, após poderosas experiências perinatais. Isto também pode ocorrer em conexão com diversos tipos de fenômenos transpessoais.

É importante enfatizar que as experiências descritas, características de mistérios de morte e renascimento, ritos de passagem, "doença" xamânica, e outras situações rituais, ocorrem em contextos que usam materiais psicodélicos e também naqueles que envolvem meios não-farmacológicos poderosos. Isto apóia a tese principal deste livro de que não há diferença básica entre as experiências psicodélicas e os estados incomuns de consciência induzidos por outras técnicas, tais como manobras respiratórias, canto e tambores, dança em transe, prática meditativa e outras.

Já mencionei anteriormente que a pesquisa psicodélica tem, de modo geral, confirmado as proposições a respeito dos estados psicodélicos feitas por diversas culturas não-ocidentais. Os psicólogos, psiquiatras e antropólogos modernos estão agora encarando o desafio de reinterpretar essas observações de modo a que sejam consoantes com a psicologia ocidental e a filosofia da ciência moderna. Tendo em vista o principal ponto deste livro, é de especial interesse explorar como as proposições sobre o potencial curativo das drogas psicodélicas resistem ao teste da pesquisa moderna.

Os efeitos profundos e freqüentemente dramáticos dos psicodélicos, em sujeitos experimentais no contexto clínico e de laboratório, sugerem naturalmente a possibilidade de que eles possam ser úteis como agentes terapêuticos. Por alguma razão, esta via não foi explorada durante a primeira onda de interesse por psicodélicos nas primeiras décadas deste século, quando a pesquisa focalizou primariamente a mescalina. A compreensão geral dos efeitos desta droga, na época, era de que ela induzia uma psicose tóxica, um estado que não tinha interesse terapêutico.

A possibilidade de uso terapêutico do LSD foi sugerida primeiro por Condrau em 1949, apenas dois anos depois que Stoll publicou na Suíça o primeiro estudo científico sobre o LSD (Condrau, 1949). No início da década de 1950 diversos pesquisadores, independentemente, recomendaram o LSD como um auxiliar para a psicoterapia, que poderia aprofundar e intensificar o processo terapêutico. Os pioneiros dessa abordagem foram Busch e Johnson (1950) e Abramson (1955) nos Estados Unidos, Sandison, Spencer e Whitelaw (1954) na Inglaterra, e Frederking (1953) na Alemanha Ocidental.

Os relatos iniciais destes pesquisadores atraíram atenção considerável e estimularam psiquiatras e psicólogos em vários países do mundo a conduzir sua própria experimentação com LSD e outros psicodélicos. Muitos dos relatos publicados por um período de aproximadamente vinte anos confirmaram as proposições iniciais de que os psicodélicos poderiam acelerar o processo psicoterapêutico e abreviar o tempo necessário para o tratamento de diversos distúrbios emocionais e psicossomáticos.

Além disso, apareceram numerosos estudos indicando que a psicoterapia auxiliada por LSD poderia alcançar algumas categorias de pacientes psiquiátricos usualmente considerados candidatos difíceis para a psicanálise e outros tipos de psicoterapia. Muitos pesquisadores individuais e equipes terapêuticas relataram diversos graus de sucesso com alcoolistas crônicos, viciados em drogas, sociopatas, criminosos psicopatas, pessoas com distúrbios sexuais e indivíduos que sofriam de sérios distúrbios de caráter.

No início da década de 1960 foi descoberta uma nova e excitante área para a psicoterapia psicodélica: o cuidado de pacientes com câncer terminal e algumas outras doenças incuráveis. Estudos de pessoas agonizantes indicaram que esta abordagem era capaz de trazer não só alívio ao sofrimento emocional e diminuição da severa dor física associada ao câncer, mas também uma transformação do conceito de morte e mudança da atitude em relação ao morrer (Grof e Halifax, 1977).

Os esforços para usar o LSD e outros psicodélicos no tratamento dos distúrbios emocionais cobrem agora um período de mais de três décadas. Desde o aparecimento dos primeiros relatos clínicos, foram investidos muito tempo e energia na pesquisa de seu potencial terapêutico e muitas centenas de artigos profissionais foram publicados sobre o assunto. Como deve ser esperado em qualquer área nova, de complexidade tão enorme e significado tão revolucionário, a história da terapia psicodélica tem sua parte de tentativas e erros.

Muitas técnicas diferentes de uso terapêutico do LSD e de outros psicodélicos foram propostas e testadas durante os últimos trinta anos. Algumas dessas abordagens não resistiram ao teste do tempo e foram abandonadas;

outras foram refinadas, modificadas e assimiladas por outros terapeutas em procedimentos de tratamento mais sofisticados. Estaria além do alcance desta apresentação tentar seguir este processo complicado através de seus diversos estágios. O leitor interessado poderá encontrar uma discussão mais abrangente deste assunto em meu livro *LSD Psychotherapy* (Grof, 1980). Neste contexto, farei apenas um breve resumo crítico do uso clínico dos psicodélicos, seguindo as correntes mais importantes e focalizando aquelas modalidades de tratamento que merecem atenção do ponto de vista de nosso conhecimento atual.

Entre as abordagens que foram abandonadas por terem se mostrado simplistas demais e não fazerem justiça à complexidade dos efeitos dos psicodélicos, encontram-se aquelas que viam essas substâncias apenas como um outro grupo de agentes químicos, e desejavam explorar suas propriedades farmacológicas. Incluem-se aqui as tentativas de usar o LSD como um antidepressivo, um composto indutor de choque, um agente ab-reativo, ou uma droga que poderia ativar condições clínicas crônicas ou estacionárias e torná-las mais responsivas ao tratamento psiquiátrico tradicional.

Os pesquisadores que mantiveram sua confiança na terapia psicodélica, por intermédio dos vários relatos conflitantes da era inicial, chegaram todos à conclusão de que as substâncias psicodélicas são amplificadores mais ou menos inespecíficos e que o sucesso terapêutico depende basicamente de diversos fatores de natureza não-farmacológica (variáveis extrafarmacológicas). Dentre estas, as mais importantes são a estrutura de personalidade do indivíduo, a personalidade do guia ou acompanhante, o relacionamento terapêutico, a natureza e o grau de ajuda psicoterapêutica específica e o contexto físico e interpessoal da sessão.

Tudo o que as drogas psicodélicas podem fazer por si mesmas é ativar a psique e mediar a emergência de conteúdos inconscientes e superconscientes na consciência. Se este processo será terapêutico ou se será destrutivo e desorganizador é, portanto, determinado por todo um espectro de outras influências que não têm nada a ver com os efeitos farmacológicos destes compostos. Nenhum resultado mágico deveria ser esperado de uma simples administração dos psicodélicos, pois os fatores do contexto são de importância muito grande; os psicodélicos deveriam ser usados sempre no contexto de um programa psicoterapêutico complexo.

Mesmo que nós limitemos o uso terapêutico dos psicodélicos ao contexto da psicoterapia, estes dois elementos podem ser combinados de muitas formas diferentes, algumas mais efetivas do que outras. Entre as possibilidades menos interessantes estão o uso de pequenas dosagens para facilitar o processo psicoterapêutico, sessões psicodélicas ocasionais durante uma psicoterapia sem drogas para superar defesas e resistências, uso de pequenas dosagens em psicoterapia de grupo, e uma combinação de hipnose e psicodélicos, ou *terapia hypnodélica* (Levine e Ludwig, 1967). As duas técnicas de psicoterapia auxi-

262

liada por drogas que receberam mais atenção e são mais interessantes são o tratamento psicolítico e o psicodélico.

Terapia psicolítica — O termo psicolítico foi cunhado pelo pesquisador britânico e pioneiro na terapia com LSD Ronald A. Sandison. Sua raiz *lytic* (do grego *lysis* = dissolução) sugere um processo de liberação de tensões, ou de resolução dos conflitos da psique. Este método de tratamento representa na teoria, e também na prática, uma modificação e extensão da análise freudiana. Ele envolve a administração de toda uma série (15-100 mg) de dosagens médias de psicodélicos, com intervalos de uma a duas semanas. A terapia psicolítica representa uma exploração gradual de níveis cada vez mais profundos do inconsciente. O terapeuta usualmente está presente por várias horas durante o período de culminação das sessões, dando apoio e interpretações específicas quando necessário. Todos os fenômenos que ocorrem nas sessões com drogas ou nos intervalos entre elas são abordados com o uso dos princípios terapêuticos freudianos básicos.

Terapia psicodélica — O termo psicodélico foi sugerido pelo psiquiatra e pesquisador do LSD Humphrey Osmond, e foi inspirado por sua correspondência com Aldous Huxley. Ele significa literalmente manifestação da mente (derivado do grego *psyche* e *delein* = tornar manifesto). A terapia psicodélica difere em diversos aspectos importantes da abordagem psicolítica. Seu principal objetivo é criar condições ótimas para que o indivíduo tenha uma experiência profunda e transformadora de natureza transcendental. Para a maioria das pessoas isto toma a forma de experiência da morte do ego e renascimento, com sentimentos subseqüentes de unidade cósmica e outros tipos de fenômenos transpessoais.

Entre os fatores que facilitam tal experiência estão uma preparação especial, uso de dosagens mais elevadas de psicodélicos, internalização do processo pelo uso de vendas nos olhos, música estereofônica de alta fidelidade durante a sessão e ênfase em espiritualidade, arte e beleza natural no local e no contexto da sessão. A troca verbal é limitada aos períodos anterior e posterior às sessões com drogas; durante as experiências psicodélicas, a fala é desestimulada, pois interfere com a profundidade da auto-exploração emocional e psicossomática. Os terapeutas psicodélicos não acreditam em interpretações verbais brilhantes e oportunas ou em outras intervenções que reflitam o sistema de crenças de uma escola particular. Eles encorajam o cliente a abandonar as defesas usuais e a render-se ao potencial curativo espontâneo da dinâmica mais profunda da psique.

A maior parte dos psiquiatras e psicólogos que realizou pesquisa clínica com psicodélicos precipitou-se claramente em direção a uma das modalidades de tratamento, psicolítico ou psicodélico. Em minha opinião, ambas as abordagens, praticadas em forma pura, têm desvantagens distintas. Na terapia psicolítica, as desvantagens estão na limitação teórica ao quadro de referência conceitual biográfico da psicanálise freudiana, na falta de reconhecimento das dimensões perinatal e transpessoal da psique e na externalização do processo com uso excessivo de artifícios verbais.

Na terapia psicodélica, ao contrário, não se dá suficiente atenção ao material biográfico quando ele emerge nas sessões e se espera demais de uma única experiência transformadora. Para conseguir mudanças terapêuticas significativas em pacientes que sofram de diversas psiconeuroses, distúrbios psicossomáticos e desordens do caráter é necessário um trabalho sistemático ao longo de toda uma série de sessões psicodélicas, embora o uso de uma "única dose avassaladora", que caracteriza a terapia psicodélica, seja geralmente muito eficaz com alcoolistas, viciados em drogas, pessoas deprimidas e indivíduos morrendo de câncer.

Na próxima sessão, descreverei a forma de psicoterapia auxiliada por drogas que considero mais eficaz em meu próprio trabalho clínico. Esta abordagem combina as vantagens das terapias psicolítica e psicodélica, e evita suas desvantagens. Seus princípios básicos são muito similares aos da terapia holotrópica que foi descrita detalhadamente num capítulo anterior. Isto não deve ser surpreendente, pois a respiração holotrópica é, conceitual e filosoficamente, um derivado direto do trabalho clínico com psicodélicos.

Princípios de Terapia Psicodélica

O procedimento de tratamento psicodélico consiste de três fases separadas, mas inter-relacionadas. A primeira dessas fases é o período de preparação; ele envolve uma série de entrevistas sem drogas, durante as quais a pessoa é preparada para a experiência psicodélica. A quantidade de tempo necessária para alcançar este objetivo depende da natureza dos problemas presentes, da personalidade do indivíduo, da droga utilizada e de algumas outras circunstâncias. O propósito desta fase é obter informações suficientes sobre a natureza das dificuldades emocionais e sobre a história pessoal do indivíduo. Uma tarefa ainda mais crítica é desenvolver uma relação de confiança entre o terapeuta e o cliente, que é o fator isolado mais importante para determinar o andamento e o resultado da sessão.

Quando estes objetivos foram alcançados, um encontro especial deve ser agendado para discutir vários assuntos específicos relacionados à sessão com a droga. Estes assuntos envolvem informação detalhada sobre os efeitos da droga que será administrada, seus benefícios potenciais e seus riscos e os tipos de experiência que ela pode induzir. Neste momento, o terapeuta deve explicar ao cliente a filosofia do tratamento, sua estratégia geral e as regras para conduzir as sessões psicodélicas. No final desta entrevista, o cliente deve assinar um documento de consentimento.

A segunda fase é a própria sessão psicodélica. Ela deve ser realizada num ambiente protegido, no qual o cliente não seja perturbado por influências externas e, por sua vez, tenha liberdade ilimitada para plena expressão, se necessário. O local do tratamento deveria ser como uma casa, confortavelmente mobiliado e decorado com gosto. Se possível, deveria estar num local de beleza natural, pois o retorno à natureza é um aspecto importante da experiência psicodélica. O banheiro deveria ser facilmente disponível. Como a música é uma parte importante da terapia psicodélica, uma boa aparelhagem de som e uma extensa coleção de fitas ou gravações encontram-se entre os itens padrão e são absolutamente indispensáveis em qualquer local de tratamento psicodélico.

Antes de uma sessão psicodélica, o cliente deveria jejuar ou fazer apenas uma refeição muito leve. Jejuar facilita a entrada em estados incomuns de consciência e reduz a incidência de problemas gastrintestinais. É preferível que o cliente tenha alguns momentos tranqüilos, relaxados e meditativos imediatamente antes da sessão em lugar de atividades caóticas e estressantes. Depois da administração da substância psicodélica, o cliente deve manter uma posição reclinada, com vendas nos olhos e fones de ouvido, pela maior parte de duração da ação farmacológica. Se as dosagens forem baixas, é possível ter sessões externalizadas gratificantes, durante as quais a pessoa mantém seus olhos abertos. Este é particularmente o caso com os psicodélicos derivados da anfetamina como MDA ou MDMA. Eles podem ampliar a percepção sensorial do ambiente, aprofundar relações interpessoais e resultar na espiritualização da vida cotidiana. Contudo, quando são usadas doses mais elevadas, as sessões internalizadas são, geralmente, muito mais profundas e menos confusas; conduzem a uma melhor integração da experiência. A regra básica de segurança para sessões psicodélicas é que todo o material que foi liberado do inconsciente tem de ser encarado, plenamente experienciado e integrado. Esta condição não é realizada em sessões externalizadas em que diversas distrações sensoriais interferem com a consciência do processo interno.

Durante as intensas experiências psicodélicas, o intercâmbio verbal é mantido no mínimo. O cliente mantém os olhos fechados durante a maior parte da sessão, com exceção dos intervalos para idas ao banheiro. Idealmente, uma equipe masculina e feminina dá atenção total ao cliente durante toda a sessão. Pelo menos um dos acompanhantes deve estar presente sempre, para mudar a música, atender às necessidades da pessoa, oferecer apoio, se necessário, e cobrir todos os aspectos da realidade externa.

A presença constante dos acompanhantes é um pré-requisito essencial para uma experiência psicodélica boa e segura, mesmo que uma sessão não complicada exija deles apenas um mínimo de ação. Eles escolhem peças de música apropriadas de acordo com a natureza da experiência do cliente, confirmam brevemente que tudo está bem a cada meia hora, aproximadamente, trazem água, lenços de papel ou sacos plásticos, se necessário, e ajudam a pessoa a ir ao banheiro se for preciso apoio.

Durante as horas de auge da experiência, só são necessárias intervenções específicas se o cliente estiver resistindo à experiência, recusando-se a permanecer com a venda nos olhos ou com os fones de ouvido e mostrar uma tendência a projetar e a atuar. A descrição dessas situações e a discussão das intervenções apropriadas podem ser encontradas em meu livro *LSD Psychotherapy* (Grof, 1980).

Quando os efeitos farmacológicos da substância psicodélica estão enfraquecendo, os guias devem confirmar com o cliente para conseguir uma impressão da natureza de sua experiência. Na maioria dos casos, a sessão chega a um fechamento espontâneo com uma boa resolução de todos os pontos levantados naquele dia particular. Uma conversa longa a respeito da experiência, nas horas finais da sessão ou no dia seguinte, pode ajudar a facilitar a integração. Escrever um relato, desenhar, pintar ou meditar podem ser também muito úteis neste sentido.

Uma intervenção ativa pode ser necessária se houver uma falta de resolução no momento em que os efeitos farmacológicos estiverem diminuindo. Neste caso, os acompanhantes podem usar as técnicas de terapia holotrópica descritas anteriormente. Um curto período de respiração rápida, combinado com trabalho corporal focalizado nos lugares em que houver bloqueio de energia, usualmente conduz a uma rápida resolução de quaisquer pontos residuais emocionais ou psicossomáticos. Se necessário, o trabalho de esclarecimento pode continuar no dia seguinte, até que uma boa integração seja atingida.

A terceira fase, o trabalho pós-sessão, consiste tipicamente de diversas entrevistas sem drogas em que o cliente discute a experiência com o(s) guia(s) e explora como ela poderia ser melhor integrada na vida cotidiana. A interação grupal ou várias expressões artísticas da experiência psicodélica são opções adicionais. A necessidade ocasional de sessões experienciais sem drogas ou de trabalho corporal já foi mencionada anteriormente. Em casos extremos, poderia ser indicado agendar outra sessão psicodélica dentro de uma semana para completar a gestalt inacabada. Idealmente, o desenrolar da terapia psicodélica deveria envolver uma situação aberta, na qual o número de sessões não fosse limitado *a priori* pelo esquema da pesquisa ou por outros fatores. O terapeuta e o cliente deveriam ser capazes de usar seu julgamento e planejar uma sessão adicional se e quando necessário. Em geral, o trabalho de esclarecimento é sempre preferível à medicação tranqüilizante que, sob essas circunstâncias, tende a congelar o processo em seus estágios difíceis e a impedir a resolução.

As substâncias psicodélicas são instrumentos extremamente poderosos para abrir as profundezas do inconsciente e as alturas do superconsciente. Elas têm um grande potencial positivo e podem também apresentar grandes perigos, dependendo das circunstâncias. O trabalho com elas deveria ser abordado com grande seriedade e respeito. Como mostra a história do movimento psicodélico, a pesquisa neste campo pode apresentar armadilhas perigosas não só para os sujeitos experimentais, mas também para pesquisadores experientes. Se os psicodélicos forem alguma vez usados novamente na prática clínica, seu uso deveria ocorrer no contexto do trabalho de equipe, com controle e supervisão mútuos.

A terapia holotrópica, embora não seja geralmente tão profunda quanto sessões psicodélicas com doses elevadas de LSD ou psilocibina, dá acesso a territórios experienciais semelhantes e a admiráveis mecanismos de cura. O fato de que as experiências se desenvolvem gradualmente e são geradas pelo esforço contínuo do indivíduo torna esta abordagem muito mais segura e facilmente aplicável em larga escala. Se, no futuro, o trabalho psicodélico for novamente possível, a terapia holotrópica poderia ser uma preparação muito útil tanto para os terapeutas psicodélicos quanto para os clientes. Estando acostumados e sentindo-se confortáveis com diversas manifestações emocionais e psicossomáticas poderosas, eles considerariam a introdução de um catalisador psicodélico como um passo lógico e útil na situação de tratamento.

Esta situação seria diferente daquela que ocorreu na década de 1950, quando o advento do LSD encontrou a maioria dos profissionais despreparada. Acostumados à atmosfera tranqüila das associações livres freudianas, entrevistas face a face, ou descondicionamento behaviorista, e aprisionados na camisa-de-força do paradigma newtoniano-cartesiano, eles foram incapazes de assimilar o mundo estranho dos fenômenos do LSD em sua teoria e em sua prática. Seja o que for que aconteça no futuro com a terapia psicodélica em si, é difícil ignorar o fato de que observações desafiadoras similares não exigem drogas estranhas e exóticas, mas podem ser ativadas por meios tão simples quanto respiração e som. Deve ser apenas uma questão de tempo até que este fato seja reconhecido, e suas conseqüências irão revolucionar a psiquiatria, a psicologia e a psicoterapia.

A discussão anterior focalizou alguns princípios muito gerais do trabalho terapêutico com psicodélicos. Embora essas substâncias ativem de uma forma relativamente não específica os domínios experienciais biográfico, perinatal e transpessoal da psique, elas diferem em alguns aspectos de sua ação farmacológica e na ênfase seletiva em alguns parâmetros da experiência psicodélica. No texto a seguir, eu gostaria de acrescentar umas poucas notas específicas sobre as substâncias mais importantes que foram exploradas no trabalho psicoterapêutico.

LSD-25 (dietilamina do ácido lisérgico) continua sendo, após diversas décadas de pesquisa clínica, o mais admirável e interessante de todos os psicodélicos. Sua incrível eficácia e segurança biológica não tem paralelo com nenhuma outra substância psicoativa. Uma dose tão pequena quanto 25 microgramas (gamas ou milionésimos de grama) pode induzir mudanças psicológicas notáveis com duração de seis a oito horas. A dosagem ótima para o procedimento terapêutico descrito acima está entre 250 e 500 mcg. A maior desvantagem do LSD é o fato de que pode, em doses elevadas, provocar ocasionalmente experiências profundamente desorganizadoras que, sob circunstâncias erradas e sem apoio especializado, podem levar a atuações perigosas.

Psilocibina, o alcalóide puro dos cogumelos sagrados mexicanos, tem efeitos muito similares aos do LSD. Tanto pesquisadores, que conduziam estudos duplamente cegos, quanto sujeitos experientes tiveram dificuldade em distinguir essas substâncias uma da outra, exceto pelo curto tempo de ação da psilocibina. A dosagem que parece ótima para objetivos terapêuticos situa-se entre 25 e 35 mg. A despeito do fato de a *curandera* mazateca Maria Sabina ter endossado uma amostra de laboratório de psilocibina como sendo um substituto válido dos cogumelos sagrados, muitos sujeitos experientes preferem o produto natural. Os cogumelos *Psilocybe*, frescos ou secos, têm a reputação, nos círculos psicodélicos, de ser a substância de alteração da mente mais suave e delicada disponível. Eles foram freqüentemente recomendados como um meio ideal para introduzir neófitos no mundo das experiências psicodélicas.

Sulfato de mescalina, o princípio puro responsável pelos efeitos psicodélicos do peiote, tem ação semelhante às duas substâncias mencionadas anteriormente. A diferença mais importante parece ser a riqueza incomum de cores nas visões com mescalina e a alta incidência de dificuldades gastrintestinais, particularmente náusea e vômitos. Mesmo a administração das dosagens comumente usadas no trabalho clínico (150 a 500 mg) tem uma influência no fígado e causa mudanças distintas em testes de laboratório. A toxicidade da mescalina alcança níveis perigosos quando a dose se aproxima de 1.000 mg. O peiote natural, ao contrário, tem uma grande reputação entre os índios como um agente medicinal. Ele tem tantos usos médicos que é quase uma panacéia. Seu admirável potencial curativo é reconhecido mesmo por aqueles índios que se opõem a seu uso em ritos religiosos. O gosto amargo do peiote e seus efeitos nauseantes funcionam como um fator autolimitador para controlar a quantidade do material ingerido.

Entre os derivados de curta ação da triptamina, dois merecem atenção especial. O *Dipropiltriptamina (DPT)* tem sido pesquisado sistematicamente como um auxiliar na psicoterapia de alcoolistas e pacientes de câncer e é considerado comparável ao LSD (Grof *et al*; 1973, Richards et al.; 1979). Como todos os derivados da triptamina, ele deve ser administrado por injeção; a via alternativa pela inalação não é considerada suficientemente previsível para ser usada em experimentos científicos. As dosagens terapêuticas ótimas estão entre 75 mg e 125 mg e seus efeitos terminam abruptamente em quatro horas.

DMT é uma substância interessante terapeuticamente, pois torna possível ter uma experiência poderosa e intensa em uma única hora. Dependendo da dose, ela pode ser usada para um trabalho biográfico, perinatal ou exploração transpessoal, ou para uma experiência profunda e transformadora, de natureza inteiramente abstrata, sem conteúdo, e totalmente abrangente, que as pessoas freqüentemente comparam com a Luz Clara Primária, descrita no *Livro tibetano dos mortos*.

Entre os ayahuasqueiros, no noroeste da América do Sul, considera-se o *yagé* como o "grande remédio", e se acredita que ele seja curativo, quer seja ingerido pelo paciente, quer pelo curador. Contudo, houve apenas esforços limitados para testar essas afirmações num contexto clínico ocidental. O estudo mais importante dos efeitos terapêuticos do *yagé* e dos alcalóides de harmala é a incidência incomumente alta de algumas imagens específicas do inconsciente coletivo, particularmente grandes felinos, serpentes e mulheres negras nuas. Estas imagens ocorrem junto com outras experiências mais usuais, tais como passagem através do útero, morte, visões de órgãos sexuais, paisagens cósmicas e outras. A dose efetiva da harmalina, segundo Shulgin, está entre 300 e 400 mg administradas por via oral.

As experiências terapêuticas com ibogaína são tão limitadas quanto as com o grupo da harmala. A fonte principal de dados é também o relato de Claudio Naranjo, sobre quarenta sessões com trinta pacientes que usaram ou ibogaína ou extrato de iboga puro (Naranjo, 1973). De acordo com ele, a ibogaína tende a fazer emergir o lado instintivo da psique, conforme indicado pela predominância de temas agressivos e sexuais, e imagens de animais e povos primitivos. A dosagem ótima para a ibogaína parece estar entre 3 e 5 mg por quilo.

Ao contrário do LSD, que é biologicamente muito seguro mas pode ter um impacto psicológico profundamente perturbador, as *anfetaminas psicodélicas* (com exceção de DOM ou STP) são psicologicamente muito benignas, mas suas propriedades fisiológicas podem apresentar problemas. Elas têm uma estreita margem de segurança, e seus efeitos empatomiméticos as tornam potencialmente perigosas para pessoas com distúrbios cardiovasculares, particularmente doenças cardíacas ou hipertensão. A maioria das anfetaminas psicodélicas causa apenas mudanças mínimas na percepção sensorial, enquanto ampliam fortemente as respostas emocionais, estimulam o pensamento filosófico e induzem profundos sentimentos espirituais. Elas abrem canais de empatia e aumentam o senso de conexão com outras pessoas e com o ambiente natural. Podem ser usadas com vantagens em grupos, de uma forma totalmente ou parcialmente externalizada.

Durante a recente onda de interesse público e profissional pelo *MDMA* (Adam, *ecstasy*), esta substância alcançou grande reputação como a droga do amor, que abre o chacra do coração. Antes que seu uso se disseminasse, alarmando os legisladores que o colocaram num esquema de emergência, era usada por muitos profissionais, com grande sucesso, em terapia familiar e conjugal, bem como um meio de restaurar a fé nas relações humanas (por exemplo, em vítimas de abuso físico ou estupro). O trabalho terapêutico com derivados de anfetaminas exige uma escolha diferente da música do que a psicoterapia com LSD ou psilocibina. Música suave, tranqüila e fluente parece corresponder melhor ao modo de ação dessas substâncias. Duas outras substâncias merecem menção especial: *DOM* ou *STP* pelo poder e duração excessiva de sua ação (vários dias) e *2-CB* por combinar os efeitos emocionais gerais com mudanças ricas na percepção visual, o que o coloca entre MDMA e LSD.

Quetamina hidroclorídica, substância que combina propriedades anestésicas e psicodélicas, é extremamente interessante do ponto de vista heurístico. Ela dá acesso aos domínios de experiência mais extraordinários, oferece revelações filosóficas e espirituais admiráveis, e media *insights* fascinantes a respeito dos processos cósmicos pelos quais a própria realidade é criada. Sua desvantagem é que a pessoa sente-se fortemente drogada, tem coordenação pobre, e sua capacidade de comunicação verbal, bem como de lembrança posterior, são distintamente diminuídas. A quetamina também parece ser a substância menos interessante do ponto de vista terapêutico, pois a experiência resulta em muito pouca transformação emocional e psicossomática duradoura. Seu maior valor está na mudança profunda e duradoura da visão de mundo do indivíduo, e na compreensão radicalmente nova do processo da morte. A dosagem ótima é aproximadamente um décimo a um sexto da dose anestésica; oscila entre 100 e 150 miligramas administrados por via intramuscular. A música usada em sessões de quetamina deveria ser lenta, expansiva e de natureza "cósmica", para refletir a qualidade da experiência.

Algumas das desvantagens da quetamina poderiam possivelmente ser superadas ao se separar seus dois componentes opticamente ativos. A quetamina é uma preparação racêmica, isto é, uma mistura de frações de rotação direita e esquerda. A pesquisa clínica preliminar sugere que as propriedades anestésicas e psicodélicas estão seletivamente associadas com a propensão dos dois componentes para girar a luz polarizada para a direita e para a esquerda. Como esses dois componentes podem ser separados, os efeitos psicodélicos da quetamina podem ser estudados isoladamente dos efeitos anestésicos.

LSD-25

MESCALINA

IBOGAÍNA

HARMINA

Apêndice A

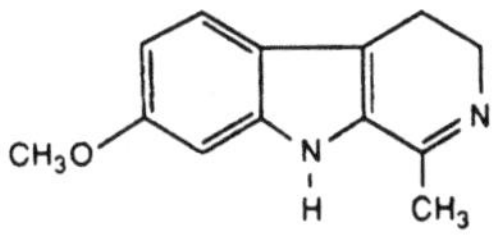

HARMALINA

TRIPTAMINAS:

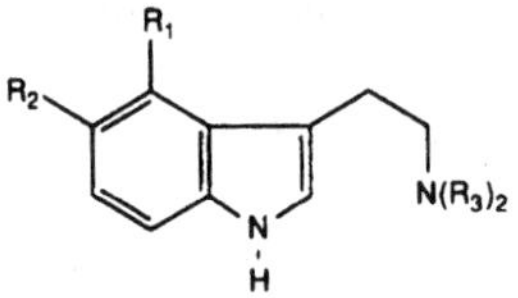

DIMETILTRIPTAMINA (DMT)	$R_1 = H, R_2 = H, R_3 = CH_3$
DIETILTRIPTAMINA (DET)	$R_1 = H, R_2 = H, R_3 = CH_2 CH_3$
DIPROPILTRIPTAMINA (DPT)	$R_1 = H, R_2 = H, R_3 = CH_2 CH_2 CH_3$
BUFOTENINA	$R_1 = H, R_2 = OH, R_3 = CH_3$
5-METÓXI-DMT	$R_1 = H, R_2 = OCH_3, R_3 = CH_3$
PSILOCIBINA	$R_1 = OP(O)(OH)_2, R_2 = H, R_3 = CH_3$
PSILOCINA	$R_1 = OH, R_2 = H, R_3 = CH_3$

DERIVADOS DE ANFETAMINAS:

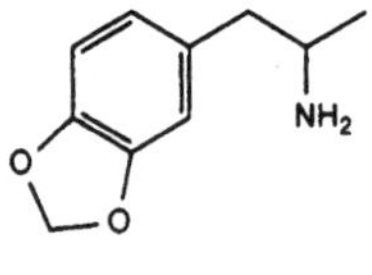

MDA

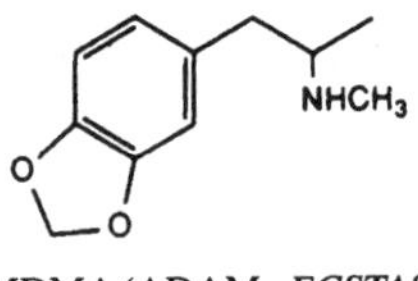

MDMA (ADAM, *ECSTASY*)

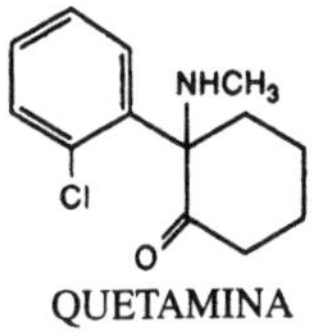

QUETAMINA

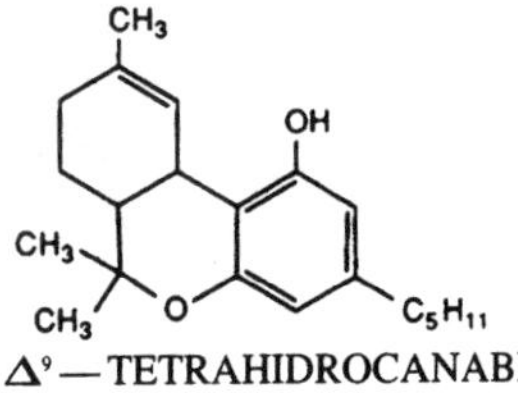

Δ^9 — TETRAHIDROCANABINOL (THC)

Referências

ABRAMSON, H. A. LSD-25 As An Adjunct to Psychotherapy with Elimination of Fear of Homosexuality, *J. Psychol.* 39:127, 1955.

BERINGER, K. *Der Meskalinrausch. Seine Geschichte und Erscheinungsweise.* Berlim, Springer, 1927.

BUSCH, A. K. e JOHNSON, W. C. LSD As An Aid in Psychotherapy. *Dis. nerv. Syst.* 11:241, 1950.

CONDRAU, G. Klinische Erfahrungen an Geisteskranken mit LSD-25. *Acta psychiat. neurol. Scand.* 24:9, 1949.

FABING, H. D. On Going Berserk: A Neurochemical Inquiry. *Amer. J. Psychiat.* 113:409, 1954.

FREDERKING, W. Intoxidant Drugs (Mescaline and LSD-25) in Psychotherapy. *J. nerv. ment. Dis.* 121:262, 1953.

GROF, S. et al. DPT As An Adjunct in Psychotherapy of Alcoholics. *International Pharmacopsychiatry*, 8:104, 1973.

GROF, S. *LSD Psychotherapy.* Pomona, CA: Hünter House, 1980.

GROF, S. e HALIFAX, Jr. *The Human Encounter with Death.* Nova York: E. P. Dutton, 1977.

HOFMANN, A., Ruck, C., e WASSON, R. G. *The Road to Eleusis.* Nova York: Harvest Books, 1978.

LEVINE, J. e LUDWIG, A. M. The Hypnodelic Treatment Technique. *In: The Use of LSD in Psychotherapy and Alcoholism*, (ed. H. A. Abramson), Nova York: Bobbs-Merril, 1967.

NARANJO, C. *The Healing Journey.* Nova York: Pantheon Books, 1973.

RICHARDS, W. et al. Psychedelic Drug (DPT) As An Adjunct in Brief Psychotherapy with Cancer Patients. *Omega*, 2:9, 1979.

SANDISON, R. A., SPENCER, A. M., and WHITELAW, J. D. A. e Further Studies in the Therapeutic Value of LSD-25 in Mental Illness. *J. ment. Sci.* 103:332, 1957.

WASSON, R. G. *Soma: Divine Mushroom of Immortality.* Nova York: Harcourt & Brace, 1968.

Apêndice B
Tabela de Matrizes Perinatais Básicas

MPB I	MPB II	MPB III	MPB IV
Síndromes psicopatológicas			
Psicoses esquizofrênicas (sintomatologia paranóide, sentimentos de união mística, encontros com forças maléficas metafísicas); hipocondria (baseada em sensações físicas e devaneios estranhos e bizarros; alucinações histéricas e confusas e devaneios com a realidade.	Psicoses esquizofrênicas (elementos de torturas infernais, experiências de um "mundo de papelão" sem sentido); severas depressões "endogénas" inibidas; sensações irracionais de culpa e inferioridade; hipocondria (baseada em sensações físicas dolorosas); alcoolismo e adicção a drogas, psoríase, úlcera péptica.	Psicoses esquizofrênicas (elementos sadomasoquistas e escatológicos, automutilação, comportamento sexual anormal); depressão agitada; desvios sexuais (sadomasoquismo, homossexualidade masculina, beber urina e comer fezes); neurose obsessivo-compulsiva; asma psicogênica, tiques e gagueira; histeria de conversão e de ansiedade; frigidez e impotência;	Psicoses esquizofrênicas (experiências de morte-renascimento, delírios messiânicos, elementos de destruição e recriação do mundo, salvação e redenção, identificação com Cristo); sintomatologia maníaca; homossexualidade feminina; exibicionismo.

| | neurastenia; neuroses traumáticas; neuroses orgânicas; enxaquecas; enurese e encoprese. | | |

	Atividades correspondentes nas zonas erógenas freudianas		
Satisfação libidinal em todas as zonas erógenas; sensações libidinais durante o banho ou balanço; aproximação parcial a esta condição após satisfação oral, anal, uretral ou genital e após o parto.	Frustração oral (sede, fome, estímulos dolorosos); retenção de fezes e/ou urina; frustração sexual; experiências de frio, dor e outras sensações desagradáveis.	Mastigação e ingestão de alimentos; agressão oral e destruição de objetos; processo de defecar e urinar; agressão anal e uretral; orgasmo sexual; agressão fálica; dar à luz uma criança; erotismo ligado a lugar e som (salto, ginástica, mergulho, pára-quedismo).	Saciamento da sede e da fome; prazer na sucção; sensações libidinais após defecar, urinar, orgasmo sexual ou dar à luz uma criança.

	Memórias associadas da vida pós-natal		
Situações na vida nas quais todas as necessidades importantes são satisfeitas como: momentos felizes da infância (bons cuidados maternos, brincar com outras crianças, períodos harmoniosos na família etc.); realização no amor, romances; férias ou viagens a lugares de beleza natural; contato	Situações perigosas para sobrevivência e integridade do corpo (experiências de guerras, acidentes, ferimentos, cirurgias, doenças dolorosas, quase-afogamento, episódios de sufocamento, prisão, lavagem cerebral e interrogatório ilegal, agressão física etc.); traumas psicológicos severos	Brigas, lutas e atividades aventurosas (ataques ativos em batalhas e revoluções, experiências em serviço militar, cruzeiros em oceanos bravios, dirigir carros de modo perigoso, lutas de boxe); lembranças altamente sensuais (Carnaval, parques de diversão, clubes noturnos, festas	Escapar fortuitamente de situações perigosas (fim de guerra ou revolução, sobreviver a um acidente ou cirurgia); vencer obstáculos severos por esforço ativo; episódios de esforço e luta árdua resultando em sucesso marcante; cenas da natureza (começo da primavera, fim de

com criações artísticas de alto nível; natação no oceano ou em lagos límpidos etc.	(privação emocional, rejeição, situações ameaçadoras, atmosfera familiar opressiva, ridículo e humilhação etc.).	selvagens, orgias sexuais etc.); observação infantil de atividade sexual de adultos; experiências de sedução e violação; em mulheres, dar à luz seus próprios filhos.	uma tempestade no oceano, amanhecer etc.).

Fenomenologia em sessões de LSD

Vida intra-uterina tranqüila: lembranças realísticas de experiências do "útero bom"; tipo de êxtase "oceânico", natureza sob seu melhor aspecto ("Mãe Natureza"); experiências de unidade cósmica; visões de Céu e Paraíso. *Distúrbios da vida intrauterina*: lembranças realísticas do "útero mau" (crises fetais, doenças, revoltas emocionais da mãe, situação de gêmeos, tentativas de aborto); ameaça universal; idéias paranóides, sensações físicas desagradáveis ("ressaca", arrepios e espasmos, gostos desagradáveis, enjôo, sensação de	Mergulho cósmico; intenso sofrimento físico e psicológico; situação intolerável, inescapável e interminável; imagens variadas do inferno; sensação de cilada e enjaulamento (sem saída); sentimentos agoniantes de culpa e inferioridade; visão apocalíptica do mundo (horror de guerras e campos de concentração, terror da Inquisição; epidemias perigosas, doenças, decrepitude e morte etc.); falta de sentido e absurdo da existência humana; "mundo de papelão" ou atmosfera artificial de invenções práticas ou não; cores escuras agourentas	Intensificação do sofrimento em dimensões cósmicas; fronteira entre sofrimento e prazer; êxtase "vulcânico"; cores brilhantes; explosões e fogos de artifício; orgias sadomasoquistas; assassinatos e sacrifícios sangrentos; engajamento ativo em batalhas ferozes; atmosfera de aventuras selvagens e explorações perigosas; intensas sensações sexuais orgiásticas e cenas de haréns e carnavais; experiências de morrer e renascer; religiões envolvendo sacrifícios sangrentos (astecas, sofrimento e morte de Cristo na cruz, Dioniso etc.); manifes-	Enorme descompressão; expansão do espaço; tipo de êxtase "iluminativo"; visões de saguões gigantescos, luz radiante e belas cores (azulceleste, dourado, arco-íris, penas de pavão); sensação de renascimento e redenção; apreciação de um modo de vida simples; intensificação sensorial; sentimentos fraternais; tendências humanitárias e caritativas; às vezes atividades maníacas e sentimentos de grandeza; transição para elementos da MPB I; sensações agradáveis que podem ser interrompidas por *crises umbilicais*, dor aguda no umbigo, perda de

envenenamento); encontro com entidades demoníacas e outras forças metafísicas maléficas.	e sintomas físicos desagradáveis (sensações de opressão e compressão, aflição cardíaca, ondas de calor e arrepios, suor, dificuldade para respirar).	tações físicas intensas (pressão e dor, sufocação, tensão muscular e descarga sob a forma de tremores e contrações, náusea e vômito, ondas de calor e arrepios, suor, aflição cardíaca, problemas de controle de esfíncter, barulho nos ouvidos).	respiração, medo da morte e de castração, mudanças no corpo sem pressões externas.

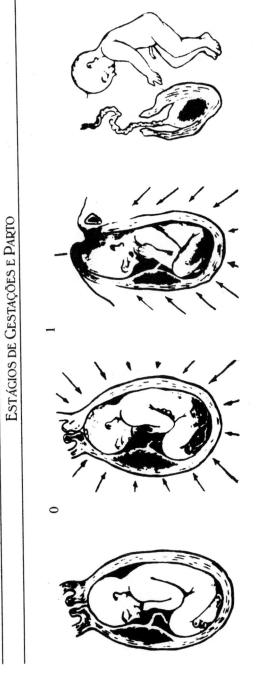

Bibliografia

AARONSON, B. e OSMOND, H. *Psychedelics: The Uses and Implications of Hallucinogenic Drugs*. Anchor Books, Doubleday and Co., Nova York, 1970.

ADAMSON, S. *Through the Gateway of the Heart*. Four Trees, San Francisco, CA, 1986.

ALEXANDER, F. Buddhist Training as Artificial Catatonia. *Psychanalyt Review*. 18:129, 1931.

ASIMOV, I. *Fantastic Voyage*. The Novel. Houghton Mifflin, Boston, 1966.

BACON, F. "De Dignitate and The Great Restauration", Vol. 4., *The Collected Works of Francis Bacon*, eds. J. Spedding, L. Ellis, e D.D. Heath, Longmans Green, 1870.

BASTIANS, A. *Der Mann im Konzentrationslager und der Konzentrationslager im Mann*. Manuscrito mimeografado, s.d.

BATESON, G. *Steps to An Ecology of Mind*. Ballantine Books, Nova Yok, 1972.

_____. *Mind and Nature*. E. P. Dutton, Nova York, 1972.

BELL, J. On the Problem of Hidden Variables in Quantum Physics. *Review of Modern Physics* 38:447, 1966.

BENDER, H. *Umgang mit dem Okkulten*. Aurum Verlag, Freiburg im Breisgau, 1984a.

_____. *Telepathie, Hellsehen, und Psychokinese*. R. Piper e Co., Munique e Zurique, 1984b.

_____. *Vergorgene Wirklichkeit*. R. Piper and Co., Munique e Zurique, 1985.

BENSON, H. et al. "Body Temperature Changes During the Practice of g Tummo Toga", *Nature* 295:232, 1982.

BERENDT, J. E. *Das dritte Ohr: vom Hören der Welt*. Rowohlt Verlag, Reinbek bei Hamburg, 1958.

BOHM, D. *Wholeness and the Implicate Order*. Routledge & Kegan Paul, Londres, 1980.

BONNY, H. e Savary, L. M. *Music and Your Mind*. Harper and Row, Nova York, 1973.

BLEULER, E. *Die Psychoide als Prinzip der organischen Entwichklung*. Springer Verlag, Berlim, 1925.

CAMPBELL, J. *Hero with A Thousand Faces*. Worls Publishing Co., Cleveland, OH, 1970.

_____. *The Way of the Animal Powers*. Harper and Row, Nova York, 1984.

CAPRA, F. *The Tao of Physics*. Shambhala Publications, Berkeley, CA, 1975.

_____. *The Turning Point*. Simon & Schuster, Nova York, 1982.

CROISSANT, J. Aristôte et les mystères. Faculté de Philosophie et Lettres, Liège, 1932.

DAVIES, P. P. *God and the New Physics*. Simon and Schuster, Nova York, 1983.

DRIESCH, H. *The Sicence and Philosophy of the Organism*. A.C. Black, Londres, 1929.

EISENBUD, J. *The World of Ted Serios*. William Morrow & Co., Nova York, 1967.

ELGIN, D. *Voluntary Simplicity*. William Morrow & Co., Nova York, 1981.

ELIADE, M. *Shamanism: The Archaic Tecnniques of Ecstasy*. Pantheon, Nova York, 1964.

EYSENCK, H. J. e RACHMAN, S. *The Causes and Cures of Neurosis*. R.R. Knapp, San Diego, CA, 1965.

FERENCZI, S. "Thalassa", *Psychoanalytic Quarterly*, Nova York, 1938.

FERGUSON, M. "Music Medicine", Um número especial duplo. *Brain/Mind Bulletin*, Vol. 10, January 21 and February 11, 1985.

FODOR, N. *Search for the Beloved: A Clinical Investigation of the Trauma of Birth and Prenatal Condition*. University Books, Nova Hyde Park, NY, 1949.

FRANKL, V. *Theorie und Therapie der Neurosen: Einfuehrung in die Logotherapie und Existenzanalyse*. Urban & Schwarzenberg, Viena, 1956.

FREUD, S. e Breuer, J. *Studies on Hysteria*. Nervous and Mental Diseases Publishing Co., Nova York, 1936.

GREYSON, B. e FLYNN, C. P. *The Near-Death Experience*. Charles C. Thomas, Chicago, IL, 1984.

GROF, C. e GROF, S. Spiritual Emergency: Understanding and Treatment of Transpersonal Crises. *Re-Vision Journal* 8:7, 1986.

GROF, S. *Realms of the Human Unconscious: Observations from LSD Research*. Viking Press, Nova York, 1975.

————. *LSD Psychotherapy*. Hunter House, Pomona, CA, 1980.

————. (ed.) *Ancient Wisdom and Modern Science*. State University of New York Press, Albany, Nova York, 1984.

————. *Beyond the Brain: Birth, Death, and Transcendence in Psychotherapy*. State University of New York Press, Albany, Nova York, 1985.

————. e GROF, C. *Beyond Death: The Gates of Consciousness*. Thames & Hudson, Londres, 1980.

————. e HALIFAX, J. *The Human Encounter with Death*. E. P. Dutton, Nova York, 1977.

GUILLAMONT, A. et al. *The Gospel According to Thomas*. Harper, Nova York, 1959.

HAMEL, P. M. *Through Music to the Self*. Element Books, Dorset, 1978.

HANZLÍČEK, L. *Biologické terapie psychóz. (Biological Therapies of Psychoses)* Csl. zdravotnické nakladatelství, Praga, 1961.

HARNER, M. *The Way of the Shaman*. Harper & Row, Nova York, 1980.

————. The Sound of Rushing Water. *In: Hallucinogens and Shamanism* (M. Harner, ed.). Oxford University Press, Nova York, 1973.

HASTINGS, A. The Oakland Poltergeist. *Journal of the American Society for Psychic Research* 72:233, 1978.

————. A Counseling Approach to Parapsychological Experience. *Journal of Transpersonal Psychology* 15:143, 1983.

HUXLEY, A. *The Doors of Perception and Heaven and Hell*. Penguin Books, 1971.

————. Visionaere Erfahrung. In: *Moksha: Auf der Suche nach der Wunderdroge*. R. Piper and Co. Verlag, Munique e Zurique, 1983.

————. *The Perennial Philosophy*. Harper & Row, Nova York, 1945.

JAMES, W. *Varieties of Religious Experience*. Collier, Nova York, 1961.

JANTSCH, E. *The Self-Organizing Universe*. Pergamon Press, Nova York, 1980.

JUNG, C.G. *Psychology and Religion: East and West. In*: Collected Works, Vol. 11., Bollingen Seriees XX., Princeton University Press, Princeton, NJ, 1959.

————. "The Archetypes and the Collective Unconscious". *In: Collected Works*, Vol. 9.1, Bollingen Series XX, Princeton University Press, Princeton, NJ, 1959.

————. "Synchronicity: An Acausal Connecting Principle". *In: Collected Works*, Vol. 8, Bollingen Series XX, Princeton University Press, Princeton, NJ, 1960.

————. *Memories, Dreams, Reflections*. Panthenon Book, Nova York, 1961.

_____. Letter to Bill W. The Bill W.-Carl Jung Letters. *Grapevine*, January 1963.

_____. *Flying Saucers:* "A Modern Myth of Things Seen in the Skies". *In: Collected Works*, Vol. 10, Bollingen Series XX, Princeton University Press, Princeton, NJ, 1964.

_____. "Psychologial Types". *In: Collected Works*, Vol. 6, Bollingen Series XX, Princeton University Press, Princeton, NJ, 1971.

_____. Letter to Carl Selig, February 25, 1953. C. G. *Jung's Letters*, Vol. 2., Bollingen Series XCV, Princeton University Press, Princeton, NJ, 1973.

_____. *Psychological Commentary on Kundalini Yoga*. Spring Publications, Nova York, 1975.

_____. "Septem Sermones Ad Mortuos". *In*: Holler, S. *The Gnostic Jung and the Seven Sermons to the Dead*. Quest Book. The Theosophical Publication House, Wheaton, IL, 1982.

KALFF, D. Sandplay: *Mirror of A Child's Psyche*. Hendra and Howard, São Francisco, CA, 1971.

KARDEC, A. *The Mediums' Book*. Livraria Allan Kardec Editora Ltda. (LAKE), São Paulo 1975a.

_____. *The Spirits' Book*. Livraria Allan Kardec Editora Ltda. (LAKE), São Paulo, 1975b.

KATZ, R. The Painful Ecstasy of Healing. *Psychology Today*, December 1976.

KELLOGG, J. The Use of Mandala in Psychological Evaluation and Treatment. *American Journal of Art Therapy* 16:123, 1977.

KELSEY, D. e GRANT, J. *Many Lifetimes*. Doubleday Publishing Co., Garden City, Nova York, 1967.

KORZYBSKI, A. *Science and Sanity: An Introduction to Non-Aristotelian Systems and General Semantics*. The International Non-Aristotelian Library Publishing Co., Lakeville, CT, 1933.

KRIPPNER, S. *The Song of the Siren: A Parapsychological Oddyssey*. Harper & Row, Nova York, 1977.

_____. *Human Possibilities*. Anchor Books, Doubleday and Co., Garden City, Nova York, 1980.

KRISHNA, G. *Kundalini: The Evolutionary Energy in Man*. Shambhala Publications, Berkeley, CA, 1970.

KÜBLER-ROSS, E. Death: The Final Stage of Growth. apresentação na IX Annual Conference of the International Transpessoal Association (ITA), Quioto, Japão, April 1971.

LAMB, F. B. *The Wizard of the Upper Amazon: The Story of Manuel Córdova-Rios*, Houghton-Mifflin Co., Boston, 1971.

LAWSON, A. Perinatal Imagery in UFO Abduction Reports. *Journal of Psychohistory* 12:211, 1984.

LEBOYER, F. *Birth Without Violence*. A. A. Knopf, Nova York, 1975.

LEE, R. B. e DEVORE, I. (eds.) *Kalahari Hunter-Gatherers: Studies of the !Kung San and Their Neighbors*. Harverd University Press, Cambridge, MA, 1976.

LILLY, J. *The Center of the Cyclone*, Julian Press, Nova York, 1972.

_____. *The Scientist: A Novel Autobiography*. J. B. Lippincott Co., Filadelfia and Nova York, 1978.

LOVELOCK, J. *Gaia: A New Look at Life on Earth*. Oxford. University Press, Nova York, 1979.

MARÇALO GAETANI, V. R. *Gasparetto: Nem santo, nem gênio, médium*. Gráfica Editora Aquarela, S.A., São Paulo, Brasil, 1986.

MASLOW, A. *Toward A Psychology of Being*. Van Nostrand, Princeton, NJ, 1962.

_____. *Religions, Values, and Peak-Experiences*. State University of Ohio, Cleveland, 1964.

MASTERS, R. E. L. e HOUSTON, J. *Varieties of Psychedelic Experience*. A Delta Book, Dell Publishing Co., Nova York, 1966.

MATURANA, H. R. e VARELA, F. J. *Autopoiesis and Cognition*. D. Reidel Publishing Co., Dordrecht, Boston, Londres, 1980.

MATUS, Thomas. *Yoga and the Jesus Prayer: An experiment in Faith*. Paulist Press, Ramsey, NJ, 1984.

MCCRIRICK, P. *The Importance of Fusion in Therapy and Maturation*. Manuscrito mimeografado não publicado, s.d.

MCGEE, D. et al. "Unexperienced Experience: A Critical Reappraisal of the Theory of Repression and Traumatic Neurosis", *Irish Journal of Psychotherapy* 3:7, 1984.

METZNER, R. *The Ecstatic Adventure.* The Macmillan Co., Nova York, 1968.

MILLER, A. *For Your Own Good: The Hidden Cruelty in Child-Rearing and the Roots of Violence.* Farrar, Strauss, and Giroux, Nova York, 1983.

MONROE, R. *Journeys Out of the Body.* Doubleday and Co., Nova York, 1971.

MOODY, R. *Life After Life.* Mockingbird Books, Atlanta, GA, 1975.

_____. *Reflections on Life After Life.* Mockingbird Books, Atlanta, GA, 1977.

MOOKERJEE, A. *Kundalini: Arusal of Inner Energy.* Thames & Hudson, Londres, 1982.

MUKTANANDA, Swami. *Play of Consciousness.* SYDA Foundation, South Fallsburg, NY, 1974.

_____. *Kundalini: The Secret of Life.* SYDA Foundation, South Fallsburg, Nova York, 1979.

MURPHY, M. e WHITE, R. *The Psychic Side of Sports.* Addison-Welesy, Menlo Park, CA, 1978.

MUSÈS, C. *Destiny and Control in Human Systems: Studies in the Interactive Connectedness of Time (Chronotopology).* Kluwer-Nijhoff, Boston, Dordrecht, Lancaster, 1985.

NALIMOV, V.V. *Realms of the Unconscious: The Enchanted Frontier.*ISI Press, Filadélfia, PA, 1982.

NEHER, A. "Auditory Driving Observed with Scalp Electrodes in Normal Subjects", *Electroencephalotography and Clinical Neurophysiology* 13:449, 1961.

_____. "A Physiological Explanation of Unusual Behavior Involving Drums", *Human Biology* 34:151, 1962.

ORIGENES ADAMANTIUS (Father Origen): *De Principiis (On First Principles).* G. W. Butterworth (trans.), Peter Smith, Gloucester, MA, 1973.

ORR, L. e RAY, S. *Rebirthing in the Nova Age.* Celestial Arts, Millbrae, CA, 1977.

PAULI, W. "The influence of Archetypal Ideas on the Scientific Theories of Kepler", *The Interpretation of Nature and the Psyche.* Bollingen Series LI. Panthon, Nova York, 1955.

PEERBOLTE, L. "Prenatal Dynamics", *Psychic Energy.* Servire Publ., Amsterdã, Holanda, 1975.

PIESTCH, H. *Shuffebrain.* Houghton Mifflin Co., Boston, MA, 1981.

PLATÃO. "Phaedrus", *In: Collected Dialogues of Plato.* Bollingen Series LXXI. Princeton University Press, Princeton, NJ, 1961.

PRIBRAM, K. *Languages of the Brain.* Prentice-Hall, Englewood Cliffs, NJ, 1971.

_____. "Holonomy and Structure in the Organization of Perception", *Images, Perception, and Knowledge* (J. M. Nicholas, ed.). Reidel Publisching Co., Dordrecht, 1977.

PRIGOGINE, I. e Stengers, I. *Order Out of Chaos: Man's Dialogue with Nature.* Bantam Books, Nova York, 1984.

RADIN, P. *The Autobiography of A Winnebago Indian.* Dover Publications, Nova York, 1920.

RANK, O. *The Trauma of Birth.* Harcourt Brace, Nova York, 1929.

REICH, W. *Character Analysis.* Noonday Press, Nova York, 1949.

_____. *The Function of the Orgasm: Sex-Economic Problems of Biological Energy.* Farar, Strauss, and Giroux, Nova York, 1961.

RING, K. *Life at Death.* Coward, McCann & Geoghegan, Nova York, 1980.

_____. *Heading Toward Omega.* William Morrow & Co., Nova York, 1984.

ROSEN, D. "Suicide Survivors: A Follow-up Study of Persons Who Survived Jumping from the Golden Gate and San Francisco-Oakland Bay Bridges", *Western Journal of Medicine* 122:289, 1973.

ROSZAK, T. *Person/Planet.* Doubleday Anchor Books, Nova York, 1978.

RUSSELL, P. *The Global Brain: Speculations on the Evolutionary Leap to Planetary Consciousness.* J. P. Tarcher, Los Angeles, CA, 1983.

SABOM, M. *Recollections of Death.* Simon and Schuster, Nova York, 1982.

SANNELLA, L. *Kundalini: Psychosis or Transcendence.* H. R. Dakin, São Francisco, CA, 1976.

SCHWEICKART, R. Space-Age and Planetary Awareness: A Personal Experience. *Re-Vision Journal* 8:69, 1985.

SHELDRAKE, R. *A Nova Science of Life.* J. P. Tarcher, Los Angeles, CA, 1981.

SIDENBLADH, E. *Water Babies: The Igor Tjarkovsky Method for Delivering in Water* (W. Croton, trans.), St. Martin, Nova York, 1983.

SILVERMAN, J. "Shamans and Acute Schizophrenia", *American Anthropologist* 69:21, 1967.

SIMONTON, C., MATTHEWS-SIMONTON, S. e CREIGHTON, J. *Getting Well Again.* J. P. Tarcher, Los Angeles, CA, 1978.

STAFFORD, P. *Psychedelics Encyclopedia.* J. P. Tarcher, Los Angeles, CA, 1983.

STEVENSON, I. *Twenty Cases Suggestive of Reincarnation.* University of Virginia Press, Charlottesville, VA, 1966.

_____. *Unlearned Language.* University of Virginia Press, Charlottesville, VA, 1984.

TARG, R. e PUTHOFF, H. *Mind Reach: Scientists Look At Psychic Ability.* Delta Books, Nova York, 1978.

_____. e Harary, K. *The Mind Race.* Villard Books, Nova York, 1984.

TART, C. "Out-of-the-Body Experiences", *Psychic Explorations* (E. Mitchell e J. White, eds.), Putnam, Nova York, 1974.

_____. *Learning to Use Extrasensory Perception.* The University of Chicago Press, Chicago, 1975a.

_____. *States of Consciousness.* E. P. Dutton, Nova York, 1975b.

_____. *PSI: Scientific Studies of the Psychic Realm.* E. P. Dutton, Nova York, 1977.

VALLÉE, J. *UFOs in Space: Anatomy of a Phenomenon.* Ballantine Books, Nova York, 1965.

VARELA, F. J. *Principles of Biological Autonomy.* Elsevier Publishing Company, Nova York, 1979.

VAUGHAN, F. "Transpersonal Psychotherapy: Context, Content, and Process", *Beyond Ego* (R. N. Walsh e F. Vaughan, eds.), J. P. Tarcher, Los Angeles, CA, 1980.

VONNEGUT, K. *Slaughterhouse Five.* Dell Publishing Co., Nova York, 1974.

WATTS, A. *The Joyous Cosmology: Adventures in the Chemistry of Consciousness.* Pantheon, Nova York, 1962.

WHITE, J. (ed.) *Kundalini: Evolution and Enlightenment.* Anchor Books, Garden City, Nova York, 1979.

WILBER, K. *The Spectrum of Consciousness.* The Theosophical Publication House, Wheaton, IL, 1977.

_____. *The Atman Project: A Transpersonal View of Human Development.* The Theosophical Publication House, Wheaton, IL, 1980.

YOUNG, A. *The Reflexive Universe: Evolution of Consciousness.* Delacorte Press, Nova York, 1976.

O Autor

Doutor em medicina e filosofia, Stanislav Grof nasceu em Praga em 1931, onde realizou seus primeiros estudos de medicina e, mais tarde, filosofia da medicina, bem como sua especialização e treinamento em psicanálise. Suas pesquisas iniciais sobre os estados comuns da consciência o levaram aos Estados Unidos em 1967, onde vive até hoje.

De 1978 a 1982 Grof presidiu a Associação Internacional Transpessoal (ITA). Foi chefe de pesquisa psiquiátrica do Centro de Pesquisa Psiquiátrica de Maryland e professor assistente de psiquiatria da Escola de Medicina da Universidade Johns Hopkins. Atualmente leciona psicologia no Instituto Esalen, em Big Sur, Califórnia, e forma profissionais na técnica da Respiração Holotrópica.

Colaborador de várias revistas e é autor de *Realms of the Human Unconscious: Observations from lsd Research* [*Domínios do inconsciente humano: observações da pesquisa com LSD*]; *LSD Psychotherapy* [*Psicoterapia com LSD*]; *Ancient Wisdom and Modern Science* [*Sabedoria antiga e ciência moderna*]; *Beyond the Brain: Birth, Death and Transcendence in Psychotherapy* [*Além do cérebro: nascimento, morte e transcendência em psicoterapia*], *Spiritual Emergency: Understanding And Treatmente of Transpersonal Crises* [*Emergência espiritual: crise e transformação pessoal*]; *Beyond Death: The Gates of Consciousness* [*Além da morte: as portas da consciência*], com sua esposa, Christina; e *The Human Encounter with Death* [*O encontro humano com a morte*] com J. Halifax.

www.gruposummus.com.br

IMPRESSO NA GRÁFICA sumago
sumago gráfica editorial ltda
rua itauna, 789 vila maria
02111-031 são paulo sp
tel e fax 11 **2955 5636**
sumago@sumago.com.br